相思湖学术论丛

泛在信息环境下图书馆信息资源组织研究

欧阳剑 著

知识产权出版社
全国百佳图书出版单位

图书在版编目（CIP）数据

泛在信息环境下图书馆信息资源组织研究 / 欧阳剑著. -- 北京：知识产权出版社，2015.6

ISBN 978-7-5130-3558-3

Ⅰ. ①泛… Ⅱ. ①欧… Ⅲ. ①图书情报工作－研究Ⅳ. ①G250

中国版本图书馆CIP数据核字(2015)第129296号

内容提要

本书以泛在信息环境下图书馆信息资源组织的动态性、复杂性、协同性、生态性等为基础，从多个不同的视角、不同层次分析泛在信息环境下图书馆信息资源组织的体系，通过大量的文献调研、定性分析、图表分析、微观分析与宏观综合相结合分析等方法，分析了泛在信息环境下图书馆信息资源组织的发展与变革，泛在信息环境下图书馆信息资源组织的基本特性，介绍了泛在信息环境下图书馆信息资源组织的对象及特征、类型、范畴、采用的方法、工具及技术等，提出了泛在信息环境下信息资源组织的空间环境信息组织框架与自适应性动态的信息组织架构。

本书对把握泛在信息环境下图书馆信息资源组织的发展定位、特点和功能体系，对新信息环境下的信息资源组织等具有一定借鉴意义，可作为图书馆学、情报学及信息管理专业或图书情报工作人员参考用书。

责任编辑：许波

泛在信息环境下图书馆信息资源组织研究

FANZAI XINXI HUANJINGXIA TUSHUGUAN XINXI ZIYUAN ZUZHI YANJIU

欧阳剑　著

出版发行：	知识产权出版社有限责任公司	**网　　址**：	http：// www. ipph. cn http：// www. laichushu. com
电　　话：	010－82004826		
社　　址：	北京市海淀区马甸南村1号	**邮　　编**：	100088
责编电话：	010－82000860转8380	**责编邮箱**：	xbsun@163.com
发行电话：	010－82000860转8101 / 8539	**发行传真**：	010－82000893 / 82003279
印　　刷：	北京中献拓方科技发展有限公司	**经　　销**：	各大网上书店、新华书店及相关专业书店
开　　本：	720mm×1000mm　1/16	**印　　张**：	14.5
版　　次：	2015年6月第1版	**印　　次**：	2015年6月第1次印刷
字　　数：	205千字	**定　　价**：	48.00元

ISBN 978－7－5130－3558－3

前言

信息资源组织是图书馆最重要的基础工作、核心工作之一，是进行专业化、知识化服务的重要前提，随着新理念图书馆的出现、新信息环境下用户信息行为的改变，传统的图书馆信息资源组织已难以满足新形势的需要，图书馆信息资源组织的形式和内容在泛在信息环境下都将发生根本性改变，要求以更好的信息资源组织框架及模式的出现，以适应泛在信息环境下图书馆对信息资源组织的需求与发展，适应新信息环境的变革及用户需求。

计算机硬件、软件、网络、存储技术、无线网络等快速发展，造就了无处不在的网络环境，加速了资源的复杂化、信息生态的复杂性，使传播通道、学术交流平台无处不在。泛在信息环境的出现使读者“在任何时间、任何地点”获取信息资源成为可能，但也给图书馆的信息资源组织带来了挑战，为图书馆的信息资源更有效、科学的组织带来了机遇。

本文的研究的目的就是以泛在信息环境为背景，从多视角来研究泛在信息环境下图书馆信息资源组织的含义及相关领域的理论，分析泛在信息环境下图书馆信息资源组织的发展与变革，揭示泛在信息环境下信息资源组织的基本特性，探求泛在信息环境下图书馆信息组织的新方法与工具，以探讨泛在信息环境下图书馆信息资源组织的体系及架构。

泛在信息环境下的图书馆信息组织是随着新信息环境的产生而出现的新生事物，还处在初级探索阶段。泛在信息环境下的信息组织研究属于跨学科、跨领域的综合研究，一方面需要跟新的泛在信息技术研究相结合，充分考虑信息技术与信息环境所带来的影响，同时涉及认知科学、系统科学、复杂科学、社会科学等一系列研究理论和研究方法以及应用领域，泛在信息环境下的信息资源组织研究还要涉及更为广泛和深层次的其他问题。本研究以泛在信息环境为背景，从信息资源组织的含义及基本概念出发，运用哲学认识论、用户认知、信息行为、用户交互与体验、信息生态等多种相关领域的理论来拓展泛在信息环境下信息组织内涵，探究其复杂性、多样性，尝试沿着科学发展的进程，全面审视泛在信息环境中的信息资源组织，以多维度思维、多视角观察为出发点，为信息组织的发展与完善探寻新的理论与方法指导，为泛在信息环境下信息组织视角的转换创造新的基点和契机。通过相关研究丰富与延伸泛在信息环境下图书馆信息组织的相关理论与方法基础，为新信息环境下的图书馆信息组织探求新的理念与方法，突破以往信息组织的思维与意识，对促进泛在信息环境下图书馆信息组织理论的发展希望有一定的推动作用。

本研究将重新审视泛在信息环境下信息资源组织的需要、面临的问题与挑战，从整个复杂的泛在信息环境及用户信息行为角度来分析图书馆信息资源组织的过程，并探讨泛在信息环境下图书馆信息资源组织的基本特性，详细阐述泛在信息环境下图书馆信息组织的新方法与新工具，这对把握泛在信息环境下图书馆信息资源组织的发展定位、特点和功能体系的建立等具有一定的借鉴意义。此外，本研究还将对泛在信息环境下图书馆信息资源组织的构架进行相关的分析，并提出基于空间环境的信息组织、信息动态自组织、信息资源社会化动态组织等几种可预见的信息组织架构模式，对图书馆信息资源组织的实际应用具有一定的现实意义。

本研究以泛在信息环境下的图书馆信息资源组织的复杂、多样性为起点，以信息资源、用户信息行为及信息需求、信息生态的复杂性、多样性为基础，以多视角、多角度的复杂理论为基础，从两个基本层次展开：第一，运用整体论、宏观论的方法研究泛在信息环境下图书馆信息资源组织的复杂性、影响信息组织的各因素及其体系、构架模式；第二，运用微观方法，采用多视角的方式从不同角度研究泛在信息环境下图书馆信息资源组织的各组成元素。泛在信息环境下的信息组织不仅包括使数字资源从无序向有序的传统信息组织模式，而且也出现了以适应环境为基础的、开放的、协同的、根据实际应用场景而“个性化”、动态的新型信息组织模式，从而形成了满足不同领域、不同层次用户需求的信息组织模式，进一步研究按信息资源的空间环境进行信息组织架构与动态自组织架构等，以适应复杂的泛在信息环境的发展趋势。在泛在信息环境下应增强图书馆信息组织的适应性和有效性，从而在整个用户信息过程中灵活组织信息来全面支持用户的各领域、各层次需要，同时也是复杂泛在信息环境所要求的。

本书分为九章，主要研究内容包括：

第一章，绪论。绪论简要介绍了本书的主要内容及本研究课题的出发点，探讨了研究的理论和实际应用价值，并介绍了本课题研究思路及研究方法。

第二章，泛在信息环境下的图书馆。从泛在信息环境的特性出发，分析了泛在信息环境下图书馆信息资源组织的一些相关背景及需求，分析和审视了新的信息环境，尤其是泛在信息环境的产生与发展对图书馆信息资源组织发展的影响，分析了泛在信息环境下的图书馆信息资源组织面临的问题与挑战，并明确了本书的研究内容。

第三章，泛在信息环境下图书馆信息资源组织的发展与变革。分析了泛在信息环境下图书馆信息资源组织的基本特性，介绍了泛在信息环境下图书馆信息资源组织的对象及特征、类型、范畴、采用的方法、工具、技术等，通过对这些基本问题的分析与探讨，对把握泛在信息环境下图书馆信息资源组织的发展定位、特点和功能体系等具有借鉴意义。

第四章，研究了基本理论及相关领域。首先回顾了信息资源组织的基本含义，探讨了泛在信息环境下信息资源组织哲学基础。同时，泛在信息环境下的信息资源组织是一个复杂性的系统工程，涉及多方面相关知识，本章就本研究的相关领域进行了多视角的分析，这些基本理论及相关领域对泛在信息环境信息组织理论的完善与发展，具有一定的理论意义。

第五章，泛在信息环境下信息资源组织的体系。以泛在信息环境下信息资源组织的动态性、复杂性、协同性、生态性的特征为基础，从多个不同的视角、不同层次分析了泛在信息环境下信息资源组织的组织体系，泛在信息环境下图书馆的信息资源组织系统应具有多样性，以适应环境及用户的需求。

第六章，泛在信息环境下图书馆信息资源组织模式。在复杂的数字环境下，不仅包括使数字资源从无序向有序转化的传统面向用户的信息组织模式，而且也出现了以适应环境为基础的、开放的、根据实际应用场景而“个性化”的、动态的新型信息组织模式和信息资源社会化动态组织模式，从而形成了满足多方面用户需求的信息组织模式体系。

第七章，泛在信息环境下信息资源组织的方法及技术。信息资源组织是将无序状态的信息资源组织成有序状态的信息资源的过程，可以从不同角度、不同层次对信息资源组织方法进行分类，从信息属性角度可分为语法组织方法、语义组织方法、语用组织方法，从信息资源的载体角度可分为传统信息资源组织方法和网络信息资源组织方法，从分析和综合角度可分为微观组织方法和宏观组织方法，从结构组成角度可分为信源组织方法和信道组织方法，从具体应用和技术角度可分为数字图书馆组织方法、搜索引擎组织方法等，本章对泛在信息环境下信息资源组织的方法及技术进行梳理。

第八章，泛在信息环境下图书馆信息资源组织架构。多样化的信息技术与实践促使了信息组织多样化架构的出现，为了满足用户不同的信息需求，在不同情况下使用不同的技术和组件为不同的目的而构建出泛在信息环境下图书馆信息资源组织架构。

第九章，后记总结本书研究结论，指出本书存在的不足及进一步研究的方向。

本书从紧密结合分析各种新的影响因素出发，对泛在信息环境下图书馆信息组织的发展情况及其特点等进行研究，使用科学发展观来认识泛在信息环境下的信息组织，大量采用相关领域的研究成果来深化、拓展研究视角。从不同层次、不同角度对泛在环境下的信息组织进行分析，探讨泛在信息环境下图书馆信息资源组织的对象及特征、内涵、范畴、采用的方法、工具、技术及信息组织体系等，加深对基本问题的理解，把握住泛在信息环境下图书馆信息组织的发展定位、特点和功能体系等。

应用新理论、新方法、新技术，建立深层次揭示和组织复杂泛在信息环境下的信息资源的组织构架及模式，进一步尝试提出泛在信息环境下图书馆信息资源组织的可行性方案，希望能对泛在信息环境下图书馆信息资源组织的实现起一定的引导作用。

由于该课题是属于一个较新的、较前沿的课题，现有研究的资料有限，特别是缺少中文的参考资料，是本课题研究中的一个难点。因此文献的收集以英文资料为主，中文资料为辅，通过引申原有相关知识来解决新问题，从而既保证了以往研究的延续性，又可以解决资料的缺乏问题。

泛在信息环境下的信息组织还是新生事物，由于泛在技术、用户需求、信息环境等内外环境的发展与变革，泛在信息环境下的信息组织将是一个随着时代和技术的革新而不断变化发展的课题，人们对它的理解也是不断加深的，因此对其相关研究问题的把握有一定的难度。在实践方面略感不足，比较难通过实证的形式加以论证。因此本课题研究更多地是对泛在信息环境下图书馆信息组织的发展情况及其特点等的研究和阐述及相关的理论分析，适量采用实例进行论证。

本书在总结和借鉴有关信息资源组织专家学者丰硕的研究成果的基础上，力图把握时代脉搏，力争反映最新研究成果，希望能做到内容新颖丰富、深入浅出，能为有关专家学者和图书情报实际工作者提供参考，但是由于编者水平有限，难免有错漏之处，敬请专家学者、读者批评指正。

本书的编写及出版得到了许多领导及专家的大力支持，参考了许多学者的研究成果和论著，在此表示衷心的感谢。

2015年3月

目 录

第一章
绪　论

1.1　本书研究内容

本研究以泛在信息环境下图书馆信息资源组织的复杂性为起点，以信息资源、用户信息行为及信息需求、信息生态的多样性为基础，以多视角、多角度的复杂理论为基础，从两个基本层次展开：第一，运用整体论、宏观论的方法研究泛在信息环境下图书馆信息资源组织的复杂性、影响信息组织的各因素及其体系、构架模式；第二，运用微观方法，采用多视角的方式从不同角度研究泛在信息环境下图书馆信息资源组织的各组成元素及关系。泛在信息环境下的信息组织不仅包括使数字资源从无序向有序的传统信息组织模式，而且也出现了以适应环境为基础的、开放的、协同的、根据实际应用场景而“个性化”、动态的新型信息组织模式，从而形成了满足不同领域、不同层次用户需求的信息组织模式，将进一步研究按信息资源的空间环境进行信息组织架构与动态自组织架构等，适应复杂的泛在信息环境的发展趋势。在泛在信息环境下应增强图书馆信息组织的适应性和有效性，从而在整个用户信息过程中灵活组织信息来全面支持用户的各领域、各层次需要，同时也是复杂泛在信息环境所要求的。

本研究拟分三部分进行：

首先，从泛在信息环境的特性出发，分析泛在信息环境下图书馆信息组织的一些相关背景及需求的驱动力，审视新的信息环境，尤其是泛在信息环境的产生与发展对图书馆信息资源组织发展的影响，分析泛在信息环境下的图书馆信息资源组织面临的问题与挑战。泛在信息环境下图书馆信息资源组织是建立在以人为本的基础之上，泛在信息环境中的信息资源组织是一个多领域交合的复杂研究范畴，因此本研究将就信息资源组织的一些相关领域知识进行介绍与研究。

泛在信息环境下的信息资源组织是一个复杂性的系统工程，涉及多个方面。在研究基本理论、方法及相关领域时，将从回顾信息资源组织的基本含义出发，并就本研究的相关领域进行多视角的分析，在本研究的过程中将引申这些理论与方法使之成为泛在信息环境下信息资源组织的理论与方法的补充，以便探索泛在信息环境下图书馆信息组织发展缺乏完备的理论指导而面临的一些问题，对促进泛在信息环境信息组织理论的发展，具有一定的理论意义。

其次，本研究将论述泛在信息环境下图书馆信息资源组织的发展与变革，分析泛在信息环境下图书馆信息资源组织的基本特性，介绍泛在信息环境下图书馆信息资源组织的对象及特征、类型、范畴、采用的方法、工具及技术等，这些基本问题的分析与探讨对把握泛在信息环境下图书馆信息资源组织的发展定位、特点和功能体系等具有一定借鉴意义。

最后，基于对泛在信息环境下图书馆信息资源组织的基本特性的分析，提出泛在信息环境下信息资源组织的体系及架构模式。以泛在信息环境下信息资源组织的动态性、复杂性、协同性、生态性的特征为基础，从多个不同的视角、不同层次分析泛在信息环境下信息资源组织的体系，并提出基于空间环境的信息组织、信息动态自组织、信息资源社会化动态组织、图书馆信息资源整合集成等几种信息组织架构，突出体现泛在信息环境下图书馆的信息资源组织系统具有多样性，并动态地适应环境及用户的需求。

1.2　本课题研究的理论和实际应用价值

泛在信息环境下的图书馆信息组织是随着新信息环境的产生而出现的新

生事物，还处在初级探索阶段。泛在信息环境下的信息组织研究属于跨学科、跨领域性质的综合研究，一方面需要跟新的泛在信息技术研究相结合，充分考虑信息技术与信息环境所带来的影响，同时涉及认知科学、系统科学、复杂科学、社会科学等一系列研究理论和研究方法以及应用领域，泛在信息环境下的信息组织研究还要涉及更为广泛和深层次的其他问题。本研究以泛在信息环境为背景，从信息资源组织的含义及基本概念出发，运用哲学认识论、用户认知、信息行为、用户交互与体验、信息生态等多种相关领域的理论来拓展泛在信息环境下信息组织内涵，探究其复杂性、多样性，尝试沿着科学发展的进程，全面审视泛在信息环境中的信息资源组织，以多维度思维、多视角观察为出发点，为信息组织的发展与完善探寻新的理论与方法指导，为泛在信息环境下信息组织视角的拓展创造新的基点和契机。通过相关研究丰富与延伸泛在信息环境下图书馆信息组织的相关理论与方法基础，为新信息环境下的图书馆信息组织探求新的理念与方法，突破以往信息组织的思维与意识，对促进泛在信息环境下图书馆信息组织理论的发展希望有一定的推动作用。

本研究将重新审视泛在信息环境下信息资源组织的需要、面临的问题与挑战，从整个复杂的泛在信息环境及用户信息行为角度来分析图书馆信息资源组织的过程，并探讨泛在信息环境下图书馆信息资源组织的基本特性，详细阐述泛在信息环境下图书馆信息组织的新方法与新工具，这对把握泛在信息环境下图书馆信息资源组织的发展定位、特点和功能体系的建立等具有一定的借鉴意义。此外，本研究还将对泛在信息环境下图书馆信息资源组织的构架进行相关的分析，并提出基于空间环境的信息组织、信息动态自组织、信息资源社会化动态组织、图书馆信息资源整合集成等几种信息组织架构模式，对图书馆信息资源组织的实际应用具有一定的现实意义。

1.3 目前国内外研究的现状和趋势

从1988年Weiser提出泛在（普适）计算以来，信息技术加速了泛在信息环境的产生，与泛在信息环境相关的研究不断深入与拓展，特别是与计算机及人工智能相关的泛在信息技术研究出现了大量的研究成果，而且研究范围在不断地扩展，涉及与人类密切相关的诸多方面，不断地影响着其他相关领域与学科的发展与变革。当然，对图书情报领域的影响也是非常明显的，图书馆事业随着社会的进步与新信息技术的出现而不断的向前推进，与泛在信息环境相关的图书馆研究也逐渐引起图书馆界的关注。据调查，CNKI中的全文数据库自2002年以来，国内研究泛在环境下的图书馆的论文虽然不多，主要侧重于对国外泛在图书馆研究的介绍及泛在知识环境下图书馆相关问题的研究，但对我国的图书馆事业在新信息环境中的发展起到一定的推动作用，相关的研究工作也得到了社会的重视。国外的相关研究相对来说比较多，而且也比较深入，自20世纪末（1999年）美国斯坦福大学图书馆馆长Keller提出了泛在图书馆以来，不少学者对其概念进行了相关的定义，并且结合实际的发展还提出了泛在图书馆应具有的一些特征、特点，极大地丰富了泛在图书馆的内涵，为新信息环境下图书馆的发展带来了新的理念。泛在信息技术不但促进了图书馆的变革，也加速了人类知识的广泛传播与共享，为用户提供一个泛在知识环境而成为可能。2003年6月美国国家科学基金会（NSF）在召开的“后数字图书馆的未来”研讨会中提出了泛在知识环境这个概念，泛在知识环境中的目标将集中于实现科学知识成果的快速发布，这种新型的交流基础设施能实现知识的全面开发和创造，泛在知识环境的提出对图书馆界产生了巨大的影响，随后出现了大量的与泛在知识环境下的图书馆相关问题的研究，极大地促进了后数字图书馆时代信息资源的建设与组织研究。

实践研究方面，更多与泛在信息环境相关的数字图书馆信息资源组织与管理架构不断提出。2005年Carl Lagoze等在基于NSDL项目的基础上提出了Information Network Overlay（INO）的信息模型，以帮助用户发现、选择和使用信息；欧盟的DELOS数字图书馆项目经过近十年的研究，推动了欧盟在数字图书馆方面研究的发展，2007年提出了DELOS的三层框架模型；美国Andrew W. Mellon基金会资助的Digital Library GRID提出了其信息资源管理模型，构建了一个基于网格的高性能OAI系统；欧盟资助的另一个DILIGENT项目，则利用网格技术来动态创建和管理虚拟数字图书馆，实现了资源的动态分配、支持跨组织资源共享，构建了一个基于SOA架构的信息资源组织与管理模型。这些试验性的数字图书馆的研究对泛在信息环境下的信息组织架构的建立起到引导作用，特别是基于分布式的网格与云服务的信息资源组织与管理的研究对泛在信息环境下的信息组织具有不少借鉴作用。

目前，对与泛在信息环境下图书馆信息组织相关的研究比较少，没有出现专门的研究文献，而信息组织却又是图书馆的主要工作之一，如何面对泛在信息环境下的信息组织是图书馆必须面临的问题，而且随着复杂的数字环境的快速发展及变化，这种相关的研究需求则越发显得重要与必要。泛在信息环境下的信息资源组织是以新的信息环境为出发点，特别是在面对新出现的泛在图书馆、泛在知识环境等，使图书馆的信息组织面临着新的发展与变革，急需对其进行新的审视，要求新的图书馆信息组织模式的出现，以满足新信息环境下的图书馆信息组织需求。

从传统网络信息空间到泛在信息环境的信息空间的转移首先面临着信息环境的适应性问题，图书馆的信息资源组织也面临着同样的问题，泛在信息环境中的图书馆信息组织是一个复杂的范畴，是建立在信息资源、信息环境、信息用户的复杂性的基础之上。信息资源的多态性、无所不在性给图书馆的信息组织带来了挑战，如何对不同格式、不同形态、不同存储位置的信息资源进行有效组织、整合是图书馆所要面对的问题，同时又要满足不同用户随时、随地能够获取其所需的信息资源，能够通过多种移动工具现实网络信息资源的访问，适应不同的“语境”。从传统的信息资源组织到泛在信息环境下的信息组织不仅有客观上的理论、方法、工具等的差别，还存在主观的意识、认知、理念等的差别，泛在信息环境下的信息组织需要新的理论、方法、工具与体系构架等，更要求信息生产者、管理者具有适应新信息环境的意识，能够冲破以往的信息意识，适应新的信息环境、新用户的信息需求。

1.4 研究思路及研究方法

1.4.1 研究思路

本课题的研究思路如下：

首先，提出问题。从泛在信息环境的特性出发，分析泛在信息环境下图书馆信息组织的一些相关背景及需求的驱动力，审视新的信息环境，尤其是泛在信息环境的产生与发展对图书馆信息资源组织发展的影响，分析泛在信息环境下的图书馆信息资源组织面临的问题与挑战等，并从理论上对泛在信息环境下的图书馆信息组织所面临的问题与新情况进行分析、论述。

其次，分析问题。从泛在信息环境下图书馆信息资源组织的基本特性出发，分析泛在信息环境下图书馆信息资源组织的对象及特征、类型、范畴、采用的方法、工具及技术等，即对泛在信息环境下图书馆信息资源组织的发展定位、特点和功能体系等进行分析。

最后，尝试提出可行性方案。基于泛在信息环境下图书馆信息资源组织的基本特征，对泛在信息环境下图书馆信息资源组织的组织体系进行分析，并提出几种可以预见的信息组织架构模式，对信息资源组织的实践具有一定的现实意义，希望能起到一定的引导作用。

1.4.2 研究方法

本课题研究的过程中主要采用如下研究方法对泛在信息环境下图书馆信息组织的相关问题进行研究和探索：

（1）文献调研法

在研究的过程中，通过多种数据库和搜索引擎，广泛搜集国内外有关泛在信息环境及与图书馆相关研究的文献，阅读和参考大量的国内、国外的研究文献，以英文文献为主，通过文献把握本主题搜索的研究动向和成果，为本课题确定研究方向和研究重点奠定坚实的基础。

（2）定性分析方法

由于泛在信息环境下的信息组织是较新生事物，对问题的界定尚不明晰，还处于探索阶段，因此，定性分析是必不可少的，需要透过表面现象去认识本质、从理性的角度对复杂现象进行思辨性分析，才能够发现问题、了解本质。如对泛在信息环境下信息组织的基本问题分析，以及泛在信息环境下信息资源组织的复杂性等主要是基于定性方法进行分析。

（3）图表分析法

在描述、分析一些问题时，通过绘制多种简明、直观、完整的图表进行表示和说明。

（4）微观分析与宏观综合相结合的方法

在分析问题的过程中采用微观分析与宏观综合相结合的方法。微观分析的目的是了解信息组织系统的组成及其层次结构，而宏观综合的目的则是了解信息组织系统的功能结构与其组织过程及各组成之间的联系。逐层将复杂的问题分解为各个微小的组成因素，形成层次结构，便于分析、了解。复杂性科学认为，组成系统的一些元素的小变化可能会使系统的宏观变量造成大的波动。因此，为了探讨复杂信息组织系统宏观变量的变化规律，分析其功能结构与组成，必须研究它的微观机制，在分析的过程中将宏观与微观相统一。

（5）跨学科综合研究方法

泛在信息环境下的信息组织研究属于跨学科、跨领域性质的综合研究，需要跟新的泛在信息技术研究相结合，充分考虑信息技术与信息环境所带来的影响，同时涉及认知科学、系统科学、复杂科学、社会科学等一系列研究理论和研究方法以及应用领域，因此，在本课题的研究中，将采用跨学科的综合研究方法，重视各学科之间的交叉与综合。

第二章
泛在信息环境下的图书馆

2.1 泛在信息环境概述

泛在（Ubiquitous）及普适（Pervasive）概念的引入源于20世纪90年代，首先由美国加州施乐（Xerox）公司Palo Alto研究中心首席科学家马克·魏瑟（Mark Weiser）博士在1991年提出[1]，他认为新一代计算机应该具有以下特征：它是许多高度分散和互联的，通常是融入自然环境中的，不可见（Invisible）的和不需要人们有意识操作或注意的计算机。这样的计算机才能向人们提供无所不在的计算和信息服务。20世纪90年代，在日本有Mr. Ubiq-uitous之称的日本野村综研理事长村上辉康（Teruyasu Murakami）博士率先在美国马克·魏瑟博士的“无处不在的计算机技术”（Ubiquitous Computing）基础上，提出了“无处不在的网络”（Ubiquitous Network）以及无处不在的网络社会（Ubiquitous Network Society）概念，并指出，人们可以在没有意识到网络存在的情况下，能够随时随地通过各种的终端设备上网并享受服务，其核心思想是：将信息技术以不为人们所觉察的方式融入人们的日常生活，帮助人们实现在任何时间、任何地点、任何人、任何事物都可通过无线通信达到互联。

可以预见，在U网络社会中，网络空间、信息空间和物理空间实现无缝

[1] Mark Weiser.The Computer for the Twenty-First Century[J]. Scientific American,1991,265(3)94-104.

连接，软件、硬件、系统、终端、内容、应用实现高度整合；在U网络社会中，网络将如同空气和水一样，自然而深刻地融入人们的日常生活及工作之中，网络将不再是被动地满足用户需求，而是主动感知用户场景的变化并进行信息交互，通过分析用户的个性化需求而主动提供服务。

正如村上康辉在《在日本建立一个无所不在的网络社会》一文提出的实现U网络社会的三大途经[1]：

其一，建立无所不在的基础网络。在这个网络体系构架下，无论使用者是在电脑前、厨房里，还是在便利店购物，或是在火车站候车，他都能通过便利的方式连入网络。换句话来说，“无所不在的网络”在固定宽带接入的基础上加入无线和移动功能，为用户提供完善、丰富的接入手段，使网络能够随时随地被用户使用。

其二，设计无所不在的终端平台。在无所不在的网络社会里，终端将是形态多样、功能丰富、携带方便并具有一定智能的，它们是用户与无所不在的网络交互的直接界面。

其三，开发无所不在的网络应用。应用是无所不在的网络社会的最高层次，也是最终目的。这些应用能够提高生产效率，提高生活品质，为现有的数字化内容开拓更加广阔的传播空间；也能引发出新的终端使用形态，扩展原来的IT价值链，形成增值应用；还能创造出一系列新的数字服务领域，从而满足人们对诸如医疗保健、教育、娱乐、家政服务等方面的更高要求。

“Ubiquitous”原为拉丁文，意思是“神无所不在”，英语中Ubiquitous一词的涵义是“无所不在、普遍存在的”[2]。泛在信息环境是建立在新信息技术的基础之上，通过网络基础结构为用户建立起来的一个任何时间、任何地点都能与网络联接的信息空间（Cyberspace），为用户提供服务的泛在计算技术将从用户的意识中彻底消失，即用户和周围环境无数大大小小的计算设备

---

❶ MURAKAMI Teruyasu.Japan's National IT Strategy and the Ubiquitous Network[R].Nomura Research Institute.Nov 1,2005.

❷ Oxford Dictionaries Passionate about Language[EB/OL].[2010-02-07].http://www.askoxford.com/results/?view=dict&freesearch=Ubiquitous&branch=13842570&textsearchtype=exact.

在潜意识上进行交互，用户不会有意识地弄清楚服务来自周围何处的普适计算技术❶，计算机本身则从人们的视线里消失，人们能够在任何时间、任何地点、以任何方式进行信息的获取与处理，强调和环境融为一体的计算，使计算机融入人的生活空间，形成一个“无时不在、无处不在而又不可见”的网络环境。

从1988年Weiser提出泛在（普适）计算以来，以泛在（普适）计算为背景的研究计划是从20世纪90年代中后期广泛开展的，绝大多数美国和欧洲的知名大学和研究所都启动了相关的计划，如美国的MIT，CMU，Stanford，UC Berkeley；德国的GMD，University of Karlsruhe；英国的Cambridge，Lancaster等都开展了相关的研究。1999年，IBM正式提出普适计算的概念，同年，召开第一届Ubicomp国际会议❷。2000年，召开了第一届Pervasive Computing国际会议❸。2002年，IEEE Pervasive Computing期刊创刊❹。联合国于2003年12月在日内瓦举办的全球信息社会高峰会议（WSIS），第一次为“无处不在的网络”提供了一个在国际上进行讨论的机会，“无处不在的网络”理念正式登上世界舞台，开始影响世界各国的IT战略走向。

信息技术加速了泛在信息环境的产生，与泛在信息环境相关的研究不断深入与拓展，随着微处理器、系统芯片和海量存储、智能传感器、移动设备、多通道交互与智能技术等泛在信息技术的持续快速发展、变革，特别是与计算机及人工智能相关的泛在信息技术研究出现了大量的研究成果，而且研究范围在不断地扩展，涉及与人类密切相关的多个方面，不断地影响着其他相关领域与学科的发展与变革，极大地改变了人们的生活、工作、教育及科研方式，也极大地促进了“无所不在性”（Ubiquity）、智能性（Intelligence）和透明性（Transparency）的泛在信息环境的建设。

ubiquitous“无处不在”，这在美国被称为“普及运算”（Pervasive Com-

---

❶ Mark Weiser.The Computer for the Twenty-First Century[J] Scientific American,1991,Vol 265, No. 3, pp. 94-104.

❷ International Conference on Ubiquitous Computing[EB/OL].[2012-01-25].http://www.ubicomp.org/.

❸ International Conference on Pervasive Computing[EB/OL].[2012-01-25].http://www.pervasive-conference.org/.

❹ Pervasive Computing[EB/OL].[2012-01-25].http://www.computer.org/portal/site/pervasive/.

puting)，在欧洲被称为“环境智慧”或“智慧环境感知技术”（Ambient Intelligence）。2003年11月2日荷兰埃因霍温举行的首届EUSAI（European Symposium on Ambient Intelligence）论坛上，主办者飞利浦公司在技术概念会议集中探讨了智慧环境感知技术的三大关键领域：无所不在运算（Ubiquitous Computing）、环境感知（Context Awareness）、智慧及自然互动作用。其中智慧环境感知技术的目标是，在人体的周围环境中布置智慧化的技术，而且能够不为人所察觉。普及运算已被欧盟采纳为IST研究及技术开发计划的主导项目，欧盟还拨款超过36亿欧元，在未来四年内用于该课题的研究。其中一些EUSAI参与者则认为，普及运算未来的成果就是“让电脑消失”。

1999年12月，欧盟赫尔辛基理事会通过了欧盟委员会发起的“电子欧洲——全民参与信息社会”计划。此举意在利用新经济（特别是网络）带来的机会，在信息技术领域全面追赶美国。2000年3月，在里斯本召开的新世纪第一次欧盟首脑会议上，欧盟提出了未来10年的发展新战略，而发展信息产业，通过普及互联网知识、发展电子商务、加快高新技术特别是信息技术的开发与应用，创建“电子欧洲”则是会议的主要内容之一。2005年6月，欧盟执委会正式公布了未来5年的欧盟信息通信政策架构“i2010”，其中指出，为迎接数字融合时代的来临，必须整合不同的通信网络、内容服务、终端设备，以提供一致性的管理架构来适应全球化的数字经济，发展更具市场导向、弹性及面向未来的技术。i2010包含以下三项优先目标：一是创造统一的欧洲信息空间；二是要强化创新与ICT的投资；三是建立具有包容性、高质量的信息化社会。2006年9月，当时的欧盟理事会轮值主席国芬兰和欧盟委员会共同发起举办了欧洲信息社会大会。此次大会以“i2010——创建一个无所不在的欧洲信息社会”为主题，并达成共识：信息社会正在变为一个“无所不在”的信息社会[1]。

在亚洲，2004年日本总务省提出的年度ICT发展策略正式提出了u-Japan

[1] 从“e”到“u”：构建无所不在的网络——从全球各国信息化战略的转变看网络发展趋势[EB/OL].[2012-01-25].http://www.cnii.com.cn/20070520/ca430508.htm.

计划，将日本建设成一个“anytime，anywhere，anything，anyone”可以上网的环境，目标是到2010年把日本建成一个充满朝气的国家，使所有的日本人，包括儿童和残疾人，都能积极地参与日本社会的活动，通过无所不在的网络社会创建一个新的信息社会[1]。即第一次提出由“电子日本（E-Japan）”向“随时随地连接的日本”（U-Japan）”过渡的信息技术发展方向。2006年10月18日，日立信息通信集团总裁篠本学先生在第六届亚太城市信息化论坛上提出了“泛在信息社会”的新理念，阐述了日立为城市信息化发展描绘“泛在信息社会”的前景：信息社会初期受到基础系统和信息终端技术、性能的限制，“信息”并不能得到淋漓尽致的发挥。随着宽带技术、无线技术等通信基础技术不断进步以及系统、软件、服务器等配套设施的完善，信息社会将逐渐过渡到“泛在信息社会”。利用IT“无论在何时何地所有人都能够安全、安心地使用信息”，日立称之为“泛在信息社会”[2]。随后不久，2007年5月15日在日本东京国际展览中心举办的“富士通（Fujitsu）论坛”宣布：世界将迈入泛在信息社会。

2005年3月，由南韩信息及通讯部（MIC）主导成立U-Korea策略规划小组，同年9月完成U-Korea政策草案，在2006年3月确立U-Korea总体政策规划，U-Korea意旨建立无所不在的社会（Ubiquitous Society），也就是在民众的生活环境里，布建智能型网络（如IPv6、BcN、USN）、最新的技术应用（如DMB、Telematics、RFID）等先进的信息基础建设，让民众可以随时随地享有科技智能服务[3]。

1992年，新加坡提出IT2000计划，即“智能岛”计划。此后，该国先后确定了“21世纪资讯通信技术蓝图”“Connected City（连城）”等国家信息化发展项目，希望进一步加大信息通信技术的普及力度。2005年2月，新加坡资讯通信发展局发布名为“下一代I-Hub”的新计划，标志着该国正式将

---

❶日本：从E-Japan迈向U-Japan[EB/OL].[2012-03-25].http://industry.ccidnet.com/art/18447/20051111/370005_1.html.

❷日立提出“泛在信息社会”新理念——日立信息通信集团总裁在第六届亚太城市信息化论坛发表演讲提出新理念[EB/OL].[2012-04-01].http://www.ciw.com.cn/News/news/2006-10-18/9303.shtml.

❸蔡易静.洞悉南韩无所不在政策—U-Korea[EB/OL].[2012-01-25].http://www.rfidworld.com.cn/news/2007_3/2007327921544588.html.

“U”型网络构建纳入国家战略。该计划旨在通过一个安全、高速、无所不在的网络实现下一代的联接[1]。

新加坡从1992年提出的“智能岛”计划，到2000年4月由资讯通信发展管理局（IDA）制定的“21世纪资讯通信技术蓝图”，再到2003年再次制定的“Connected City（连城）”计划，数次信息化战略都是“e”阶段的产物，即通过提高信息通信技术的利用率推动社会方方面面的发展。新加坡希望在普遍通信设施、商业政策环境和信息人才的良好条件下，到2009年在全岛创建一个真正的无所不在的网络。

中国台湾地区也在2006年正式启动“U-Taiwan”计划，主要是应用RFID技术可以发挥无所不在的功能，目标则是推动发展“e化服务随手可得之优质网络社会”，内容包括：整备优质网络、建立完备U-Taiwan发展环境、以及推动U化生活应用。所谓的“U化”，可涵盖几大特征，包括：“随时随地取得”“不断线（Always on）”“即时回应”“多样化可携式服务”以及从使用者角度出发的“客户导向”原则。而实践U化之技术，则将以无线网络技术为主，透过光纤网络为骨干传输，并依涵盖范围及宽带需求划分，发展不同的无线网络技术。为达到上述目标，未来政府的施政重点包括：推动“优质网络社会”基本法立法与相关修法；维护优质网络社会资通安全与信赖机制；创造、流通及运用数位内容；缩减数位落差创造数位机会；提升资讯素养，以培育普适网络社会（Ubiquitous Network Society，UNS）人才；推动国际合作行销台湾，期许能尽速建构优质网络社会环境，提高人民的生活环境。未来，RFID技术的运用范围可以更广泛、更无所不在，结合数位家庭、互联网、无线网络及设备，发展出远程看护、安全监控、数位娱乐、车辆导航、电子货柜、医疗废弃物追踪、机场行李通关等新的整合科技运用，创造无限商机。通过随手可得的e化服务，将台湾地区建构成为一个安全便利的安心社会，并达成2010年高速宽带网络与汇流涵盖率达90%的目标，使台湾地区成为世界U化的先进。

“无处不在的网络社会”作为信息化的未来发展方向，已引起了我国政

[1] 新加坡物联网规划简要概述[EB/OL].[2012-01-05].http://www.qiyeku.com/xinwen/1215598.html.

府和有关领导及专家学者们的高度重视，2006年10月，由国家信息中心与中国信息协会联合主办的首届“无处不在的网络与中国IT发展战略研讨会”在北京成功召开，得到了国内IT业界及学术界相关人士的高度关注。其后不久，北京市政府即与北京邮电大学经济管理学院合作，由吕廷杰院长牵头率先成立“U-北京课题组”，将原“数字北京（e北京）”项目升级为“U北京”，为北京市信息化和国家信息化的发展提供参考意见。2009年8月上旬温家宝同志在无锡视察时指出，“要在激烈的国际竞争中，迅速建立中国的传感信息中心或‘感知中国’中心”，自温家宝同志提出“感知中国”以来，物联网被正式列为国家五大新兴战略性产业之一，写入“政府工作报告”，泛在网在中国受到了全社会极大的关注，泛在网是感知中国的基础设施，感知中国是泛在网的重要体现。2010年2月中国通信标准化协会（CCSA）泛在网技术工作委员会（TC10）在北京正式成立，该技术工作委员会将研究包括物联网在内的泛在网络技术领域的标准。加快泛在网的研究和部署，构建国家综合网络基础设施，是推动两化融合、转变发展方式的具体抓手之一。❶2010年6月胡锦涛同志在中科院工程院两院院士大会上的讲话中也明确了“要积极发展智能宽带无线网络、先进传感和显示、先进可靠软件技术，建设由传感网络、通信设施、网络超算、智能软件构成的智能基础设施，按照可靠、低成本信息化的要求，构建泛在的信息网络体系，使基于数据和知识的产业成为重要新兴支柱产业，推进国民经济和社会信息化。”❷

2011年7月19日，中国互联网络信息中心（CNNIC）发布了《第28次中国互联网络发展状况统计报告》（以下简称《报告》）。《报告》显示，截至2011年6月底，中国网民规模达到4.85亿，网民规模居世界第一位。2011年上半年，我国手机网民规模继续稳步扩大。截至2011年6月底，我国手机网

---

❶泛在网技术工作委员会在京成立[EB/OL].[2012-07-15]. http://tech.163.com/10/0202/11/5UGV49IG000915BE.html.

❷胡锦涛在中科院工程院两院院士大会上讲话[EB/OL].[2012-07-15]. http://www.gov.cn/ldhd/2010-06/07/content_1622343.htm.

民达3.18亿[1]，说明我国已经具有良好的网络设施、硬件、软件、信息资源、人等有机组成的新一代基础设施，目前中国的泛在网络研究已经逐渐展开，U–北京、U–青岛已成为我国泛在信息环境建设实践的先行者。

新技术正在推动曾经的科学构想走向现实，而科学构想又为现实的网络演进指出了方向。在以“无所不在”“无所不包”“无所不能”为基本特征的U网络架构下，现有的电信网、互联网和广电网之间，固定网、移动网和无线接入网之间，基础通信网、应用网和射频感应网之间，新的“三网融合”正在不同的领域、从不同的角度和不同的侧面加速推进，网络层上可以实现互联互通，形成无缝覆盖，“三网融合”奏响了“三重奏”，为可以预见的U网络社会奠定了坚实的网络基础。

2.2 泛在信息环境对图书馆的影响

泛在网（Ubiquitous Networking）是指基于个人和社会的需求，实现人与人、人与物、物与物之间按需进行的信息获取、信息传递、信息存储、信息处理，具有环境感知、内容感知能力和智能性，为个人和社会提供泛在的、无所不含的信息服务和应用的网络。泛在网是泛在信息社会重要组成部分，泛在网实质是泛在联网（Ubiquitous Networking），它是通信网、互联网、行业物联网的集合体。泛在网概念的提出对信息社会产生了革命性的变革，泛在信息社会的实现主要依靠的是网络平台作支撑点，无论是电视网、电话网、还是互联网，都是依靠网络把它们联系到一起，从而实现无处不在、无时不有的信息全面互联状态。作为一个全新的理念，U网络不是指某个具体的物理网络，而是指一个IT环境。首先，无论在何处使用，无论使用模式是固定的还是移动的、是有线的还是无线的，U网络都能提供永远在线的宽带接入。其次，U网络不仅能够连接通用的大型计算机和个人电脑，也能连接移动电话、平板电脑（PAD）、游戏机、汽车导航系统、数字电视机、信息家电、射频识别（RFID）标签以及传感器等各种信息设备，这些设备通过IPv6

[1] 第28次中国互联网络发展状况统计报告[EB/OL].[2012-2-25]. http://www.cnnic.net.cn/dtygg/dtgg/201107/W020110719521725234632.pdf.

协议连接到网络中。再次，U网络能够实现对信息的综合利用，不仅能处理文本、数据和静态图像，还能传输动态图像和声音。它能够实现安全的信息交换和商务交易，满足用户的个性化需求。

泛在信息社会是以网络为基本平台，谁在这个基本平台上发挥得好，谁就在泛在信息社会占有市场。图书馆长期以来处于一种封闭自守的格局，其资源仅限于固定范围的用户享有，其服务一直是以实体图书馆为阵地的服务为主，就连虚拟的数字图书馆服务模式也是按照这种传统格局来设定，用户要获得信息资料都不是很方便。泛在信息社会里图书馆还要继续维持这种传统服务模式则难以立足了，它必然要受到泛在信息社会服务的新理念、新方法和新模式的冲击，如果不正视现实、不应对挑战，图书馆就难以生存下去了，更不要说发展了。泛在信息社会对图书馆的影响主要表现在：

(1) 信息资源的泛在性

在网络环境下，未来信息社会的信息资源无处不在、无时不有，人们可以通过电视、电话、计算机等终端设备和无线、有线通讯设备随时随地获取各种类型的信息。这比亲自到实体的图书馆或登录到图书馆网站（图书馆的数据库在异地检索常常受到IP地址的限制）获取信息要便利的多，只要有终端设备都不受时间和空间限制，甚至在荒无人烟的沙漠地区通过卫星都可以上网看书、看电视。这种全新的服务理念、服务手段、服务方式和服务模式将对传统的图书馆服务模式是一个强烈的冲击和碰撞。信息资源的泛在性，并不是将这些大量的、散漫的信息资源简单的推介给用户，而是将这些杂乱无章的信息整合成集成的知识体系呈现给用户。

(2) 信息利用的开放性与共享性

开放性与共享性主要体现在三个层面，一是服务访问层面：服务访问接口是开放的，允许用户使用各种终端，兼容不同类型客户端，提高信息服务的使用范围；二是服务定制层面：根据实际需求为用户提供灵活地客户化定制服务，满足用户不同场景的需求；三是兼容性：用户的访问是无缝的。

信息利用的开放性与共享性是泛在网络的主要特点，用户能够安全、稳定、方便地使用各类网络信息资源和功能，互联网的信息资源是开放性的，无论是什么人都可以享有互联网上的任何信息资源。而现有图书馆的信息资源却是封闭的，除了书目信息和部分其它信息外，几乎所有全文信息都只限制为一定范围的用户使用，当然这不全都是图书馆本身所为，也有数据开发商和知识产权等方面原因所致。从整体上看，一方面图书馆的信息资源与互联网就无法相比，并且还有很多资源雷同；另一方面图书馆又不能很好地融于互联网，信息渠道狭窄，资源得不到共享，因此图书馆的开放性与共享性是吸引、满足用户信息需求的关键因素。

（3）信息用户的广泛性

据《第28次中国互联网络发展状况统计报告》报道，截至2011年6月，中国网民规模达到4.85亿，较2010年底增加2770万人；互联网普及率攀升至36.2%，较2010年提高1.9个百分点。我国手机网民规模为3.18亿，较2010年底增加了1494万人。手机网民在总体网民中的比例达65.5%，成为中国网民的重要组成部分。微博作为新兴的自媒体平台，受到网民的强烈推崇，用户数呈现出“爆发”式增长。《报告》显示，2011年上半年，我国微博用户数量从6311万快速增长到1.95亿，半年增幅高达208.9%，在网民中的使用率从13.8%提升到40.2%[1]。与互联网相比，无论是物理图书馆还是数字图书馆，其用户的到馆率（读者亲临图书馆的数量和图书馆网站的点击率）和馆藏的利用率都是远远达不到这个数字的。互联网拥有取之不尽的信息资源和日益增长的用户，再加上不断更新的技术手段和服务模式，人们不费很大气力就能方便快捷地在互联网上获取所需的信息，互联网正成为图书馆强大的竞争对手，同时也说明了泛在网络是图书馆可以吸引用户的平台，泛在网络可以成为图书馆与信息用户的桥梁。

（4）信息获取的便捷性

泛在信息社会一个明显特征就是信息获取的快捷便利，即无论任何时

---

[1] 中国互联网络信息中心.第28次中国互联网络发展状况统计报告[EB/OL].[2011-07-15].http://www.cnnic.cn/research/bgxz/tjbg/201101/t20110120_20302.html.

候、在任何地方、采用任何终端设备（如电视、手机、笔记本电脑等），都能迅速、方便地检索到所需的信息。图书馆信息服务传播终端不仅可以通过传统的台式机、笔记本电脑、平板电脑（个人数字助手）、掌上电脑、高清电视和手机等一切存在于人们日常生活中的装备设施作为信息终端为用户提供服务，极大限度地体现用户获取信息途径的泛在性。而且检索过程非常简单，只需在检索框里输入简单的检索词，网络便立即会把符合你要求的信息显示出来。相对来说在图书馆网站查找信息却非常繁琐，琳琅满目的数据库，用户如果不经过培训还不得其门而入。正如张晓林教授所言："图书馆的主页点进去，东西一大堆，Google就一个框，你说用户会选择谁?" 不要说读者不愿意通过层层检索进入图书馆网站，即使是图书馆馆员也大多都习惯于利用Google和百度查找资料[1]，信息获取的便捷性使更多信息用户成为Google一代。

（5）信息载体的多样性

互联网为用户提供的信息载体是多种多样的，除了静态的文字、图片外，还有动态的音频、视频等资料。而图书馆能提供的基本上都是静态的文字和图片文献，上千年来，这一直是一个传统，并一直作为图书馆的竞争优势。图书馆虽收藏有上千年来的人类文献资料，这是任何机构所不能取代的，但在未来信息社会里，仅靠单一的文献载体来传播人类文明是远远不够的，泛在网络可以为近年来信息载体多样化的图书馆提供信息展示与传播的平台。

（6）信息传递的即时性

泛在网络是一个高速的信息传递通道，移动互联网和移动终端的飞速发展，即时性已成为当今网络的重要特点之一，为移动视频、视频互动等提供了技术基础和可以操作的平台。在网络未出现之前，人们大量的、最新的信息大多是来自图书馆，而在网络信息迅速膨胀的今天，图书馆及时传递情报的职能似乎在削弱。互联网上只要点击一下鼠标，当天所有发生的事情都可以尽收眼底，即便是最新发表的学术论文（虽然不一定是全文信息，但能了

[1] 程亚男.图书馆与互联网的博弈[J].图书馆论坛,2008,(6):75-78.

解到基本的学术动态）只要搜索一下也可以一览无余，泛在网络将成为图书馆信息即时传递的基础性平台，使图书馆可以集中精力依托庞大的、海量的资源优势，充分利用网络展开传播和互动。

2.3 泛在信息环境下的图书馆

新信息技术成为图书馆发展的主要推动力之一，图书馆的发展随着社会的进步与新信息技术的出现而不断的向前推进，由传统图书馆发展到复合图书馆，新信息技术给图书馆的发展带来机遇，泛在图书馆（Ubiquitous library）是新理念图书馆的代表之一，是借助于信息技术的发展而得以实现，泛在图书馆的基本涵义就是无所不在的图书馆，是图书馆服务的泛在化，即用户无论在任何时间、任何地点都可获得图书馆的信息服务。“泛在图书馆”这一名称，首先出现是在上世纪末，1999年美国斯坦福大学图书馆馆长Keller设想未来图书馆时，他说“ 我要创立泛在图书馆”“使得学生们和教授们随时、随地能够取得课本或者与课本有关的信息。”[1]2003年，美国马里兰大学图书馆馆长Charless B.Lowry博士在他所制订的马里兰大学图书馆五年计划书中，明确地提出要建立泛在图书馆，并且还提出了泛在图书馆应具有的一些特征[2]。2005年，Lowry认为相对于虚拟图书馆、数字图书馆、电子图书馆等名称来说，泛在图书馆这个名称更好，并且再次阐明了泛在图书馆的一些特征[3]。2006年底，美国乔治南方大学的LiLi在第72届IFLA大会上又提出了泛在图书馆所具有的6个特点[4]，主要呈现出：①网络化。利用网络传递信息资源和服务；②全天候。可每年365天、每天24小时全天候连续提供服务，既没有时限要求，也不存在地域上的限制；③开放性。泛在图书馆为全

[1] Tia O´Brien.You Thought Librarians Were Dull? [EB/OL].[2012-02-15].http://www.stanfordalumni.org/news/magazine/1999/sepoct/articles/keller.html.

[2] Charles B.Lowry.The Ubiquitous Library–University of Maryland Libraries in the Next Five Years New Directions & Continuing Legacy[EB/OL].[2010-11-25].http://www.lib.umd.edu/deans/ublibreport.pdf.

[3] Charles B.Lowry.Let´s Call It the Ubiquitous Library Instead[J].library and the Academy,2005,5(3):293-296.

[4] LiLi Li.Building the Ubiquitous Library in the 21st Century[EB/OL].[2010-05-21].http://archive.ifla.org/IV/ifla72/.

球用户提供开放获取的资源；④多格式。动态地、无缝地提供多种格式的异质信息，信息资源主要包括文本、图像、声音、动画、音频和视频等，以满足不同层次、不同信息用户的需求；⑤多语种。为全球范围内不同文化背景的用户提供多语种支持，无论用户使用何种语言，都可以毫无困难的利用这些信息资源，这样能促使不同语言、文化背景的信息用户更好地利用泛在图书馆的资源和服务；⑥全球化。为全球用户提供服务，无论他们的年龄、性别、肤色、种族、宗教、语言能力、计算机水平，都一视同仁的为其提供各种信息和服务。

泛在信息环境下的图书馆建设迅速成为图书馆界研究的热点。随着泛在信息技术的快速发展，新的技术架构（云平台和移动技术等）让图书馆逐渐隐形于各类网络服务之中，使得图书馆作为一种基础服务而逐渐成为赛百空间的基础设施之一。泛在图书馆作为未来图书馆存在的重要型态和发展模式越来越明晰，它突破了现有物理图书馆理念的局限，打破了人们对图书馆的传统认识，赋予了图书馆以全新理念。泛在图书馆除兼具了传统图书馆的一些基本特点外还有以下三大特色[1]。

（1）突破时空的局限

信息资源与获取方式的泛在性是泛在信息环境下图书馆的主要特征。数字网络环境下，图书馆除了具有丰富的纸质馆藏资源供用户到馆借阅外，还有自己的数字图书馆门户或云端的信息资源网联结，作为信息集成和发布的平台，通过门户或云端的信息资源网联结，为用户提供一个多重载体形式、多层次资源的信息环境，用户无论是在物理的实体图书馆、办公室、公交车上、出差途中，还是在用户的虚拟社区，也无论是工作时间，还是在节假日的凌晨两点，只要想获得信息服务，只需通过泛在智能设备连接远在天边的泛在图书馆自动化信息服务系统即可获得相应的信息服务。这里所指的智能设备，包括各种电脑、高清电视和智能手机等[2]。泛在图书馆突破时间空间的障碍，通过多样化的载体形态、动态渠道为信息用

❶ 张瑜.美国泛在图书馆服务研究[D].武汉：华中师范大学, 2011.

❷ 张文彦，张瑞贤.美中wap手机图书馆发展现状比较[J].图书馆杂志, 2009(7):64-68.

户提供动态的、无缝的、渗透式服务，带给用户的最直接感受就是方便、快捷，实现了用户信息获取途径的泛在化。

（2）泛在智能化

泛在图书馆的高度智能化体现在用户在接受知识服务的时候，泛在图书馆对于用户而言是“透明”的，用户通常感觉不到它的存在。泛在计算、泛在智能和泛在网格技术是泛在图书馆的广泛应用的技术，这要求泛在图书馆对知识产生到利用的整个生命周期都予以足够重视。它通过终端设备（包括计算机和各种移动通讯设备）与外界进行信息互动，构建基于行业或学科的宏观知识空间和基于用户特定需求的微观知识空间，以动态、交互、无缝的知识组织形式，将各种异构信息有效地组织和整理，更好地实现全世界知识文化宝藏的充分共享。

（3）以人为本

泛在图书馆资源组织实现从资源网络到知识网络的转变。所谓知识网络，安德瑞斯·休弗特认为，为了建设利于知识创新和交流的网络结构，实现网络参与者之间知识共建共享，泛在图书馆对服务提供者、服务对象及信息资源之间相互关系重新架构，建立以“人”而不是信息资源为核心的知识流动机制。泛在图书馆在其信息资源建设的过程中将“人”置于知识网络服务链的中心位置，完全根据人们的需求来设计各种系统、功能和服务，而且这种设计不是一蹴而就、固定不变的，而是要跟踪、分析他们的信息需求变化和行为规律做出相应调整，以提高信息服务的质量。

泛在信息技术不但促进了图书馆的变革，也加速了人类知识的广泛传播与共享，为用户提供一个泛在知识环境而成为可能，泛在知识环境这个概念是美国国家科学基金会（NSF:National Science Foundation）在召开的“后数字图书馆的未来”研讨会中提出的，2001年2月，美国总统信息技术咨询委员会数字图书馆研究小组（PITAC/DL）向布什总统提交了名为“数字图书馆:普遍访问人类知识”的报告[1]。此报告提出，“任何公民无论何时

---

[1] Digital Libraries: Universal Access to Human Knowledge[EB/OL].[2011-02-03].www.itrd.gov/pubs/pitac/pitac-dl-9feb01.pdf.

何地都能利用任何与因特网相联结的数字设备来检索所有人类知识”。在这一设想中，数字图书馆将成为普遍访问全人类知识的工具并形成广泛存在的知识环境。

2003年6月召开的“后数字图书馆的未来”研讨会提出了“后数字图书馆”，并在“知识在信息中迷失——NSF数字图书馆研究方向研讨会报告”中提出了后数字图书馆的目标——创建泛在知识环境[1]。它从技术上看就是实现以人为本的计算机处理能力，这个能力的基础是个性化、客户化、以人为中心的信息。泛在知识环境中目标将集中于实现科学知识成果的快速发布，这种新型的交流基础设施能实现知识的全面开发和创造。

泛在信息环境为图书馆的信息提供了更宽广范围的传播，网络带宽、低成本的移动通讯基础设施已经成型，并作为基础的电子设备组成部分，如移动电话、PDAS、3G、4G网络、无线网络等的出现构成了一个泛在信息环境的世界，使用户任何时间、地点访问网络成为现实，使用户与服务之间的交互更加便捷，无论用户处在何种环境与状态，在这种泛在信息环境中，用户可以在各种地方通过多种通讯媒体与终端访问互联网，用户处在网络无处不在的泛在信息环境中。信息技术的发展为信息资源的组织提供了更好的信息组织工具、方法、存储、检索等，为泛在信息环境下图书馆信息资源的组织提供了充备的保障。

随着信息环境的变革，虚拟的数字资源将逐渐成为泛在信息环境的主体，而且数字资源的格式类型呈多样化，以多种形式遍布于整个网络空间中，但实体信息资源依然存在，而且随着信息技术的发展实体信息资源的效用得到加强。各种海量数字的存在造成了信息资源的复杂性，从而不可避免地造成信息生态的复杂性，各种形态信息资源、不同存储格式、虚拟与实体资源的共生给用户的信息获取带来了挑战，同时也为信息资源的共现与信息资源的配置带来了困难。

泛在信息环境为信息的传播提供了丰富的传播通道，除了借鉴新的信息

[1] Chatham, MA. Knowledge lost in information[C]. //Report of the NSF Workshop on Research Directions for Digital Libraries. NSF Award No. IIS – 0331314. 2003(6): 15–17.

技术来强化传统的信息传播外，泛在信息环境为信息的传播提供更加便捷、快速的无线网络的传播通道，使信息的传播更好地跨越了时空的限制，使用户任何时间、任何地方都能够实现信息的交流与传播，QQ、MSN、论坛、社区、E mail、在线会议Webex等所构建的信息交流平台无处不在，同时为用户的信息获取提供了便利。

2.4 泛在信息环境下用户信息行为及需求分析

用户信息需求是图书馆信息资源组织与建设的出发点和归宿，也是图书馆信息资源建设的源动力。了解泛在信息环境下用户信息行为和信息需求的构成、特点和行为规律，是新的信息环境下进行信息资源组织的前提和基础。

2.4.1 泛在信息环境下用户信息行为

在相关研究中，人们发现了一些用户信息行为的基本规律，在泛在信息环境下这些规律也将在不同程度下同样适用。探索用户对信息的需求规律有助于我们更加深入地了解用户的需求[1]。

（1）齐普夫（Zipf）最小努力法则

齐普夫在他的著作《人类行为与最小努力法则》中指出，“每个人在日常生活中都必定要在他所处的环境里进行一定程度的运动，并且都受一个简单的、基本的原则制约。”在这一原则制约下，人们力图把他们可能付出的平均工作消耗最小化，这一制约原则即“最小努力法则”。

泛在信息环境下用户对信息的需求仍然产生于实践活动之中，当用户根据实践活动的需要确定其信息需求量时，必然希望在能够顺利解决问题的前提下将工作量降到最小。而且在泛在信息环境下，随着信息的无处不在和日益丰富，人们寻找到有用信息的难度也日益加剧，此时齐普夫最小努力法则的重要性会越加明显，而合理的信息资源组织方式将更有利于用户的发现与

---

[1] 孙波.泛在知识环境下我国图书馆信息资源建设策略研究[D].长春: 东北师范大学, 2009.

获取。

（2）穆斯（Mooers）定律

穆斯在研究用户利用检索系统时发现:“一个检索系统对于用户来说，如果取得信息比不取得信息更麻烦的话，这个系统就不会得到利用。”穆斯的这个定律不仅适用于用户检索信息的行为，而且从广义上表述了用户对信息需求的一个基本原则，即如果用户获取信息比不获取更麻烦和更伤脑筋的话，他将放弃对这条信息的获取。

泛在信息环境下信息交流系统的发展变化使得人们获取信息的渠道日益丰富，这就要求图书馆作为提供信息服务的专门机构，必须充分研究用户利用信息的行为规律，根据穆斯定律，引入和开发出适合用户信息行为需求的检索系统，以便捷性来吸引用户使用图书馆提供的信息资源和服务。

（3）马太与罗宾汉效应

由于经历、职业、受教育程度等因素的影响，个体用户所累积的信息量是不等的，有时差距还很大。一般的，对信息需求量较大的用户，随着时间的推移，他们积累的信息量就会越多，信息需求也会越来越高于平均水平，这部分用户在行为上表现为力图获取更多更新的信息资料；在信息资料来源不充分的情况下，势必影响其他用户的需求。这就是信息需求中的马太效应。另外，大多数用户的信息需求水平总是平衡的，表现为信息需求中的罗宾汉效应。

泛在信息环境下，随着网络和信息技术的飞速发展，信息资源的富有者和贫乏者的两极分化会越加明显，即信息富有者越来越富有，贫乏者越来越贫乏。这要求我们不能忽视信息资源利用中的马太效应，必须采取有效的措施，缩小资源利用的贫富差距，消除信息用户利用信息资源的不平等现象。

泛在信息环境已经不同于以往的传统网络环境，首先，具有高度的移动性，而且用户是动态的，用户需要的是随时、随地的信息服务，用户信息行为的主动性、随意性得到了空前的增强；其次，信息空间结构中既包含固定的设备也包含可移动的设备；再者，用户之间的交互是对等节点[1]。泛在信息环境的这些特征使用户的信息获取与知识的挖掘习惯、心理与认知将发生极大的变化，用户在泛在信息环境中获取信息的工具将不再聚焦于用户的意识中，用户将精力集中在任务上，而不是获取工具[2]，把计算机嵌入到环境或日常工具中，让计算机本身从人们的视线中消失，将注意的中心回归到要完成的任务本身。

新信息环境的发展影响了用户的信息行为，给用户的信息行为习惯、心理、认知带来了冲击，从本质上改变了用户的工作内容、行为方式和信息意识形态，也决定着用户基本的信息行为表现形式。也从根本上改变了用户的信息环境，在一定程度上决定着用户信息需求、获取方式、信息交流与利用的社会形态的变革，用户的个性化需求、群体性信息需求得到增强，用户的信息需求从单纯的静态信息逐步向动态知识的方向发展。

泛在信息环境是新一代科技知识基础结构，泛在信息环境下信息传播方式和渠道大大拓展，用户能以十分便捷、迅速的方式搜寻、检索和获取所需要的信息。泛在信息环境下，用户信息需求呈现出新的特点和趋势，用户信息需求的主要指向和查找、利用信息资源的方式都发生了重大的变化，信息检索和传递呈现出非中介化、非专业化和非智力化等特点，信息需求朝着纵深发展，因此，在信息资源组织过程需要考虑弱势群体的需求。

2.4.2 泛在信息环境下用户需求分析

用户需求是图书馆得以存在和发展的最根本的推动力。X. Shi 等人认为用户对图书馆的满意评价分为用户对信息产品的满意、对信息服务或信息系统的满意，在此基础上，我们可以将用户对图书馆的信息需求分为用户对信息产品的需求、对信息服务的需求、对信息系统的需求。每部分依据需求对

---

[1] Mayuree Srikulwong.Multimodal Interaction in a Ubiquitous Environment[C] in Baranauskas, C.and Palanque, P. and Abascal, J. and Barbosa, S.D.J. Eds.,Human-Computer Interaction - INTERACT 2007,Heidelberg:Springer Berlin,2007: 592-597.

[2] Louise Barkhuus.Ubiquitous computing: Transparency in context-aware mobile computing[EB/OL]. [2010-12-18].http://www.itu.dk/people/barkhuus/barkhuus_ubicomp_dc.pdf.

象的种类和需求对象的特性或功能两个维度展开，多角度、多层次细分[1]。即可从泛在信息环境下用户的信息资源需求；用户的信息服务需要；用户对信息系统及对系统的特性和功能的需求等三方面入手着重研究泛在信息环境下用户的信息需求构成。

(1) 泛在信息环境下用户的信息资源需求

随着信息技术及网络技术的快速发展，互联网已成为巨大的分布式信息空间，其中包含各种“无效信息”“垃圾信息”，用户信息需求的学科化、专业化及专门知识信息加以集中整合已越来越迫切，以求从中提炼出围绕有关主题的成体系的信息资源，以求自己的问题得以满意地解决。

在泛在信息环境中，原始数据与传统意义上的信息依然是用户需求的重要组成部分，但已远远不能满足用户对信息的需求，虽然数字化的音频、图像、视频等在一定程度上缓解了用户对信息的需求，但依然不能从根本上解决泛在信息环境下用户对知识需求的满足，用户对隐性知识、知识关联、集体智慧等的需求更为强烈，即用户的信息需求从分散、孤立、简单的显性信息到聚合、关联、复杂的知识转变，泛在知识环境的出现使其得到了某种程度上的印证，泛在信息环境中图书馆信息资源组织的对象发生了从显性到隐性，从事实数据、大数据（big data）到知识的演进，图书馆应该为全球用户提供开放获取的资源，特别是开放获取期刊中的学术性信息[2]。用户希望能够借助工具和软件对科学和试验数据进行进一步分析和知识密集加工，帮助分析和模拟它们之间复杂的联系，找到数字资源和信息中蕴含的逻辑关系和模式等，并利用可视化的方式使之生动地得以表现，从而促进科学研究和发现。

(2) 用户的信息服务需要

用户希望提供的服务更加个性化、专业化、开放化、主动化、多样化、可视化、人性化和知识化等。研究者要求能够最大限度地在全球范围内实现科研数据、技术方法、计算设备、设施、人员等的共享，轻松便捷地定制和

---

[1] ShiXi.Satisfaetion Formation Proeesses in Library Users:Understanding Multisource Effeets[J].The Journal of Academic Librarianship, 2004, 30(2):122-131.

[2] 陈清文，黄田青.泛在图书馆初探[J].图书馆工作与研究，2008(8):17.

获取科技新闻、科研动态、本领域专家信息、科研报告等服务，希望能够借助相关工具和平台促进对学习资料的创建和传递；学习者则希望加强与其他学习者的交流互动，能够有效获取和共享课程资源和信息，并借助更为生动、可视化的工具促进对学习资料的使用和对知识结构、知识构建过程的了解等。

现有图书馆的信息服务在服务对象、资源利用、服务方式上仍然没有脱离传统的服务模式，所从事的信息服务大多是向用户提供馆藏资源及网络数据库资源的检索与传递，其他主动服务方式如信息咨询、知识服务、RSS推送等虽然存在，但服务质量普遍不高❶，用户需要提供解决问题的知识或知识产品的服务，并将这些信息或知识重组为相应的知识或问题的解决方案。

在泛在信息环境下，与现有图书馆信息服务不同，用户所关注的重点不再是信息获取，而是本身事务的处理过程。信息环境通过上下文感知系统来理解用户当前的任务活动以提供动态的主动信息推送服务❷。泛在信息环境下图书馆需要从用户需求及行为变化的角度出发，不是被动地提供用户所需要的数字资源，而是主动融入用户的信息环境，从解决用户问题入手，有针对性地提供信息服务，满足用户的动态信息需求。

任何用户（Any user）、任何时候（Anytime）、任何地点（Anywhere）获取任何图书馆（Any library）的任何信息资源（Any information resource）是泛在图书馆的主要特征，数字图书馆的核心理念是实现人类对所有知识的普遍访问。在泛在信息技术推动下，图书馆的服务领域、服务方式和图书馆管理已发生根本性的变革，基于分布式资源动态化、创新性、专业化、嵌入式泛在信息服务也逐步成为现实，网格技术、超宽带无线网络、云计算、流媒体技术、射频身份识别（RFID）、蓝牙、人工智能、Web3.0等，为图书馆信息检索服务提供了强有力的技术支撑。

新技术不仅汇集起海量信息并提供了便捷的搜索获取方式，也在改变科

---

❶ 陈洁.RSS在高校图书馆服务中的应用与对策研究[D]. 武汉: 武汉大学, 2008.

❷ 王丽华.普适计算对数字图书馆发展的影响[J]. 图书馆学研究, 2008(6): 24–26.

学研究的模式。2009年，微软公司发布的“科学研究的第四种范式”论文集中明确提出：海量的科学数据＋开放获取和利用，正催生出一种新的“数据密集型”科研模式。科研人员借助电脑大规模获取数据、文献资料，设法比对、分析，在这过程中很可能挖掘出新的科学发现，“数据密集型”科学研究越来越明确地要求图书馆转换服务功能[1]。用户希望能够借助工具和软件对科学和试验数据进行进一步分析和知识密集加工，帮助分析和模拟它们之间复杂的联系，找到数字资源和信息中蕴含的逻辑关系和模式等，并利用可视化的方式使之生动地得以表现，从而促进科学研究和发现。

（3）用户对信息系统的需求

无论是科研用户、教育工作者、学生还是管理人员，由于他们可以越来越多的通过移动设备与网络相连，他们要求无论是在家里、工作还是在旅行时，都能够随时随地根据需要，多途径、多通道、成本低廉、稳定可靠且无缝地获取和使用丰富的高质量的信息资源。科研人员和教育工作者希望无论是在研究或学习过程中，都能够通过同一平台、采用相同的方法来获取信息；学习者则希望在他们的整个学习过程中都能采用相同的方式来获取学习资料和资源，以及学习之外的能够培养他们兴趣或增添生活娱乐的多种形式的丰富的资源；而管理人员则希望能够快速可靠地获取所需的各种经济、管理、评估数据和信息，并利用简单便捷的工具进行比较分析。

泛在信息环境下用户需要图书馆提供方便可行的、具有专业化、个性化特征的信息服务系统，能提供不同数据库的互操作，使用户可以快速查到所需要的数字化的知识信息。利用方便有效的技术手段建立一个能够处理各种类型信息源，能够根据用户需求进行适时的、动态组织的知识服务系统，利用新型检索技术、智能代理、搜索引擎等提供智能化检索平台。

泛在信息环境是新一代科技知识基础结构，泛在信息环境下信息传播方式和渠道大大拓展，用户能以十分便捷、迅速的方式搜寻、检索和获

---

[1] 樊丽萍. 传统图书馆：拐点或终点[EB/OL].[2012-05-06].http://wenhui.news365.com.cn/ewenhui/whb/html/2012-05/06/content_9.htm.

取所需要的信息。泛在知识环境下，用户信息需求呈现出新的特点和趋势，用户信息需求的主要指向和查找、利用信息资源的方式都发生了重大的变化，信息检索和传递呈现出非中介化、非专业化和非智力化等特点，信息需求朝着纵深发展。因此，泛在信息环境下用户信息需求特点可归结如下[1]：

（1）全方位和综合化

泛在信息环境下，用户需求除了集中在与教学和科研有关的信息资源上之外，还需要有关政治、经济、教育、金融投资、医疗卫生、商品营销、文化体育、休闲娱乐、旅游等全方位的综合性信息。内容涉及众多的学科领域，形式上既需要公开出版发行的书报刊，又需要没有正式出版和流通途径，没有公开、不易获得的资料，包括学术报告、会议资料、学位论文、内部刊物、政府机关文献等在内的“灰色文献”。形态上不仅需要文字信息，而且需要图像、音频等方面的信息，呈现出了全方位和综合性的特征。

（2）多层次性及系统性

在泛在信息环境下，用户的信息需求表现出明显的多层次性，其信息需求不可能在一个图书馆或一定的范围内得到全面满足，需要利用不受地域空间限制相当丰富的网上信息资源，采用网络及相关的技术设备对信息资源进行存贮、检索与传递，为用户提供本单位或其他单位乃至全世界各类的信息资源，使用户尽可能全面系统地得到与自身需求相关的信息，乃至系统化的知识呈现。

（3）个性化和知识化

泛在信息环境下，信息用户通过网络可以获取的信息资源很多，但由于用户个性、习惯、兴趣、爱好、知识积累等方面的差别以及专业不同，研究课题、研究方向不同，信息获取和利用能力不同，其对信息和服务的需求的不同，用户希望其获取的信息更加具有个性化、专业性、主动化等特点。用户希望轻松便捷地定制和获取科技新闻、科研动态、本领域专家信息、科研

[1] 孙波. 泛在知识环境下我国图书馆信息资源建设策略研究[D]. 长春: 东北师范大学, 2009.

报告等服务。希望无论是在研究、论文写作或学习资料创建还是学生成绩评估过程中，都能够通过同一平台、采用相同的方法来获取信息。

用户希望能够借助工具和软件对科学和试验数据进行进一步分析和知识密集加工，帮助分析和模拟它们之间复杂的联系，找到数字资源和信息中蕴含的逻辑关系和模式等，并利用可视化的方式使之生动地得以表现，从而促进科学研究和发现。

（4）开放性

泛在信息环境下，用户需求不再仅局限于一个图书馆，而是通过互联网延伸到其他图书馆、教育机构、出版机构、科研机构、网络信息服务商（网站）、新闻媒体和其他信息机构，以及用户与专家、用户与用户、用户与信息咨询服务人员之间的信息交流活动等。因此，信息用户在信息渠道和信息内容等需求上具有开放性。

（5）精品化和及时性

信息量不再是用户需求的重点，用户重视的是信息的价值含量及其时效性。用户希望可以随时随地根据需要多途径、多渠道、低成本获取各种信息。

（6）现代化

用户对传统馆员“中介式”的检索服务的依赖性越来越小，但对信息内容的新颖性、时效性、学术性、相关性和可靠性有了更高的要求。用户期待快速高效的信息获取过程，能在家里或办公室通过“一站式”检索，即通过网络或信息服务商提供的检索系统，能一次性地获得有关某一主题的目录、论文和著作的全文以及照片、图像、声音等全面系统的信息。

（7）特指化

用户的信息需求要求能够回答4w+3w，即know who、know what、know when、know where和know why、know how、know if，甚至希望能够获得直接的答案或解决方案，并提供其可能遇到的潜在问题。

2.4.3 泛在信息环境下信息资源组织需求分析

因此，图书馆的信息资源组织与建设需要以用户、用户信息行为及需求为出发点，加强信息资源的组织与建设，加强图书馆信息资源建设与整合，逐步从信息服务到知识服务迈进，挖掘用户信息行为，以用户需求为主导，提供个性化发现、情景发现，提供用户个性化信息资源推荐服务，提高移动、泛在的信息资源可发现性。

（1）加强图书馆信息资源建设与整合

信息资源在建设、组织、管理的过程对用户信息资源的发现具有内在的影响，在信息资源组织、建设的过程中除强化传统的标引、分类，应适应新信息环境的变化，提供Tag、Folksonomy等功能，从图书馆用户使用的角度出发，以用户获取体验为核心，为信息资源的可发现性奠定基础。对信息资源进行多方面、多层次的集成、重组、整合，建立具有关联性的资源体系，以解决数字信息“孤岛”，既能提高数字资源的利用率，又能提高信息资源的发现率。2008年1月JISC开展了为期2年的资源发现计划（Resource Discovery Programme），采用元数据的整合与重用，极大地提高了信息资源的可发现性[1]。

在全球信息化和网络化环境下，社会化的图书馆网络最终将与互联网相联，网络搜索引擎是数字图书馆信息资源发现的一个有效工具，以用户需求为导向，将图书馆的知识信息服务纳入互联网环境中的全球信息服务体系，实现图书馆信息资源与搜索引擎发现有效结合是一种发展趋势[2]，也是使知识与信息能广泛传播的必然需求，因此，信息资源建设与整合是关键。

（2）逐步实现从信息资源组织到知识组织转变

目前，信息资源检索与获取是用户获取图书馆信息资源的一种基本需求，把从图书馆获取信息资源作为本能，但对于部分用户来说，简单的信息资源检索与获取已经难以满足其需求，他们对知识的需求更为强烈，希望能从信息资源中识别出有效的、新颖的、潜在有用的，以及最终可理解的模式的非平凡过程。知识组织将信息变为知识，为用户屏蔽原始数据的繁琐细

---

❶ Resource Discovery Programme[EB/OL].[2011-09-08].http://www.jisc.ac.uk/whatwedo/programmes/resourcediscovery.aspx.

❷ 欧阳剑.新网络环境下用户信息获取方式对图书馆信息组织的影响[J]. 中国图书馆学报，2009(6): 97-102.

节，从原始数据中提炼出有意义的、简洁的知识，直接向用户报告，知识组织是对信息资源组织服务的提升，是图书馆的发展方向。

(3) 挖掘用户信息行为，以用户需求为主导，提供个性化组织、情景组织模式

面对日益增长的数字资源，面对着用户对信息资源检索与获取要求的提高，帮助用户"找到他们研究所需信息"已成为图书馆更具竞争力的回报[1]，图书馆更关注用户对信息资源的个性化需求，在用户信息资源的获取中，我们必须重新思考用户的信息行为，而非专注于用户应具备的查询技能，也要重新思考用户教育与信息素养训练的现实考虑，图书馆员为用户提供搜索相关内容的必要培训，以建立一套用不需训练即知如何使用的系统为目标，让用户不须馆员的协助就能有效发现图书馆的各项资源，进而主动地将图书馆资源推送给读者[2]。

个性化信息资源组织对于提高用户信息资源可发现性是显著的，以用户需求为主导，针对不同群体用户的信息需求，提供不同的检索系统模式，图书馆有必要根据用户的学科、专业背景、知识领域及当时检索情景为用户自动地提供合适的检索工具，同时，在用户搜索的过程中通过更多的交互式交流来预测、计算用户新的信息需求，提高检索结果的相关性，帮助用户找到所需信息，使用户获得更加完美的结果信息集，能根据用户所使用的当前情景，为用户提供个性化的检索服务，随着不同情景的实时变化快速地反映用户需求。

(4) 提供用户个性化信息资源推荐服务

个性化信息服务是图书馆数字化建设中的一个十分重要的课题，图书馆目前的信息资源组织模式远不能满足用户对信息发现的需求，原因之一是用户很难用恰当的关键词描述自己的需求，二是基于关键词的信息检索在很多情况下是不够的，而推荐引擎的出现，使用户获取信息的方式从简单的目

---

[1] Roger C. Schonfeld.Ross Housewright.Faculty Survey 2009: Key Strategic Insights for Libraries, Publishers, and Societies[EB/OL].[2011-09-25].http://www.ithaka.org/ithaka-s-r/research/faculty-surveys-2000-2009/Faculty%20Study%202009.pdf.

[2] Anne Diekema,Cheryl Walters, Liz Woolcott. Resource Discoverability[C].Utah Library Association Annual Conference. St. George, UT. May. 2010. Available at: http://works.bepress.com/anne_diekema/9.

标、明确的数据的搜索转换到更高级更符合人们使用习惯的上下文信息更丰富的信息发现。实现个性化信息服务首先需充分了解用户的个性化的信息行为，通过对用户的学术搜索行为日志的深入统计、分析与挖掘，能从中找出用户的兴趣爱好及学术背景[1]，通过日志分析不同用户的信息需求，从用户的认知和心理为用户构建一个个性化的信息推荐服务模型。目前，Ex Libris公司推出的BX工具为用户提供了个性化的推荐[2]，但对国内用户来说效果尚不是非常理想，推荐范围相关度尚不够高、范围不够全面[3]。

（5）提高移动、泛在的信息资源组织

随着信息环境的发展，在泛在信息技术推动下，图书馆的服务领域、服务方式和图书馆管理已发生根本性的变革，虚拟的数字资源将逐渐成为泛在信息环境的主体，信息资源以多种形式遍布于整个网络空间中，为用户提供一个泛在知识环境。作为方便、大众化的信息应用终端，移动终端具有使用便捷、不受时空限制的特点，正在成为人们获取知识信息的重要手段，用户能够在任何时间、任何地点、以任何方式进行信息的发现与获取已成为一种趋势，在充分采用泛在信息技术与理念的基础上以用户为中心进行构建，为用户应用提供一个透明的全局资源视图，提供用户深度参与的、交互式的开放信息交流环境，通过互联网、手机、数字电视、智能移动终端等各种媒体渠道，将数字图书馆服务推送到千家万户，推送到用户身边，使人们可以突破时间和空间的限制，在任何时间、任何地点都能够获取信息与知识。

用户新的信息行为及信息需求促使图书馆的信息组织的变革，要求融入新的信息组织理念与思想，对信息资源进行有效的整合与组织；利用新的泛在信息技术对信息资源进行深层次的组织、挖掘与展示；有效地利用交互的网络及用户的群体力量对图书馆的信息资源进行组织及社会化建

---

❶侯丽.高校数字图书馆服务模式亟待转变[EB/OL].[2011-09-25]. http://epaper.ccdy.cn/html/2011-09/19/content_58017.htm.

❷ Ex Libris the bridge to knowledge, bX Recommender Service: Overview[EB/OL].[2011-11-20].http://www.exlibrisgroup.com/category/bXOverview.

❸ 施晓华,曲建峰,宋海艳.基于用户使用数据分析的图书馆学术推荐服务[J]. 图书馆杂志, 2011(9): 21-25.

设，从用户角度出发对图书馆的信息资源进行组织；充分利用社会网络的人际关系进行信息传播，为用户提供多渠道的信息获取方式与途径，在泛在信息环境下为用户提供更好的数据采集与知识挖掘，为用户提供更有效的人机交互。

2.5 泛在信息环境下图书馆服务理念

随着信息技术的发展和用户需求的不断变化，图书馆的服务理念也在不断演变和衍生。图书馆的服务功能由最初的图书文献信息数字化加工、存储及网络检索利用，向以用户为中心，为用户提供交互式、个性化的信息服务转变[1]。目前，基于桌面计算的信息网络传输模式繁琐而低效，难以满足人们在不同地点和环境，甚至移动过程中获取、传输、处理信息的需求。普适计算理念的提出使得“以人为本”“随时随地”的信息服务成为可能。

泛在环境下的图书馆用户已不限于本单位、本地区甚至本国的成员，其概念已超越了传统的读者范畴而具有十分明显的全球化特征，几乎所有的网络用户都有可能成为潜在的服务对象。泛在图书馆和读者的藩篱不再明显，泛在信息服务的范围延伸到更多的用户，图书馆的服务是无所不在、全方位的。在泛在环境中，人们能够使用任意设备、通过任意网络、在任意时间获得一定质量的网络服务，计算行为本身与周围环境融为一体，用户可以在需要的时候（任何时间、任何地点、任何方式）获取信息[2]。因此，信息服务具有“无处不在”“透明”的特性，“无处不在”是指可以随时随地访问信息，“透明”即让用户注意回归到任务本身，通过系统进行上下文感知，自动地为用户推送服务[3]。

泛在信息环境下的信息服务将是可用的（Availability）、透明的（Transparency）、无缝的（Seamlessness）、有认知的（Awareness）、可信赖的

---

❶ 张会田.基于案例的数字图书馆泛在化服务模式分析[J].情报理论与实践,2011(3):77-81.

❷ 徐光佑,史元春,谢伟凯.普适计算[J].计算机学报,2003(9):1042-1049.

❸ 魏秉铎,李林,胡峰.普适环境下的智能地理信息服务研究[J].重庆邮电大学学报,2009(10):667-671.

(Trustworthiness)(见图2-1),泛在信息环境给图书馆的信息服务带来理念的变革,充分利用先进的泛在信息技术和数字信息与知识的全面可解析性,结合知识的应用“语境”和用户信息需求,建立有效的机制来统筹数字化的信息资源,建设数字化、信息化、集成化的泛在知识空间和知识网络。

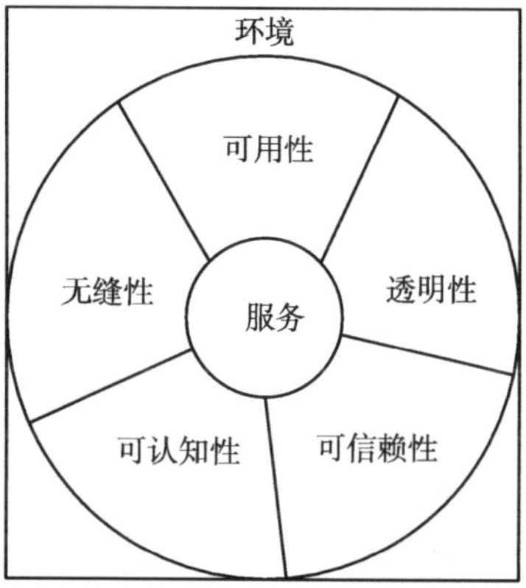

图2-1 泛在服务模式[1]

泛在图书馆的实现途径和实现方式不同于传统图书馆,这是因为泛在图书馆的基本理念是图书馆信息资源在任何时刻、任何地点都是可存取的。这包括两层含义,一方面是指,这种新型的图书馆信息服务方式可以嵌入到我们的日常生活中。随着因特网和万维网的快速发展,泛在图书馆的这个愿望已从理想变成了现实;另一方面是指,图书馆数字化信息服务终端是一种智能化的信息系统。可以通过无线网络同用户的各种智能通讯设备连接起来。它区别于我们常见的台式机架构,是一种嵌入式移动设备,通过我们生活环境中各种信息便携通信设备,使用户和图书馆之间保持全天候的信息交流[2]。在泛在图书馆环境下,读者学习、科研的方式也悄悄发生着改变,越来越多的读者使用数字阅读设备进行数字阅读,这将在一定程度上改变读者原来传统的阅读习惯。对于图书馆来说,适应和引导读者采用新的阅读方式进行阅读是有待进一步开发的且具有很大发展潜力的一项图书馆服务[3]。

---

[1] Ubiquitous service[EB/OL].[2011-09-18].http://en.wikipedia.org/wiki/Ubiquitous_service.

[2] 张瑜.美国泛在图书馆服务研究[D]. 武汉:华中师范大学, 2011.

[3] 毛芸等.基于移动阅读的高校图书馆阅读服务工作研究[J]. 农业图书情报学刊. 2013, 25(2): 98-100.

美国是世界上最先开始泛在图书馆服务理论研究和实践探索的国家，同时也是泛在信息技术应用最为先进的国家。21世纪以来美国先后发起了未来数字图书馆一期工程、二期工程、美国国家科学数字图书馆等计划和项目，在未来图书馆形态研究和建设中取得了举世瞩目的成果，对促进和引领全球数字图书馆向泛在图书馆的过渡过程中起到了举足轻重的作用，泛在服务重视用户参与和用户交互；支持用户对信息资源的泛在存取和利用；重视解决异质信息资源问题；强调服务突破时空局限将服务通过无线网络融入用户生活；关注图书馆和各类信息机构之间的协同合作等[1]。

新网络环境下的信息获取是建立在以用户体验为核心的基础之上，图书馆突破了传统的以信息保存、信息服务到以用户需求为中心的转变，强调以用户为中心，信息以用户为中心而组织，更突显个性化设计，泛在图书馆以网络为基础，动态地、无间隙地传送和传播各种不同类型的信息[2]，通过图书馆的信息组织，呈现出各种资源，方便人们从互联网上获得这些资源[3]，对用户采取7×24小时方式进行服务，不再有时间和地点的限制。泛在环境下，图书馆能借助先进的泛在计算设备提供每周7天、每天24小时全天候信息服务。没有时间的限制，也没有地理位置的限制，用户可以在任何时间任何地点来利用图书馆的服务，访问图书馆的资源。在数字化、网络化、信息化、泛在化的时代，图书馆员必须改变观念，扩展服务场所和空间，到用户存在的地方提供服务，即为用户提供无所不在的信息咨询服务。

图书馆以用户的需求为主要服务，用户的需求与获取是图书馆事业发展的动力，借助于泛在信息技术的信息组织手段迎合用户在新信息环境下的信息获取方式的改变，对信息资源进行评价、筛选、优化配置及有效组织，用户的信息行为与获取方式首先在宏观层次上对图书馆的信息资源的配置与组织带来了巨大的影响，泛在网络环境改变了传统图书馆馆藏概念的内涵和外

---

❶ 张瑜.美国泛在图书馆服务研究[D]. 武汉: 华中师范大学, 2011.

❷ LiLi Li.Building the Ubiquitous Library in the 21st Century[C].WORLD LIBRARY AND INFORMATION CONGRESS: 72ND IFLA GENERAL CONFERENCE AND COUNCIL 20-24 August 2006, Seoul, Korea,http://archive.ifla.org/IV/ifla72/.

❸ Charles B.Lowry.Let´s Call It the Ubiquitous Library Instead[J].library and the Academy,2005,5(3):93-296.

延，深刻地影响着图书馆信息资源建设及组织模式。

新信息环境及用户新信息行为的涌现，信息资源结构的变迁，技术环境的日新月异，促使图书馆的信息组织的变革，要求融入新的信息组织理念，以用户为中心，对信息资源进行有效的组织与整合；充分利用互联网，促使图书馆信息资源与互联网的融合，扩展图书馆的服务空间，扩大图书馆的用户群体，利用新的互联网技术对信息资源进行深层次的组织与展示；有效利用网络及用户的力量对图书馆的信息资源进行组织及社会化建设，从用户角度对图书馆的信息资源进行组织；充分利用社会网络的人际关系进行信息传播，为用户提供多渠道的信息获取方式[1]。

2.6 泛在信息环境下图书馆信息资源组织面临的问题与挑战

信息环境是用户信息行为最重要的影响因素，特别是其中的信息交流环境与用户信息行为直接相关。在新的网络环境下用户面对的是一个复杂的信息环境与信息空间，信息环境的数字化、网络化程度进一步深化，用户信息行为方式发生了改变，用户的信息获取方式与途径、信息选择的需求、信息的共享与交流等行为的转移对图书馆的信息服务产生了影响，对图书馆在新网络环境下的信息资源建设及信息服务提出了新的挑战，同时也为图书馆的发展带来了机遇，促使图书馆的信息组织及服务方式的改变，信息服务从"以系统为中心"逐步向"以用户为导向"的服务模式的转变[2]，信息获取更为便捷有效，信息交流方式更为丰富和多元化。

泛在信息环境下图书馆信息资源组织面临的主要问题有以下几个方面：

（1）信息资源组织分类体系有待改善

信息分类主要是根据学科内容对分类对象进行系统组织的一种手段，图书馆的标记体系对分类法的现代发展产生了极为深刻的影响，图书馆分类法已经走进一个自我封闭的世界，有人把它称为分类法的孤岛化现象（Galápa-

---

❶ 欧阳剑.新网络环境下用户信息获取方式对图书馆信息组织的影响[J]. 中国图书馆学报, 2009(6): 97-102.

❷ 焦玉英,刘颖.图书馆2.0环境下信息集成服务研究[J]. 中国图书馆学报, 2008(5): 56-60.

gos syndrome)，比如对比谷歌目录与图书馆目录，两者的最大区别在于，谷歌目录是面向用户的目录，它是按照信息检索的简易化原则设计的，而图书馆目录是根据自己的专业原则设计的，主要是方便图书馆工作的目录[1]。我们的信息分类法正逐渐地失去了人文主义的光彩，而演变到教条主义的框架体系内。

而从图书馆本位的分类到用户本位的分类是图书馆发展的必然趋势，现在网络上流行的通过用户协作创建和管理标签对内容进行注解和分类的大众分类法（Folksonomy），值得参考和借鉴。这种“使用社区驱动的方案进行事后分类或内容标记，而不是依赖集中式的分类，在科学领域有某种特别的潜力”[2]。我们正进入一个从基于超链接的“文档的网络”向基于关联数据的“数据的网络”转变的时代。元数据编目是一种开放性的跨载体编目方式，它为各种类型资源进行描述和揭示，进而对网络的语义化和有序化奠定了重要的基础。如何让信息资源从封闭的状态下释放出来，通过增加关联度，让信息资源参与价值创造的过程将是泛在环境下图书馆信息资源组织的核心，特别是面对泛在环境下的大数据自动归类组织。

（2）信息资源集成面临挑战

泛在环境下的图书馆将是以用户为中心的数字资源整合体，从直观上讲是指在统一的用户查询界面与检索结果的形式下，共享多个网络资源的索引技术和检索技术，为用户提供“一站式”服务的系统。从机理上讲是指依据检索需求，对各个相对独立的资源系统中的数据内容、功能结构及其检索方法进行聚类和重组，生成一个优化组合的系统，做到资源与服务的无缝结合，提高用户检索效率，节约用户的宝贵时间和精力。

经过多年的发展，图书馆内部（跨库）信息资源的组织与整合、图书馆联盟之间（跨域）的信息资源组织与整合已处于快速发展中，采用不同的链接或元数据整合的模式对大部分数字资源进行了整合，但资源集成、整合仍

---

❶上田修一. 目録の動向，位置づけ及び展望[EB/OL].[2011-09-25].http://www.ndl.go.jp/jp/service/event/pdf/bib_resume.pdf.

❷Gene Smith. Tagging: People-Powered Metadata for the Social Web[EB/OL].[2012-09-28].http://blog.csdn.net/hzbooks/article/details/7679812.

处于起步阶段，整合技术及手段还不够完善，资源集成及整合程度依然满足不了用户的需求，各馆缺乏共建、共享、共知的意识，在增强建立文献资源的协同化、集成化保障方面存在着各种障碍。

泛在网将是一种重要的信息存储与传播的载体，对图书馆信息资源与互联网的信息资源组织与融合没有引起足够多的重视，泛在网络上庞大的信息资源依然游离于图书馆之外，面对着网络的海量信息资源，图书馆、数字图书馆、信息服务机构等在面向互联网的过程中必定面临信息资源的重组。

泛在知识环境下产生的大量丰富信息，一方面方便了人们的使用，另一方面也易于造成“资源孤岛”“资源超载”，给用户带来沉重的负担。现有的信息资源内容交叉重复，冗余信息泛滥，整体处于无序化状态，内容组织程度不高，关联程度较低，影响用户对信息的选择与获取。这就要求图书馆在进行信息资源建设时必须加强信息资源的整合，真正发挥信息资源的效能，为用户提供方便快捷、具有个性化、专业化的信息服务。

（3）泛在服务意识不强，信息组织手段与技术有待创新

目前图书馆泛在服务水平和服务效率普遍较低，其主要原因是馆员缺乏泛在服务营销意识，泛在服务手段缺乏，为此馆员亟需加大泛在服务宣传和推广，以避免花费人财物却无人问津的尴尬局面，并对用户使用情况进行调研评估，以准确理解用户期望和需要，进而提高泛在服务质量，这对泛在环境下的图书馆实践具有重要的指导意义。

馆员是移动图书馆服务的主要提供者之一，作为移动图书馆环境系统中的重要组成部分。在技能转换方面，馆员可以利用一些新的方式将现有的教育技能应用到泛在学习环境之中，比如指导学生如何使用移动设备访问和获取图书馆学术性馆藏资源来支持研究，作为移动环境中的一部分，馆员还应具备创新作业、能力拓展意识和传授新技术的技能。在参考咨询方面，移动技术给参考馆员的服务范式所带来的变化，从面对面的参考咨询台服务（In-person Reference Desk）向虚拟参考咨询服务（Virtual Reference）的转变，实现为用户提供更多的同步服务（Synchronous Services），更多的嵌入式参考咨询服务（Embedded Reference Models）和视频交互出现，将馆员嵌入到用户

环境中，为用户提供流动性参考咨询服务（Roving Reference），或采用视频通信工具进行“面对面交互”，从而实现对虚拟参考服务的有效补充。在准备状态方面，馆员在泛在信息环境下的准备状态和胜任能力，包括技能、知识、培训以及泛在环境中的适应能力等，馆员胜任力和感知态度方面需要前所未有的增强。

随着泛在知识环境的出现，传统的著录、标引中使用的工具与方法已远不能信任，泛在信息环境中的图书馆信息资源形式多样、内容与结构复杂，且分布式的存储造成了信息组织上的复杂性、异构性，需创造出新信息组织方式，对信息资源采用多维揭示与非线性组织。而以本体（Ontology）为核心的语义网格（Semantic grid）、语义Web（Semantic network）技术，以及数据挖掘、知识地图（Knowledge Maps）为代表的新的组织方式在知识组织中的应用，将使知识组织的概念被进一步深化，知识组织的目标和任务得到拓展。

（4）用户需求了解与研究有待加强

对用户在新信息环境中的信息需求的了解十分必要，由于泛在信息环境是全新事物，对用户的需求缺乏了解与研究，信息环境的改变终将影响到用户获取方式与途径、获取知识层次、获取行为习惯的改变。对用户使用泛在服务的体验、感知、期望展开调研，并搜集和分析来自用户需求和期望的反馈信息，以此对改善泛在网络研究方向提出构想，有利于改善信息组织的可用性。

泛在知识环境下，由于人们有了更多交流和获取知识的渠道，用户信息需求的主要指向和查找、利用信息资源的方式都发生了重大变化，用户能以十分方便、迅速的方式搜寻、检索和获取所需要的信息，信息需求朝着纵深发展。在这种情况下，仅仅依靠固定资源和系统，提供僵化、浅层次的信息产品和服务的模式已经不能满足用户的信息需求。这就要求图书馆在进行信息资源建设时，应构建合理的、方便用户使用的信息资源框架。在提供信息资源方面，要根据所服务对象的需要，合理配额印刷型资源、电子资源，对所获取的信息资源进行合理、精细的采集、加工、整理、组织、存贮和开发利用，并充分利用网络资源，将网上相关的信息资源进行有效重组和导航，使之有序化，为广大用户提供查询便利，保障用户获取信息。

从传统的信息组织到泛在信息环境下的信息组织不仅有客观上的理论、方法、工具等的差别，还存在主观的意识、认知、理念等的差别，泛在信息环境下的信息组织需要新的理论、方法、工具与体系构架等，更要求信息生产者、管理者具有适应新信息环境的思维，能够冲破以往的信息意识，适应新的信息环境、新用户的信息需求。

本章小结

泛在信息技术的发展为信息资源的组织提供了更好的信息组织工具、方法、存储、检索等，为泛在信息环境下图书馆信息资源的组织提供了充足的保障。

随着信息环境的发展，虚拟的数字资源将逐渐成为泛在信息环境的主体，数字资源的格式、类型呈多样化，以多种形式遍布于整个网络空间中，而且随着信息技术的发展实体信息资源的效用得到加强。各种海量、庞杂数字资源的存在造成了信息资源的复杂性，从而不可避免地造成信息生态的复杂性，各种重复信息资源、不同存储格式、虚拟与实体资源的共生给用户的信息获取带来了挑战，同时也为信息资源的共现与信息资源的配置带来了困难。从传统网络信息空间到泛在信息环境的信息空间的转移首先面临着信息环境的适应，图书馆的信息组织也面临着同样的问题，泛在信息环境中的图书馆信息组织将是一个复杂的范畴，是建立在信息资源、信息环境、信息用户复杂性的基础之上。信息资源的多态性、无所不在性、用户知识化与集成化的信息需求给图书馆的信息组织带来了挑战，如何对不同格式、不同形态、不同存储位置的信息资源进行有效组织、整合是图书馆所要面对的主要问题，同时又要满足不同用户随时、随地能够获取其所需的信息资源，能够通过多种移动工具实现网络信息资源的访问，适应用户不同的“语境”。

第三章
泛在信息环境下图书馆信息资源组织的发展及演进

自从施乐公司帕洛阿尔托研究中心（Xerox PARC）计算机科学实验室的Weiser提出“普适计算”以来[1]，用户“任何时间（Anytime）、任何地点（Anywhere）”通过网络使用信息资源成了图书馆的发展目标，随着泛在智能等相关信息技术的发展[2]，这一发展理念得到了增强，促使了泛在图书馆的出现，同时也为用户构建了一个泛在知识环境，使用户能够获取所需要的各种形式、多种语言的资源和服务而不受时空限制成为现实。

泛在信息环境是一个开放式的复杂信息系统，是个性化、客户化和以用户为中心为基础，泛在信息环境下图书馆信息资源组织随着信息技术及其相关基础结构与图书馆的服务理念而发展。泛在信息环境促使图书馆的信息组织及服务方式的改变，同时也为图书馆的发展提供了机遇。

3.1 信息资源的基本概念

“信息资源”这个术语最早是由罗尔科（J.O.Rourke）1970年在《加拿大的信息资源》（Information Resources in Canada）一文中提出的。1984年美

---

[1] Mark Weiser.The Computer for the Twenty-First Century[J].Scientific American,1991,265(3):94-104.

[2] Riva G.Ambient Intelligence[M].Amsterdam:IOS press,2004:4-10.

国弗吉尼亚州的信息资源管理研究人员里克斯（Betty R.Ricks）和高（Kay F.Gow）在《信息资源管理》一书中指出："信息资源包括所有与信息的创造、采集、存储、检索、分配、利用、维护和控制有关的系统、程序、人力资源、组织结构、设备、用品和设置。❶"德国信息管理学家斯特洛特曼（K.A.Stroetmann）认为信息资源包括信息内容、信息系统和信息基础结构三部分："①信息内容，它既包括产生于信息服务或从外部信息源获取的信息，也包括与内容活动有关的理论和方法论信息、管理和操作信息、与决策相关的信息，还包括与外部活动有关的交易信息、用户信息和市场信息；②信息系统，其要素包括系统目标、操作人员、信息内容、硬件、内部规则等；③信息基础结构，在此是指一个组织的信息基础结构，它由各种可共享的数据库、计算机硬件设备、数据库管理系统和其他软件、局域网等所构成。信息内容、信息系统、信息基础结构形成了一个组织的信息管理的三位一体结构。❷"美国著名的信息资源管理学家小霍顿（Forest W. Horten，Jr.）认为"信息资源"一词在英语中有单复数之分，其概念也有所不同，"作为单数的信息资源（Resource）指信息内容本身，作为复数的信息资源（Resources）指各种信息工具包括信息设备、信息用品、信息设施、信息工作者及其信息处理工具"❸。他认为广义的信息资源概念是指反映客观事物的各种信息的总称，也是各种信息的集合体；狭义的信息资源概念是人类社会活动中经过加工处理有序化并大量积累起来的有用信息集合。

我国学者对"信息资源"这一概念的提出比美国晚得多。根据目前现有的文献记载，中国科学院国家科学图书馆博士生导师孟广均教授在1991年明确地提出了信息资源的概念，他认为"信息资源包括所有的记录、文件、设施、设备、人员、供给、系统和搜集、存储、处理、传递信息所需

❶ 孟广均,徐引篪.国外图书馆学情报学研究进展[M].北京:北京图书馆出版社,1999:143.

❷孟广均,徐引篪.国外图书馆学情报学研究进展[M].北京:北京图书馆出版社,1999:157-158.

❸ 孟广均,徐引篪.国外图书馆学情报学研究进展[M].北京:北京图书馆出版社,1999:146.

的其他机器。”乌家培先生认为对信息资源可以有两种理解：一种是狭义的理解，即指信息内容本身；另一种是广义的理解，指的是除信息内容本身外，还包括与其紧密相联的信息设备、信息人员、信息系统、信息网络等。狭义的信息资源实际上还包括信息载体，因为信息内容不能离开信息载体而独立存在。武汉大学信息管理学院马费成教授认为“信息资源”广义理解的观点是：把信息活动的各种要素都纳入信息资源的范畴，相对来说，更有助于全面、系统地把握信息资源的内涵。其原因很简单，因为信息资源的社会价值虽然主要体现在信息要素上，但信息要素价值的实现却离不开信息生产者、信息技术等信息活动要素的综合作用。只有坚持系统论的观点，把各信息活动要素按一定的原则加以配置并组成一个信息系统，信息要素的价值才能真正得到实现，信息资源才能真正谈得上开发和利用。事实上，信息系统和信息网络也正是当代信息资源存在的主要方式。相比较而言，狭义的观点忽视了“系统”，但却突出了“信息要素”这一信息资源的核心和实质[1]。

我国官方文献中的相关定义有：②《国家信息资源开发利用规划》（草案，1997）中信息资源是指在经济、政治、科技教育、国防、社会生活等各个领域、各个层次产生和使用的信息内容。②《关于信息资源开发利用的若干意见》（第十稿，2002.12）中，信息资源指在国民经济和社会信息化过程中，有利用价值的、数字化、网络化的信息内容。

美国政府文件中关于信息资源的定义有：①美国《立书工作削减法》（PRA）（1995）定义信息资源是指信息与相关资源，如人员、设备、资金和信息技术。②美国联邦政府管理与预算局（OMB）A-130号文件（1985）的定义是信息资源包括了政府信息和信息技术。

目前，在我国的图书情报界对信息资源的定义主要有：周鸿铎主编的《信息资源开发利用策略》一书把信息资源定义为，所谓信息资源就是指信

[1] 马费成,李纲,查先进.信息资源管理[M]. 武昌: 武汉大学出版社, 2000:2

息作为人类经济社会发展的一种重要的可供利用的资源；马费成等主编的《信息资源管理》一书则认为，所谓信息资源就是指人类社会信息活动中积累起来的以信息为核心的各类信息活动要素（信息技术、设备、设施、信息生产者等）的集合，这里的信息活动包括围绕信息的搜集、整理、提供和利用而开展的一系列社会经济活动。

赖茂生提出：信息资源是人类活动各个领域所产生和有使用价值的信息集合。包括为人类活动各个领域（政治、军事、经济 、文化和社会生活等）所产生的和有使用价值的各种信息集合，如数据集合、知识集合；包括各种来源、各种载体、各种表示方式、各种传递方式和渠道以及各种使用场合和用途的信息资源。

我们认为，对信息资源可作广义和狭义理解。广义的信息资源是可以用来创造物质财富和精神财富的各种信息及其相应的人才和技术，是与信息活动相关的资源的总称。狭义的信息资源是指可供人类用来创造财富的各种信息。信息资源的含义比较广泛，而本书中所讨论的信息资源是指狭义的信息内容[1]，这与图书馆一般所研究的信息组织的内涵具有一致性。

信息资源按不同载体可分为以下几种：①天然型信息资源：天然型信息资源是以天然物质为载体的信息资源。其特点：是物质世界的运动及其属性的反映，是人类认识物质世界的先决条件；信息资源更新速度较慢。②实物型信息资源：实物型信息资源是指以人造物质产品为载体的信息资源。其特点：直观形象，真实可靠，不易失真，但传递和保存不便。③智力型信息资源：智力型信息资源是指以人脑为载体的信息资源。其特点：信息资源主要存储在人脑中，更新速度快，信息资源易失真；信息资源内容难以掌握，是一种隐性知识。④文献型信息资源：文献信息资源是指以纸张等传统介质和磁盘、光盘、胶卷等现代介质为载体的信息资源。其特点：质量较高，更新较快；具有不同的加工深度；范围较广；便于利用。⑤网络型信息资源：网

[1] 陈庄.信息资源组织与管理[M]. 北京: 清华大学出版社, 2005: 14.

络信息资源是对一切投入互联网的电子化资源的总称。其特点：一是内容丰富，数量大，增长快；二是内容新颖，传递速度快；三是可跨国界流动和传递，容易获取；四是多媒体，多语种；五是质量高低不一；六是分布无序。

狭义的信息资源主要由数据、信息、知识、智慧等构成（见图3-1）。数据是信息资源的最基本对象，数据是一个很难定义的概念，因为数据可能有很多实体的和数字的存在形式，引用最广泛的数据定义来自于国家科学院（National Academy of Sciences）的报告："数据是指描述一个对象、方法、条件、状态和其他因素的事实、数字、文字和符号"[1]。来自国家科学院的一份内部学术文档的一个最近的定义，特别有助于讨论数据共享："文档中所使用的术语'数据'的含义包罗万象。除了文献（包括文本、静态图像、动态图像、模型、游戏和模拟等）的数字化形式以外，它还和需要使用计算类装置和软件来辅助处理的各种数据和数据库形式有关，例如：包括光谱图像、基因序列和电子显微镜数据在内的各种实验室数据；包括遥感、地理、社会经济学等各种形式由人类或计算机收集或者编辑的观测数据"[2]。以上数据概念超越了科学和其他学术领域，承认数据以多种形式存在，数据来源也非常广泛。在物理学和生命科学领域，大多数数据是由研究者收集或产生的，如观测数据、实验数据或者模型。在社会科学领域，研究者可以自己来收集和产生数据，也可以通过其他来源，如经济活动的公开记录来获取。数据概念至少在人文学科有很好的解释，尽管数字人文研究的发展已经导致了这个术语的使用更加频繁。人文科学数据更常从档案、出版物或者人工制品等人类文化记录中提取[3]。

---

❶ A Question of Balance: Private Rights and the Public Interest in Scientific and Technical Databases [M]. Washington, DC: National Academy Press,1999:87–90.

❷ Uhlir, P.F.&Cohen, D. Personal Communication. Board on Research Data and Information, Policy and Global Affairs Division[M], National Academy of Sciences,2011.

❸ Borgman, C.L.Scholarship in the Digital Age: Information, Infrastructure, and the Internet[M]. Cambridge, MA: MIT Press,2007.

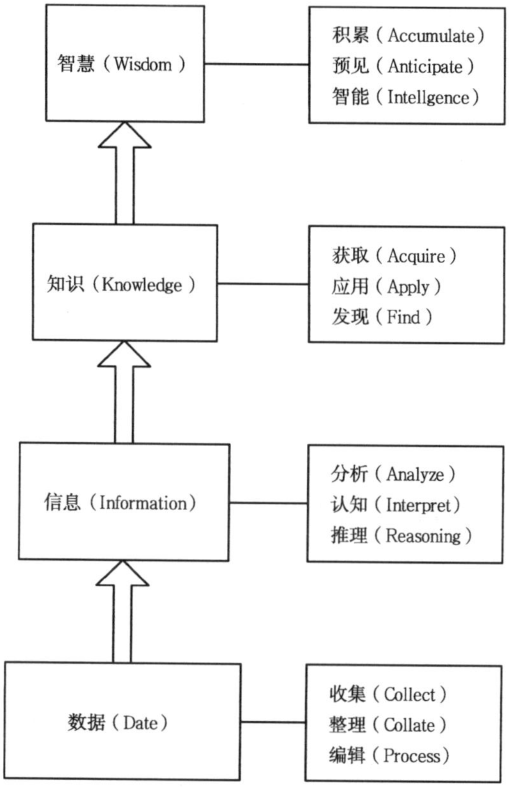

图3-1 信息资源组织的对象演进

有些数据同时有瞬时价值和长期价值，有些数据经过一段时间后更有价值，有些数据有短期价值，而还有一些数据的重建要比监护更容易。这些差别很多依赖于权威的国家科学委员会报告中所确定的数据类别❶，即观测型数据、计算型数据、实验型数据和记录型数据。

数据是由离散、互不关联的客观事实，孤立的文字、数据和符号组成，是根据某种测度而给出的事实，它的基本特征就是缺乏关联和目的性。人们对数据进行系统组织、整理和分析，从而具有了意义，使其产生相关性就形成了信息。情报是指被传递的知识或事实，是知识的激活，是运用一定的媒体（载体），越过空间和时间传递给特定用户，解决科研、生产中的具体问题所需要的特定知识和信息。而知识是与行动和决策密切相关，人们利用信

❶National Science Board :Long-Lived Digital Data Collections[EB/OL].[2012-06-25]. http://www.nsf.gov/pubs/2005/nsb0540/.

息做出决策的行为能力，知识创造与环境相关。智慧是由智力体系、知识体系、方法与技能体系、非智力体系、观念与思想体系、审美与评价体系等多个子系统构成的复杂系统。智慧包括遗传智慧与获得智慧、生理机能与心理机能、直观与思维、意向与认识、情感与理性、道德与美感、智力与非智力、显意识与潜意识、已具有的智慧与智慧潜能等众多要素，智慧具有前瞻性。

图书馆作为信息资源的存储主体，图书馆长期以来是以传统实体文献信息资源为主，自20世纪90年代以来，“数字”一词已进入各个领域，我们正步入以“数字”为标志的信息化社会。随着信息技术的发展以及互联网的迅速普及，社会信息环境发生了极大的变化，数字已成为信息的主要载体，信息资源从以实体信息资源为主体逐步发展到以虚拟数字信息资源为主体。近年来，“无书图书馆”在美国越来越多，在这些图书馆中，纸质文献被大量移除，甚至完全消失[1]，图书馆通过网络途径以协议或授权服务方式获得的网络数据库或网络信息等虚拟资源成为图书馆信息资源的重要组成部分，全媒体、超媒体及社会化共建共享的信息资源不断涌现，突破了传统信息资源的形态，丰富了其内涵。

3.2 泛在信息环境下信息资源组织范畴

图书馆对信息的组织已存在比较长的时期，相关的组织体系也已比较完善，而对知识、智慧的组织与管理则处于探索阶段。面对着日益复杂的泛在信息环境，图书馆需要进一步扩大其信息资源组织与服务的范围，使其能够处理、组织、管理、传播和利用各种不同类型的、更庞大的信息资源。OCLC研究人员 Lorcan Dempsey 和 Eric Childress 根据资源的有序度（Stewardship）和唯一性（Uniquences）提出了一个资源收藏网格（Collection Grid）框架来简单表示复杂环境中的信息资源组成[2]，该资源集合网格框架由四个不同的

❶ 美国大学图书馆“无书化”悄然兴起[EB/OL].[2012-04-25].http://xmwb.xinmin.cn/campus/html/2012-04/18/content_4_1.htm.

❷ Collections Grid[EB/OL].[2010- 06- 23].http://www.oclc.org/reports/escan/appendices/collectiongrid.htm.

网格组成，每个网格分别代表着不同的一组资源类型，分别是正式出版物、开放的网络、特藏、机构／单位收藏内容四个部分（见图3-2），图书馆所存储的信息资源只占复杂环境中整体资源的一部分，然而泛在信息环境下用户的信息需求、获取渠道呈多样化，用户在商业搜索引擎、社会网络空间（站点）、云存储节点、图书馆提供的图书资源和电子服务等途径之间任意选择，满足他们的信息需求。用户所需求的信息资源通常覆盖资源集合网格框架中的所有资源范畴，图书馆已不能更好地满足用户的信息需求，因此图书馆需要与拥有其他资源的主体进行合作，充实图书馆的资源结构体系，更好地满足用户的信息需求，通过图书馆而间接地成为信息服务者。

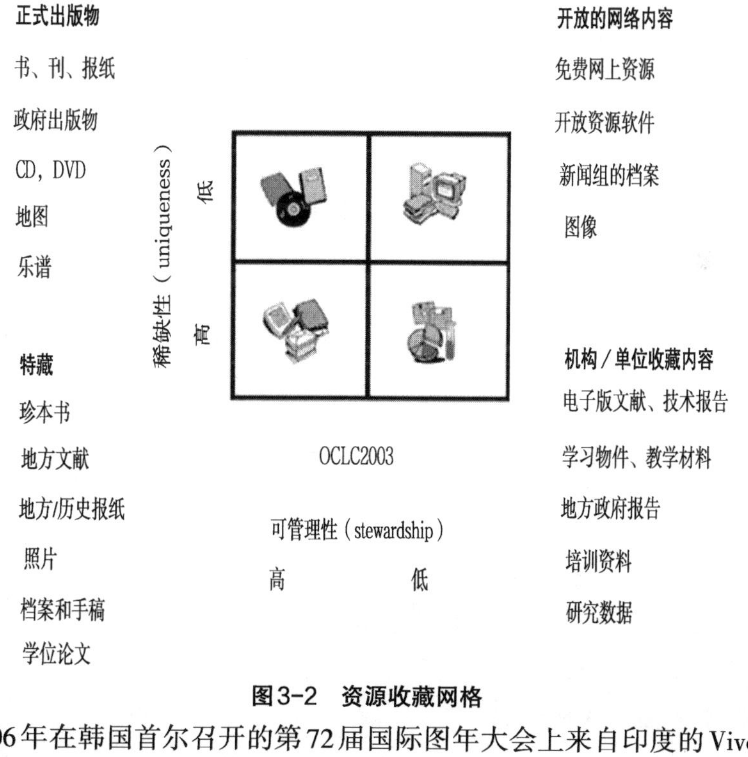

图3-2　资源收藏网格

2006年在韩国首尔召开的第72届国际图年大会上来自印度的Vivek Patkar与Smita Chandra对资源收藏网格（Collection Grid）框架就新环境下的发展进行了扩充，增加了Phase-V阶段（见图3-3），并将其描述成以开放存取（OAI）、网格计算为特征，物理基础设施被内含隐藏在我们所使用的高速网络和先进的计算形式层，无形的如软件、设计流程、数据、信息和知识构成另一层[1]。

在泛在信息环境中用户不再仅仅充当信息接受者的角色，同时也是信息的生产者、传递者、组织者，从图书馆的信息服务角度来说，用户既是图书馆信息服务的对象，但同时也可以是其他用户的信息服务者。泛在信息环境为用户的信息交流与信息的社会化共享提供了良好的物质基础，用户通过交互网络的非正式科学交流而实现知识、信息的传播，用户通过获取信息资源满足了自身的信息需求，完善了自身已有的知识结构体系。同时，用户通过吸收信息而创造出新信息、新知识并与其他用户所共享，在信息交流与共享中用户同时扮演着信息服务者的角色，用户成为其他用户的信源并完成信息的传播，新信息环境下用户已成为重要的知识产生者。

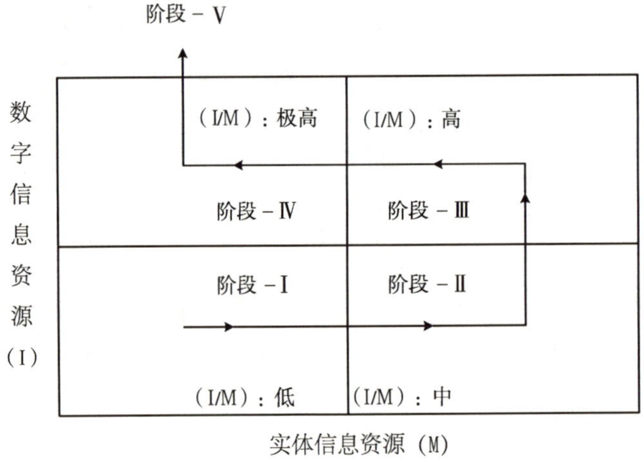

阶段- I: 手写稿

阶段- II: 纸质书与刊

阶段- III: 非打印资料，如微缩胶卷&视听电影

阶段- IV: 数字化CD/DVDs & 网页

阶段- V: 开放存取&网格计算

图3-3 Information and Material Component Changes in the Library

因此图书馆应接受泛在网络环境下用户所起到的信息创建者与信息组织

---

[1] Vivek Patkar.E- Research and the Ubiquitous Open Grid Digital Libraries of the Future[EB/OL].[2012-02-21].http://archive.ifla.org/IV/ifla72/papers/140-Patkar_Chandra-en.pdf.

者的作用并积极地加以引导、利用。目前有部分图书馆已意识到用户的这一信息行为并加以利用，图书馆通过使用社会网络工具促进用户之间、图书馆与用户之间的交流与知识传播，一些用户在某种程度上充当图书馆的信息创建、组织者的角色，拓宽了图书馆的信息来源，用户不仅仅是信息服务的接受者，也可以参与到信息服务中来扮演服务者的角色。

泛在信息环境下用户、信息、环境构成了一个有机的整体，形成了由网络设施、硬件、软件、信息资源、人等有机组成的“赛百基础结构”，信息空间已融合到用户日常生活的各个领域，赛百基础结构环境中存储的不仅仅是一些被动的信息（如文档、信息等），也包括行为的人工产品（artifacts）如软件（称之为人工产品是因为它们具有双重角色，不仅充当人类与机读信息的人工制品，也作为行为的人工产品的执行结果），而且它们之间的界限是模糊不清的，哪些是被动的信息，哪些是人为的人工产品，因为泛在信息环境中的软件具有能翻译音频或视频为任何标准表示并显示或播放的能力。

此外，除了组织人类创造的所有知识资源之外，建立数字信息知识资源之间的关联关系也是泛在信息环境下图书馆信息资源组织的范畴。在泛在信息环境中，结合具体数字资源的应用环境与信息资源本身所具有的特点，对相关知识的整体性与知识之间的关联进行深层次的揭示，结合语义技术，构建信息关联和知识关联，从而实现泛在信息环境下信息资源间的互操作和可最大化地重复使用，为用户构建了一个清晰的知识地图，使用户从一个知识点就能够获取到相关的知识与信息，给用户带来更好的体验，为用户提供更好的知识导航，方便用户对资源的获取。

3.3 泛在信息环境下信息资源组织的对象及特征

作为图书馆馆员，在我们的浏览器中有电子邮件、联系人列表、朋友页面、数字图片、书签等，在我们的计算机里存储着大量文档与文件，在我们家里大部分人都有图书、报纸、期刊及杂志等，所有这些我们都把它们叫作信息对象（Information Objects），因此，图书、期刊、文章、网页、图像、

CD、DVD、视频、录音带、书信、播客（Podcasts）等其他许多对象都可以叫作信息对象，信息对象的概念在这里可以被广泛使用。图书馆一直致力于建设、提供和保护特藏（Special Collections），通过收集和组织具有特殊意义的、在别处难以获得的专门信息并将其通过网络广泛传播，从而丰富图书馆的信息资源。

在传统环境下，信息组织的对象基本上是静态的内容对象，信息文献、信息资源组织对象主要是文献，这里的文献是指传统的信息资源类型，主要指印刷型的出版物，如图书、期刊、会议论文、科技报告等。文献实体组织是对这些静态对象进行特征描述，信息本身进行系统的组织，把这些文献及其著录和标引记录组织成一个有序的系统。如图书馆的分类排架系统、分类目录、主题目录等。信息组织的本质是信息内容的组织，严格地说，过去的信息组织的对象是文献，如图书、期刊、报纸和胶片等。

随着信息化、网络化、数字化的发展，图书馆的信息组织对象发生了很大的变化。我们已经可以清楚地看到，信息对象正从封闭对象转变为开放对象，从静态对象转变为动态对象，从简单内容对象转变为加载交流和交互功能的复杂对象，从孤立对象转变为相互连接、融合与相关应用环境的关联对象，信息组织的范围也在不断扩大，从印刷型文献延伸到网上各类信息，各种富媒体（Rich Media）等新信息对象不断闪现。信息技术的发展使数字图书馆逐渐成为主流，加速了数字信息资源的出现，对数字资源的建设、组织、管理成为图书馆核心主题，实体文本的核心地位已经被数字文本所取代，数字文本成为图书馆业务组织的核心，开放、互动和弹性是数字图书馆的基本理念，网络化、数字化的信息系统整合了图书馆所有业务；2000年后的知识经济思潮的出现几乎引发了社会科学界的一场思想革命，知识经济的相关词汇，包括知识管理成为最时髦的语言，知识管理系统的逐渐成熟，在一些特定领域在技术层面实现了知识管理。出现了某种知识处理和知识服务的内容，譬如，学科导航和学科馆员的普及，知识标引，馆员隐性知识管理，从组织文化理念到技术再到管理都出现了知识处理范式的一些表征。

以用户为中心是图书馆信息资源组织建设最终目标，随着新信息环境的产生，用户的信息需求呈现多元化，用户信息需求正在从单一学科向多学科发展。与过去单一的信息需求相比，信息咨询所涉及的范围包括社会科学、自然科学和应用科学的各个领域。从需求类型来看，用户的信息需求正在由文献型信息需求转向事实、数据等非文献型信息，除了需要公开出版发行的一次文献外，还需要标准、专利、会议文献、学位论文等特种文献；载体形式正在由印刷型文献向电子、声像和多媒体信息过渡；从需求内容来看，用户要求提供有关某一课题全方位的信息，如原料配方、技术动态、市场行情和发展前景预测等；需求的时空上也希望既能提供本地的、国内的，又能提供外地的、国际的信息，既能提供现在的、过去的，又能提供对未来预测的信息[1]。

泛在信息环境下，用户有了更多交流和获取知识的渠道，用户信息需求及利用信息资源的方式都发生了重大变化，用户能以十分方便、迅速的方式搜寻、检索和获取所需要的信息，信息需求朝着纵深发展。仅仅依靠固定资源，提供僵化、浅层次的信息产品和服务的模式已经不能满足用户的信息需求。

在泛在信息环境中，数据洪流（Data Deluge）的时代已经来临。如科学界期望已久的[2]，大众媒介宣布数据可被任何人在任何地方广泛使用。用户的信息需求得到了提高，信息、数据爆炸导致了科学研究的模式变化，数据密集型科学使科学走到了“数据密集型”研究范式，原始数据与传统意义上的信息依然是用户需求的重要组成部分，数据与文献的融合已成为新现象，基础层是大量的原始数据，中间层是抽取出来的和关联的数据层，三部分在数据场中相互融合，共同有机地构成了全部科学研究的内容整体，在构建的数据平台上用户可以读一篇论文，而同时调取它的原始数据。但已远远不能

❶ 李璐. 联合参考咨询用户信息需求调查分析和启示[J]. 图书馆, 2011(4): 83-85, 95.

❷ Hey, A. J. G. & Trefethen, A. (2003). The Data Deluge: An E-Science Perspective. InBerman, F.,Fox, G. & Hey, A. J. G. (Eds.). Grid Computing: Making the GlobalInfrastructure a Reality. Chichester, Wiley. Retrieved from: http://www.rcuk.ac.uk/escience/documents/report_datadeluge.pdf.

满足用户对信息的需求，虽然数字化的信息资源（音频、图像、视频等）在一定程度上缓解了用户对信息的需求，但依然不能从根本上解决泛在信息环境下用户对知识需求的满足，用户对隐性知识、集体智慧等的需求更为强烈，即用户的信息需求从分散、孤立、简单的显性信息到聚合、关联、复杂的知识转变，泛在知识环境的出现使其得到了某种程度上的映正，泛在信息环境中图书馆信息资源组织的对象发生了从显性到隐性、从事实数据到知识的演进，复杂的文献类型正在出现，比如链接到数据库或者视频的期刊文章、带有互动功能的内容将日益增加❶。

原始数据与传统意义上的信息在泛在信息环境下表现出新的特征，数据由原来离散、互不关联的客观事实、孤立的文字、数据和符号已充分融入有意义的信息、知识片段中，成为泛在信息环境下用户需求的基础，给予了数据更为有效的体现，方便了信息、知识、智慧的融合且发挥了最大效用，同时，促使了数据的合理、有序的流动，存储、发布在相关的媒介、终端上，构成了用户有序的泛在知识空间。人们通过对数据进行系统组织、整理和分析，使其产生相关性，给予信息以某种“语义”及“语境”并与特定用户行动相关联。

泛在信息环境下信息的语境十分复杂，“语境”反映了泛在信息环境下图书馆的服务对象的范围以及管理信息和用户使用所表现出来的各种不同特征，它把传统数字图书馆中的信息资源和元数据的观念与服务为导向的体系结构和语义网络技术相联系，对各种结构化、非/半结构化的信息及其之间的联系进行动态全面的揭示❷，通过终端设备和传感器与外界进行信息交流，并结合语义技术、网格技术对原始数据进行语义抽取，进而获得知识，各知识点虽然呈网状分布在不同空间环境中，但知识点之间不再相互隔离，而是根据知识内容、知识间的语义关系和知识的应用环境，成为由一系列相互链接的概念所构成的灵活的流动的组织，更好地满足泛在信息环境中用户信息

❶ 21st-Century Collections: Calibration of Investment and Collaborative Action[EB/OL].[2012-12-03]. http://www.arl.org/bm~doc/21stctfreport_11may12.pdf.

❷ Lagoze.C.Representing Contextualized Information in the NSDL[EB/OL].[2012-01-08].http://arxiv.org/pdf/cs/0603024.

需求的知识化。

2004年Delos在发布其未来的研究方向（DELOS Future Research Directions）时，为我们描述了不久的将来所构建环境中的工作流与信息流：现实中的不同形式、不同媒体的原始数据通过各种相关的终端设备与传感器的传递与语义的抽取而分布存储于泛在网格中，通过使用语义技术、网格技术对网格中的原始数据进行抽取进而获得相关的信息与知识，形成了各种异构的信息与知识碎片集，从而构成了组成数字图书馆的信息集（见图3-4）[1]。各知识点虽然呈网状分布在不同空间环境中，但知识点之间将不再相互孤立，通过通用的语义技术与域控制词表将知识间的知识的应用环境和语义关系关联，使之在数字图书馆中成为由一系列相互关联的概念所构成的动态的组织，更好地满足泛在信息环境中用户信息需求的知识化。

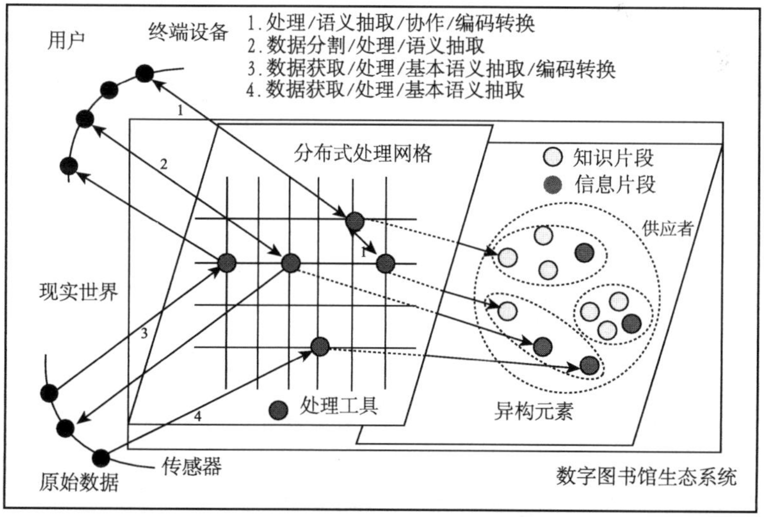

图3-4 未来数字图书馆的构建环境

[1] DELOS Future Research Directions[EB/OL].[2011-02-12].www.delos.info/files/pdf/events/2004_Jul_8_10/D8.pdf.

虚拟数字图书馆 The Diligent Project 把新信息对象称之为在线文档(Live Documents)[1]，新信息对象主要由固定文字（Fixed Text）、图片、数据汇总表格、分析报告的趋势图等组成，图片、数据汇总表格、分析报告的趋势图等都自动地从最新实时数据中抽取（见图3-5），形成了一个由多种形式、多种层次的信息组成的实时文档。随着分布式处理（Distributed Computing）、并行处理（Parallel Computing）和网格计算（Grid Computing）的发展，云存储将给传统的存储方式带来极大地挑战，云存储为用户提供了安全、稳定、高速、开放的文件、图片、音频、视频等各类专业的云存储服务。

在泛在信息环境中协同型信息利用、信息集与多信息集的挖掘和重用将变得更为普遍[2]，充分利用网格技术、语义技术对其进行语义抽取，进而获得更深层次的知识，从非结构化信息中抽取信息，内容分析、不同研究主题的集成（如用户支持和内容分析等）、不同数据的集成［数据类型元数据、元数据图式（schemata）等］、不同形式（文本、图像、视频、音频等）不同层次（原始数据、信息、知识等）的信息交集构成了泛在信息环境下图书馆的信息资源的体系，形成了一个庞杂的多种形式、多种层次的信息集合体，通过语义技术，将不同来源、格式、内容层次的信息构建信息关联和知识关联，充分运用数据挖掘、数据融合、知识发现、知识组织、智能搜索等多种技术和工具，形成面向需求、适应变化、快速反应的灵活深入的知识发现机制。

---

❶ Donatella Castelli.Virtual digital libraries-The DILIGENT Project[R].[2012-04-25].GARR-05 Conference, May 2005，http://www2.garr.it/conf_05_slides/d_castelli-DILIGENT.pdf.

❷曾建勋,曾民族. “泛在知识环境”——“后数字图书馆”的发展目标和研究方向[J]. 数字图书馆论坛, 2005(6): 1-6.

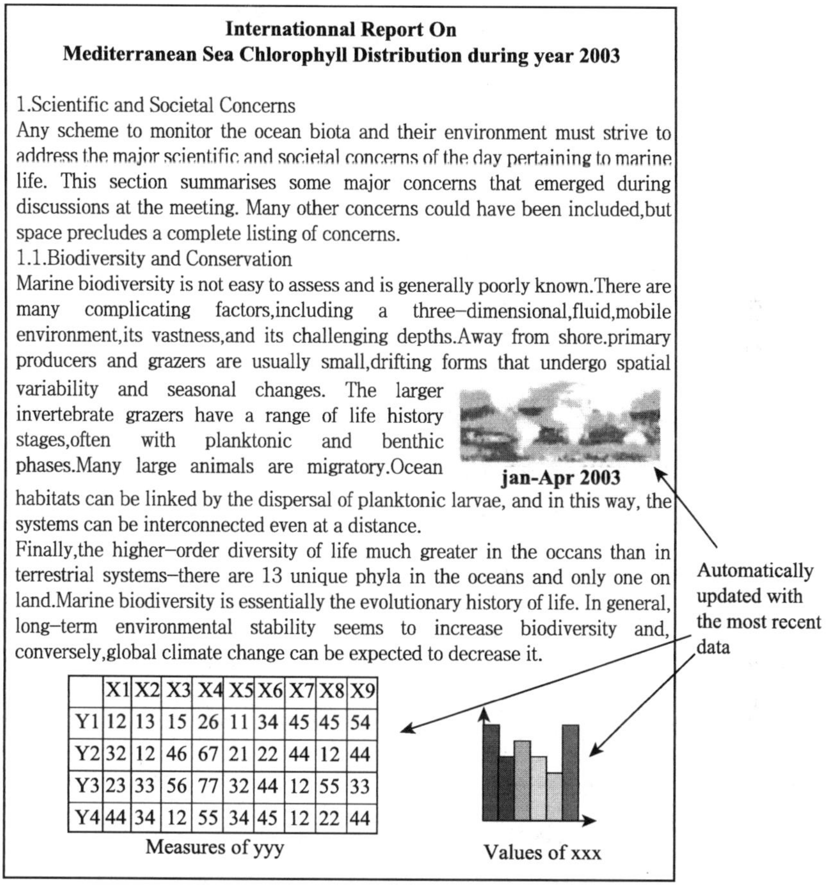

International Report On
Mediterranean Sea Chlorophyll Distribution during year 2003

1.Scientific and Societal Concerns

Any scheme to monitor the ocean biota and their environment must strive to address the major scientific and societal concerns of the day pertaining to marine life. This section summarises some major concerns that emerged during discussions at the meeting. Many other concerns could have been included,but space precludes a complete listing of concerns.

1.1.Biodiversity and Conservation

Marine biodiversity is not easy to assess and is generally poorly known.There are many complicating factors,including a three–dimensional,fluid,mobile environment,its vastness,and its challenging depths.Away from shore.primary producers and grazers are usually small,drifting forms that undergo spatial variability and seasonal changes. The larger invertebrate grazers have a range of life history stages,often with planktonic and benthic phases.Many large animals are migratory.Ocean habitats can be linked by the dispersal of planktonic larvae, and in this way, the systems can be interconnected even at a distance.

Finally,the higher–order diversity of life much greater in the occans than in terrestrial systems–there are 13 unique phyla in the oceans and only one on land.Marine biodiversity is essentially the evolutionary history of life. In general, long–term environmental stability seems to increase biodiversity and, conversely,global climate change can be expected to decrease it.

	X1	X2	X3	X4	X5	X6	X7	X8	X9
Y1	12	13	15	26	11	34	45	45	54
Y2	32	12	46	67	21	22	44	12	44
Y3	23	33	56	77	32	44	12	55	33
Y4	44	34	12	55	34	45	12	22	44

图3-5 动态的在线文档

1989年，国际知识组织学会（ISKO）成立，标志着知识组织作为一个研究领域被确立了。ISKO是一个研究内容宽泛、学科交叉的学术组织，其目的和任务是推进基于各种目的、各种形式，如图书馆、数据库、因特网等知识组织的思维活动。国际知识组织学会成立之初确立的宗旨是“对组织一般知识和特殊知识的各种方法加以研究、发展和应用，特别是对分类概念方法和人工智能作结合的研究”。信息组织是从文献组织朝着知识组织方向发展。从文献组织到信息组织到知识组织是一个不断发展的过程。其研究领域已经突破了原有范围，延伸到知识组织所能概括的所有问题。如果说，文献组织主导的时代，是对“文献价值链”的管理；在信息组织时代，摆脱了传统的文献载体，“信息价值链”成为管理对象；而知识组织的对象又进一步抽象为“知识价值链”。“知识价值链”可表示为：“知识的采集与加工→知识的存储与积累→知识的传播与共享→知识的使用与创新”[1]。

知识组织的发展是由用户的信息需求和技术发展两个因素向前推动的。从信息需求的角度出发，用户对信息资源的利用程度随着科技进步及其对经济发展推动作用的增强而不断加深，尤其是从事高科技领域研究与开发的用户，他们关注的是如何捕获和汲取解决问题的知识内容，不再满足于一般层次的文献服务、信息服务，而是要求通过文献信息的深层次开发，将分散在本领域及其相关领域的专门知识信息加以集中组织，对文献信息的内涵知识进行二次开发，进行知识重组，从中提炼出对用户的研究、开发与管理创新思路的形成起着至关重要作用的“知识基因”供其使用。此外，知识信息的采集、组织、传道、提供和使用后的反馈必须及时以适应日益加快的知识经济社会的运行节奏。从技术的发展角度来看，由于现代计算机技术的广泛应用，使用计算机技术进行知识组织和分发成为一条极为重要的途径。总体说来，根据不同的知识和载体，采用不同的知识组织技术。一般来说，有关知识组织的核心技术包括文本映像、摘要整理、概念聚类、语义索引。新的技术包括采用XML技术、基于本体的知识组织、语义网络等。

领域知识、用户知识是知识组织的核心对象[2]，领域知识是描述应用领域中客观事物的重要知识，例如学科分类知识、元数据和专业概念知识。学科分类知识可以表达事物的本质属性和事物之间的本质关联。元数据是对各分布式信息源核心内容的抽象描述。专业概念知识（例如主题词及其相互关联知识）是最基本的知识元素，用来表达与修改文献内容和用户提问，代替单纯的统计方法，可以减少统计评价关键词所产生的副作用。用户知识包含用户的需求、偏好、背景知识，用户的交互、检索行为知识以及用户对检索

[1] 戴维民.信息组织[M].北京：高等教育出版社，2009：11-12.

[2] 周宁.信息组织[M].武汉：武汉大学出版社，2004：437-437.

机制和检索结果的反馈知识。利用用户知识改进和创新检索方法，是实现面向用户的个性化检索、主动性检索的根本措施。

泛在网络环境也将重视对集体智慧的融合与利用，用户广泛参与其中，信息的生产、利用和传播在多元化、个性化、多样化、以人为中心的泛在网络环境中进行，通过对知识进行组合、创造以及理解知识要义，在用户中形成智慧，并在用户的价值观和信仰中得到充分的体现，为用户的后续行为提供了基础。因此，存在于用户、群体当中的知识、智慧也将是图书馆信息组织的对象，用户中的知识、智慧是隐性存在的，对它们的管理与组织将更多是借助于对其载体——人的组织与管理，或通过使其转移为显性化后再进行组织。

新的信息技术给实体信息资源的组织管理带来了全新的理念。图书馆作为重要的基础文化设施，随着实体信息资源的剧增，面临信息量大、管理难度大、人工操作状态下难以及时到位的压力，图书馆的工作越来越繁重。如何进一步提高图书馆的工作效率，提高图书馆的运营水平，促进图书馆管理现代化、智能化，满足图书流通要求，协调现代化技术和人力资源之间的矛盾？RFID技术很好地解决了这些难题，RFID技术不仅对图书馆自动化管理模式有所创新，而且对实现图书馆与读者互动的人性化服务，提高馆员的工作效率，加强图书藏、借、阅一体化的功能，增加图书馆的安全性、准确性、可靠性和扩展性，具有良好的发展前景，为未来智慧型图书馆的实体信息资源的组织与管理提供了可行的解决方案。图书馆应用RFID技术可以在对资源进行便捷的管理同时又可以提高安全性；而读者在无需图书管理员帮助的情况下，在自助借阅台就能办理借阅手续。

射频识别（Radio Frequency Identification，RFID）、USN（Ubiquitous Sensor Network）是泛在技术的主要代表，在21世纪被多个工业领域所吸引，与此同时，人们开始关注真实和终极的无所不在的服务，提供连接于各地区系统的泛在服务。在泛在信息环境中为了连接各种资源及服务，图书馆广泛使用标识系统对数字资源与物理资源进行组织[1]，它们使静态的对象变得“聪明”起来，能够给对象以清晰的标识和识别，能够与存储在网络中或远程数据库中的信息进行实时的关联[2]。特别是随着无线移动、信息地理空间及物联网的发展[3]，图书馆的实体资源信息将会得到更为有效的组织和配置。

信息和知识有着紧密的联系，而数据概念的外延与信息和知识的外延有交叉之处，联系密切，数据概念的外延与信息和知识的外延本身就交错重叠，不可分割。因此，数据是图书馆馆藏资源的重要组成部分，数据经过加工提炼可以转化为人类有用的知识。特别是随着现代信息技术和网络通讯技术的迅速发展，图书馆与外界的联系必然越来越紧密，产生的数据也越来越多，对大数据的研究和应用成为图书馆界的新业务之一，数据分析服务、数据挖掘服务将成为图书馆知识服务体系创新的制高点。而且学术界也普遍认同：数据作为原始类的产品可经过加工、整理和分析提炼转化为信息和知识，以便在人类生产生活当中发挥更大的作用。《第四范式：数据密集型科学发现》这本著作中进一步阐述了，在学术研究领域，科学数据的整体组成是类似金字塔形：文献数据处于塔尖；基础层为大量原始数据；中间层是抽取出来的和关联数据层。随着云时代的来临，大数据（Big Data）也吸引了越来越多的关注。信息时代的特征之一就是数据的密集爆发，而这种数据的变化没有一个循序渐进的过程，呈现跨越式的特征，数据已从 TB 级别跃升至 PB 级别；数据类型多（Variety），从普通的文字、视频、图片到逐渐增多的地理位置信息等，类型纷繁。对于社会中以知识存储、利用与开发为己任的图书馆来说，在这个“大数据”时代如何提高海量增长的文献组织、处理能力，搜寻新的数据计算、知识发现及信息服务的新途径，是图书馆研究的一

[1] Sungbum Park, Namgyu Kim, Sangwon Lee, Gyoo Gun Lim.ID-Based Interoperation between Digital and Physical Resources in Ubiquitous Environment[C]. 2008 Third International Conference on Convergence and Hybrid Information Technology, 2008,1:781-786.

[2] Mattern, F. Wireless future: ubiquitous computing[R].Proceedings of Wireless Congress, Munich, November, available at: www.vs.inf.ethz.ch/publ/ubicomp.html.

[3] 物联网[EB/OL].[2011-01-15].http://baike.baidu.com/view/1136308.htm?fr=ala0_1_1.

大思考所在。在大数据时代，图书馆的传统业务将向数据分析、数据挖掘方向转移，通过数据捕获、组织、分析为用户提供更高层次的服务。

总的来说，泛在信息环境中的知识具有泛在表现，知识可认为是一个对象，表现为各种数据、文献、数据库与知识体系等多种形态，并以一定的形式相互进行关联，动态变化。在信息组织体系中经过多个环节的关联、转变、重组、抽取和交流，完成从数据、信息到知识、甚至于智慧的转换。泛在信息环境下的信息资源组织的对象变得更为宽广、抽象，信息资源组织的对象可以是实体的信息内容，也可以是抽象的概念、关系等，信息资源的粒度是任意的：可以是微观的单个的信息单元，也可以是中观信息的聚合体、宏观的知识体系与概念等。

3.4 泛在信息环境下图书馆信息资源组织的主体

随着社会信息化水平的提升、数字信息生产能力的提高和网络接入设备的普及，我们正走向全面和泛在的数字信息环境，各类科研、教育和文化对象日益信息化、数字化和网络化，主要的教育、科研、政府机构、商业机构几乎都建立了各自领域的网络信息系统[1]，参与网络信息的组织与发布，构建社会公众主要使用和依赖的信息环境，网络信息的组织主体呈现出多元化的趋势。

图书馆馆员一直以来是图书馆信息资源组织的主体，但在新网络环境下随着用户获取渠道的拓展，图书馆的信息资源组织与用户对信息需求满足的期望矛盾加深，但这种情况正悄然地得到改变，已有更多的信息资源组织的合作者与竞争者、用户、各种虚拟团体等正在不断地加入到图书馆信息资源组织者的行业中，与图书馆一起合作而成为信息的服务者（见图3-6），他们对图书馆的信息资源组织进行了有益的补充，丰富了信息资源组织者的内涵，拓宽了图书馆的信息资源组织。

[1] 张晓林．让数字图书馆驱动图书馆服务创新发展——读《国际图联数字图书馆宣言》有感[J]．中国图书馆学报, 2010(5): 73–75.

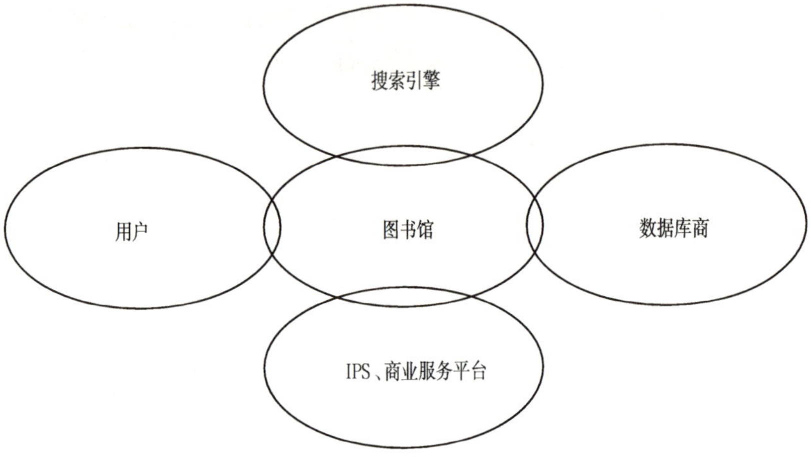

图3-6 信息资源主体的演变

面对着日益复杂的环境，OCLC研究人员Lorcan Dempsey和Eric Childress提出了一个资源集合网格（Collection Grid）框架来简单表示复杂环境中的信息资源组成，该资源集合网格框架由四个不同的网格组成，每个网格分别代表着不同的一组资源，图书馆所存储信息资源只占复杂环境中资源的一部分，然而新信息环境下用户的信息需求、获取渠道呈多样化，用户在搜索引擎、社会网络空间（站点）、图书馆等途径之间任意选择，满足他们的信息需求，图书馆已不能更好地满足用户的信息需求，因此图书馆需要与拥有其他资源与服务的主体进行合作，充实图书馆的资源结构体系，更好地满足用户的信息需求。

在新的信息环境中用户不再仅仅充当信息接受者的角色，同时也是信息的生产者、传递者，从图书馆的信息资源组织角度来说，用户既是图书馆信息服务的对象，但同时也可以是其他用户的信息资源组织者。新网络环境为用户的信息交流与信息的社会化共享提供了良好的物质基础，用户通过网络的非正式科学交流而实现知识、信息的传播，用户通过获取信息资源不但满足了自身的信息需求，同时，用户通过吸收信息而创造出新信息、新知识并与其他用户共享。在信息交流与共享中用户同时扮演着信息资源组织者的角色，人们在这种环境中不再是被动地接受信息，而是主动地创造信息、复用信息、转换和重构信息、共享来自各方面的信息，成为主动的、交互的和合作的信息主人，也希望其他参与者能是主动的、交互的和合作的，因此，新网络环境下图书馆应接受用户所起到的服务者的作用并积极地加以利用。

泛在信息环境中，图书馆的用户既是信息使用者又是潜在的信息生产者，这种情形将变得更为普遍。图书馆则是用户重要的信息和知识工具，也是用户信息活动重要的协作和交流工具。由于知识对象本身就是一个复杂的社会关系和价值网络的组成部分，对知识的理解离不开用户的知识环境和知识过程，并受到各种社会文化因素的影响。可见，泛在信息环境下的图书馆需要结合特定的情景因素或社会因素无缝地为用户提供无所不在的、个性化的知识和服务，并把相关的信息或知识融入到新的学习或研究环境中实现知识的创造和重复使用。因此，在泛在信息环境中，图书馆将改变传统的信息生产者和用户之间简单的线性交流模式，它并不仅仅发挥简单的信息中介作用，而是要结合知识和信息的情景因素或社会因素、图书馆的服务对象和所在的社区特征等，为信息提供者和用户创建一个共同的知识环境。

随着用户快速增长的信息需求，单个图书馆无论信息资源还是人力已很难满足用户的信息需求，在图书馆的信息资源组织中出现了一些新的虚拟信息资源组织团队与联盟机构，他们共同为用户提供信息资源组织服务，以弥补信息资源建设和人力的不足，以便能更好地为用户提供信息资源组织。

云存储将是未来信息资源的主要保存方式，通过互联网服务提供商（ISP）、商业服务平台等提供存储空间、网络设施、带宽等，将图书馆“资源”网络化、虚拟化，对原始数据、半结构化数据和经过处理的结构化数据进行管理、分享、组织、转换、分析、挖掘、搜索等服务，把资源连同计算能力和领域知识组织一起提供，图书馆将利用云计算平台，进行数字资源的整合、组织、关联、导航甚至可视化服务。

泛在信息环境下图书馆信息资源组织的主体已突破传统组织者的界限，只有多加强跨界的合作，积极地与其他机构携手，才能更好地实现愿景中的泛在图书馆服务，从而满足用户在泛在知识环境下的信息需求。

3.5 不同信息环境下图书馆信息组织方式比较

图书馆中的信息组织方式经历了从传统信息组织方式、Web2.0下的信息组织方式过渡到泛在环境下的图书馆信息组织方式。信息组织方式随着信息时代的变化而变化，不同的信息组织方式下图书馆资源、组织工具、组织主体、用户参与度等都有所差别。从这些角度对比这3种环境下的信息组织方式，如表3-1所示。

表3-1 不同信息环境下图书馆信息组织方式的对比

信息组织类型	馆藏资源	组织工具（方式）	组织主体	服务主体	用户参与度
传统图书馆	图书、期刊等文献型纸本资源	分类、主题标引和编目规则	图书馆馆员	本馆读者	几乎没有
Web2.0图书馆	文献资源、媒体资源	RSS、Wiki、Blog、Tag等	图书馆馆员、用户	内部用户	较高
泛在图书馆	文本、图像、视频、音频等	传感器、终端设备和语义网等	图书馆馆员、网络用户	本馆用户和馆外用户	最高

在传统的信息组织模式中，网络技术的体现较少，智能化程度较低，资源类型也较单一，按照一定的规则进行信息的组织，这种组织方式较为固定，用户在信息组织中较为被动，在这种图书馆信息组织模式下，用户的信息查找率、查准率较为低下。Web2.0环境下，用户借助于RSS、Wiki、Blog、Tag等技术对信息资源进行标注、组织与整理，图书馆馆员加以相应的引导，在此过程中，图书馆馆员和用户共同构成了信息组织主体，用户在信

息组织中起到较大作用，同时需要图书馆员对用户加以引导及对信息质量加以控制。共享和加过注释的信息一般为用户需求量大的信息，从而提高用户信息查找的效率。在泛在图书馆环境下，用户通过信息技术和智能终端实现随时随地获取信息、标注及共享信息，泛在图书馆将为用户提供随时随地的服务，实现到用户身边、到用户桌面的服务，消除与用户之间的隔阂，淡化图书馆与用户之间的边界。泛在图书馆的实现，需要借助高级信息技术及终端设备，而且需要大量的高级技术人员和管理人员。用户打破国家、时间、位置界限，可随时随地进行知识信息的交流，而泛在图书馆将为用户提供更深层次的个性化信息服务。

3.6 泛在信息环境下图书馆信息资源建设策略

泛在信息环境是一个崭新的知识环境，泛在信息环境带给图书馆的是挑战，同时也有机遇，泛在信息环境下图书馆信息资源建设将是非常重要的一项内容。20世纪90年代，随着计算机技术、现代通信技术和网络技术的飞速发展，图书馆信息资源建设的理论和实践都发生了重大的变化。经历了从最初的“藏书建设”，到“文献资源建设”，再到今天的“信息资源建设”的历史过程，并由此进入了网络化、数字化发展的新阶段。面对泛在信息环境带给图书馆的挑战和机遇，我们应该如何定位，如何进行新型的信息资源建设，开展知识服务，吸引读者继续利用图书馆，这些都是当前我们迫切需要思考的问题。

3.6.1 重视开放存取及网络资源整合

作为一种新生的网络学术信息交流方式，OA有着蓬勃的发展势头和广阔的发展前景，图书馆理应成为推动OA发展的主要推动力量之一。面对数量越来越庞大、种类日益增多的OA资源，图书馆应该加强对OA资源的选择和组织，便于用户利用。图书馆应充分挖掘和利用因特网上的免费全文期刊资源，并根据馆藏制度和本馆实际情况选择OA资源。图书馆应充分利用网络技术，建立导航数据库和检索平台，发布于网上，为用户提供OA资源引导和检索的导航系统。利用这些统一检索平台，尤其是利用网格技术将搜集到的OA资源与本馆的数字资源进行整合，实现多数据库同时检索、分数据库检索。

相对于图书馆信息资源的普遍匮乏，互联网中正涌现出众多与学科相关的网络资源，其来源涉及多个学科、多个层次，这些信息资源覆盖面广、视角多元、更新互动迅速，用户原创信息（UGC）也逐渐成为互联网的重要信息来源，对读者的信息选择产生了广泛的影响，但网络信息资源聚合与服务一直是图书馆的短板，互联网也能为图书馆提供丰富的信息资源，可以借鉴图书馆信息组织的优势，为用户组织更多的高质量的信息资源。图书馆领域应该加强对学科网络信息资源的结构特征和用户行为大量研究，通过相关技术工具的集成开发与完善，进行学科资源的发现、采集、加工、组织和展示。

3.6.2 信息资源建设以用户为中心、“知识服务”为导向

信息建设最终是为了向用户提供服务。泛在信息环境下，知识的生成、传播和利用机制发生改变，各类用户、知识内容和应用环境也已经聚合在同一空间，单纯为用户提供文献信息资源已不可能满足用户多方位的需求，更要为用户提供其在获得信息资源时的相关需求的服务，以便于不同用户利用这个框架获取各自需要的资源体系。这就使得图书馆在对待文献信息资源上不单是只注重对信息资源的占有，而是要更突出服务，利用先进技术，由被动服务向主动服务转变，从传统的信息服务向知识服务迈进，提供个性化服务，建立以用户为中心的新型服务模式。

3.6.3 硬件、软件、网络和信息资源建设统筹兼顾

泛在信息环境的内涵包括三个方面，即以泛在网络设施、各种硬件、软件搭建的信息平台为基础，与信息资源、人有机的组成新一代的数字化信息基础设施，通过计算机、移动终端、存储和通信方面的最大便利，使人、数据、信息、工具、设备等资源能够更为完全彻底地发挥作用。由此可见，泛

在信息环境下，信息资源建设依托于硬件、软件和网络的建设。泛在信息环境下进行信息资源建设不能只考虑资源，而应将硬件、软件、网络和资源统一考虑，这才能真正构建出满足用户需求，提供最大便利的新一代的信息基础设施。

3.6.4 进行泛在信息资源整合

信息资源整合是根据用户的需求和资源的特点，将各个相对独立的信息资源系统中的数据内容、功能结构及其检索方法进行融合、聚类和重组，形成一个统一的、立体化的、全方位的、高效利用的资源体系。具体来说是采用先进的技术手段，将本地实际馆藏和各类虚拟信息、数字信息进行全方位地优化、重组，进行统一的组织与梳理，以统一的检索系统和用户界面，实现读者单一的检索表达的信息资源系统。信息资源的整合程度直接关系到它能否被高效吸收与利用。

泛在信息环境下产生的大量丰富信息，一方面方便了人们的使用，另一方面也易于造成“资源孤岛”和“资源超载”，给用户带来沉重的负担。现有的信息资源内容交叉重复，冗余信息泛滥，整体处于无序化状态，内容组织程度不高，关联程度较低，影响用户对信息的选择与获取。这就要求图书馆在进行信息资源建设时必须加强信息资源的整合，真正发挥信息资源的效能，为用户提供方便快捷、具有个性化、专业化的信息服务。

本章小结

泛在信息环境下图书馆信息资源组织是传统图书馆信息资源组织的发展与延伸，是新信息环境发展的必然过程，与传统图书馆信息资源之比较，信息资源组织范畴、信息资源组织的对象、图书馆信息资源组织的主体等得到了发展与延伸，对图书馆信息资源建设策略提出了要求与挑战，同时，也为图书馆的发展带来了机遇，应用新的信息组织技术与工具，从语义与概念上对信息和知识加以组织与建立关联，对所有人类知识进行归类，为用户对信息和知识的普遍、无缝访问提供便利。

第四章

信息资源组织的基本理论及相关领域

4.1 信息资源组织基本含义

信息资源组织，亦称为组织信息，是伴随着文献信息数量的增加与使用需求矛盾现象日趋严重而发展起来的，是根据用户检索信息资源的需要，以实体、网络等各种信息资源为对象，用一定的规则和方法，对其物质外形和内容特征进行分析描述，从而使其成为有序化集合的活动。信息资源的含义比较广泛，而本文中所讨论的信息资源是指狭义的信息内容[1]，这与图书馆一般所研究的信息组织的内涵具有一致性。

目前，对“信息组织”还没有一个统一的定义。国内对信息组织的定义分别有：信息组织，即信息序化或信息整序，也就是利用一定的科学规则和方法，通过对信息外在特征和内容特征的描述和序化，实现无序信息流向有序信息流的转换，从而保证用户对信息的有效获取和利用及信息的有效流通和组合[2]；信息组织是指为方便人们检索、获取信息，而依据一定的规范，将零散、无序的信息予以系统化、有序化的过程[3]；信息组织是将处于无序状态的特定信息，根据一定的原则和方法，使其成为有序状态的过程，其目

❶ 陈庄.信息资源组织与管理[M]. 北京: 清华大学出版社, 2005年: 14.

❷ 周宁.信息组织[M]. 武汉: 武汉大学, 2002: 5.

❸ 罗春荣,曹树金.信息组织的分类法与主题法[M]. 北京: 北京图书馆出版社, 2000: 1.

的是将无序信息变为有序信息，方便人们利用信息和有效地传递信息[1]；信息组织是在信息搜集基础之上进行的信息系统的信息整理和序化工作[2]；信息组织就是指采用一定的方式，将某一方面大量的、分散的、杂乱的信息经过整理、序化、优化，形成一个便于有效利用系统的过程[3]；信息组织是将无序的信息按其外部特征和内容特征有序化，然后进行重新控制，其目的在于提供可控性的高效信息服务[4]；而叶继元认为信息组织是一个信息增值过程，在这个过程中，杂乱无章的原始信息变成一个有序的、精良的、适应用户检索需求的检索系统[5]；信息资源组织即IR的有序化的活动：利用一定科学规则和方法，通过对信息外在特征和内容特征的描述和序化，实现无序信息流向有序信息流的转换，从而保证用户对信息的有效获取和利用及信息的有效流通和组合[6]。

国外对信息组织的定义有代表性的是Taylor，Arlene与Daniel N. Joudrey的观点，他们认为信息组织就是为信息检索建立检索点，在元素或信息资源之间、在记录与资源间创建链接，便于用户检索[7]。

综上所述，近年来，国内外不同的学者从多个角度对信息组织进行了定义，无论是传统的文献编目还是现今的信息组织，其组织机制仍然一致，都是一个从分析、揭示信息特征到描述、表达信息特征的过程，表述上尽管有所区别，但也存在着许多共同点，认为信息组织是对信息序化和系统化，核心是信息的整序和优化。整序的涵义就是把在本质上没有必然联系的信息加以组织，把本质上具有必然内在联系的信息加以组织，在整序的基础上，针对某种目的对信息进行再序化的过程，是信息整序的升华。

张晓林教授在《数字化信息组织的结构与技术》一文中认为要建立以下

---

❶ 宋彩萍,霍国庆.信息组织论纲[J]. 中国图书馆学报, 1997(1).

❷ 党跃武.信息组织论[J]. 图书情报工作, 1997(3).

❸ 尚克聪.信息组织论要[J]. 图书情报工作, 1998(11).

❹ 倪莉.信息组织研究述评[J]. 情报资料工作, 2001(2).

❺ 叶继元. 信息组织[M]. 北京: 电子工业出版社, 2010.

❻ 毕强,沈涌.数字图书馆网格信息资源组织模式研究[J]. 2007, 5(18): 10-14.

❼ Taylor, Arlene and Daniel N. Joudrey.The Organization of Information[M].3rd ed.Libraries Unlimited, 2009:1-15.

七个方面的信息组织能力框架[1]：

①能根据语义、应用和结构的需要对任何信息内容（包括数据、文件、规则、过程、体制）进行定义、标记、描述、识别、验证和解释；

②能运用逻辑、语义、语法或结构方法对这些信息内容进行指向、确认、检索和传递；

③能运用逻辑、语义、语法或结构方法对这些信息内容及其集合进行过滤、析取、链接、合并、集成或重组；

④能按照语义关系、知识体系、应用需要或用户对象对信息内容的组织格式和表现形式进行定义、标记、识别和转换；

⑤能以计算机可识别、解析和理解的方式实现上述功能，支持智能代理对信息内容及其交流处理过程的自动处理；

⑥能在多语种分布式开放环境中实现上述能力；

⑦能根据用户的具体需要和应用环境调整上述能力及其实现方式，能根据新的媒体形式、文献形式、技术能力和系统形态调整和发展上述能力及其实现方式，能以方便、经济和灵活的方式实现上述能力及其调整。

在新的信息环境中，信息组织的重心逐步从物理载体向数字化、网络化、协作化过渡，虽然信息组织的定义在表述上没有本质的变化，但随着所组织的信息资源本身的变化、信息组织方法的发展、信息组织理念的变革，信息组织的内涵也在不断地深化。随着新信息环境中的新型组织工具的出现，如以本体（Ontology）为核心的语义Web（Semantic Web）技术、语义网格（Semantic Grid）、知识地图（Knowledge Maps）以及概念地图（Concept Map）等，信息组织不再局限于语法层次，推动其向语义、语用层面延伸，新信息环境下以计算机技术、网络技术、通讯技术等为代表的新信息技术的出现，把信息组织引入了一个新境界，深化了信息组织的内涵。

在新的信息环境中，信息组织的对象主要以数字资源为主，各种数字资源通过网络传播、共享，数字信息资源的形式多样，类型繁杂，如DLI-2项目涉及的内容形式包括：书目记录，工程教育物件，电子印刷物，民间文

[1] 张晓林. 数字化信息组织的结构与技术(一)[J]. 大学图书馆学报, 2001 (4): 9-21.

学，地理参考信息，健康数据，古典文学经典，图书馆咨询服务，医疗图像，混合媒体，病人材料，乐谱，骨骼，模拟，社会科学数据，演讲，录相，万维网，X-射线，CT扫描数据等；涉及多种信息组织技术：三维模型，途径控制，代理人软件，存档（文件保存），视听检索，分类与聚类，数据途径服务技术，数字录相，经济模型，电子笔记，联邦结构，地理信息系统，图像，信息过滤，信息图示化，学习环境，联接，追踪数据分析，移动计算，多媒体融合，自然语言处理，光学图像识别，并行处理，协议，个人化，起源，手稿再使用，演说文件处理，自动总结，文本分析，录相编辑等。由此可见未来的信息组织将主要突现在技术与信息内容上的变革，将会深化新信息环境下的知识组织。

随着数字环境的发展，数字资源出现了新的增长点。随着新一代网络社区的形成，特别是随着WEB2.0的兴起，网络社区已成为一种不可忽视的用户生产、获取、交流、共享信息与知识的微观环境，随着生产的信息急剧增加，传统的信息组织方式已不能适应新的需求，新的网络信息组织形式也渐渐显现出来，而且信息的组织也呈现出更多的多样性与复杂性。

泛在网络最突出的特点就是以用户为中心，以交流、协作为中心，创造关联性与社会性，用户逐渐成为网络社会的真主体，网民的潜能得到彻底的释放，信息资源通过人际网络的传递与交流，同时，通过用户间内在的深层次、高质量联系，使得信息资源通过共享而产生出更大的潜能，决定泛在网络自组织本质的更应该是其社会性，用户通过开放性的网络为图书馆丰富信息资源，通过共建、共享的形式为图书馆进行信息资源的建设，广泛地参与图书馆信息组织工作，为信息组织带来了更多内涵。

信息资源组织与揭示是图书馆一项重要的基础工作，随着图书馆馆藏资源的日趋丰富和网络数字信息技术的发展，如何对馆藏资源进行有效的整序组织与揭示，提高资源检索效率，使用户更加便捷、充分地了解和利用馆藏资源，不断深化服务质量，是图书馆这一资源管理机构不可回避的重大课题。

4.2 信息资源组织外延

传统信息资源组织研究中将信息组织概念划分为广义和狭义之分。广义的信息组织概念涉及信息产生、加工与流通、检索服务的整个过程。狭义的信息组织的概念则主要是指信息序化或信息整序的过程。数字化技术与网络技术使得信息生产与来源、信息形态与类型、对信息进行加工与控制的过程和方法都发生了改变，在新的信息环境中已不能严格区分它们的界限，我们已难以将整序从信息活动的各个环节中单独割裂出来。

信息组织的序化是其核心，信息序化后的结果更是优化的体现，信息组织的优化本质上是加工整理信息时对信息的优先选择，按用户的需求对信息资源进行收集、整理使庞杂海量信息经优选可以为用户所用，从海量信息中优选出满足用户需求的那些信息，整合并提供给用户；而信息组织的美化与信息组织的序化、优化都是为满足用户的需求，通过视觉上的刺激帮助用户有效地实现其信息需求，对信息资源进行有效地展示，增大用户的感知，增强“信息可访问”和“信息可理解”。序化、优化与美化是信息服务组织和网站满足用户需求，实现信息可检索、可获取、可理解、可利用的必要条件。序化是信息组织的基本内容，优化强调信息增值，美化注重用户需求与信息心理与行为规律[1]。

在目前新的信息环境中，数字信息组织承担了多方面的任务。不但包括传统的信息内容与文献结构组织，还包括新型的科学数据组织、元数据组织、信息链接组织、知识组织、登记系统组织、交流体系组织、信息内容与信息体系重组等，信息组织含义得到了延伸，信息组织的内容和任务已远远超出了传统信息组织的范围，正在发生深远意义的拓展。

为实现新信息环境下信息组织的任务和发展目标，相关领域的学者和专家正在定义和发展一系列信息组织与处理标准。语义Web及关联数据正日益成为全球数字化信息环境中各种信息的定义、组织、处理和交换的核心基

---

[1] 郭春侠,储节旺.信息组织的三重境界: 序化、优化、美化[J]. 情报资料工作, 2011(2). 15-18.

础。语义 Web 的驱动，不仅可以对数字资源本身进行语义组织，还可以对用户需求进行语义描述，实现用户需求语义上无歧义表达，实现用户与数字资源的语义理解，从而提高数字环境中各种资源的利用效率。

信息资源组织与揭示是图书馆一项重要的基础工作，随着图书馆馆藏资源的日趋丰富和网络数字信息技术的发展，如何对馆藏资源进行有效的整序组织与揭示，提高资源检索效率，使用户更加便捷、充分地了解和利用馆藏资源，不断深化服务质量，是图书馆这一资源管理机构不可回避的重大课题。

美国战略咨询专家温伯格（David Weinberger）在《新数字秩序的革命》（*Everything is Miscellaneous: the Power of the New Dgital Disorder*）的著作中用三种秩序来表示知识分类的演进过程，第一秩序是实体的秩序，被分类的东西存在于各自的位置之中。第二秩序是科学理性的秩序，如图书与卡片，图书馆预先设计好分类表，然后将图书分类到一个相对固定的位置，这种位置用卡片来表示，它突破了绝对的空间性。第三秩序，就是无秩序，被分类的内容（Contents）和分类的标签（Tag）都存在于虚拟空间，完全不受物理空间的制约。此外，他在《无法全知 ：在当今社会对于知识的重新思考》（*Rethinking Knowledge Now That the Facts Aren't the Facts, Experts Are Everywhere, and the Smartest Person in the Room Is the Room*）认为，网络化打破了传统的知识秩序，知识的生成、传播和发表的方式正在发生变化，因此，图书馆要重新思考自己在互联网时代的角色。

在新信息环境下，信息组织面临的最大挑战，就是如何增强信息组织的适应性和有效性，从而在用户整个信息过程中灵活组织信息来全面支持用户的各方面、各层次需要，为用户提供随时随地的信息服务。它不仅是以用户为中心的信息服务的自然要求，同时也是数字化网络化信息环境的必然要求。我们需要对以往信息组织方法和观念有所突破，从用户的角度来认识信息组织的需要，从整个信息环境和整个用户信息活动过程的角度来分析信息组织过程。

4.3 信息组织的哲学认识论

理论基础是信息组织发展的基石，宋彩萍、霍国庆认为，信息组织的理论基础应是编码理论、逻辑理论和信息系统理论[1]。党跃武认为，系统论、协同论和耗散结构理论是信息组织的理论基础[2]。Elaine Svenonius则认为信息组织相关的知识基础是三个在20世纪的哲学思想运动中已渗透到学术中并为大众所信奉的观点:系统哲学，科学哲学，语言哲学[3]。信息组织的理论和实践的发展受哲学支配，哲学是理论化、系统化的世界观，是自然知识、社会知识、思维知识的概括和总结，哲学认识论以知识的抽象本质组织知识，具有信息组织活动更高的指导意义。

4.3.1 系统哲学

系统是指由相互联系、相互作用的若干要素构成的具有特定的结构和特定功能的有机整体。系统是宇宙中普遍存在的客观事物的一种结构组成模式，将这种结构组成模式抽象出来作为指导人们认识事物的一种世界观，这就是系统论。我国一般采用著名学者钱学森的定义，他根据系统具有同组成它的各要素迥然不同的特点，将其概括为“系统是由相互作用和相互依赖的若干组成部分结合而成的具有特定功能的整体”。系统论是研究系统的一般模式、结构和规律的学问，它研究各种系统的共同特征，用数学方法定量地描述其功能，寻求并确立适用于一切系统的原理、原则和数学模型，是具有逻辑和数学性质的一门新兴的科学。

系统科学的思想是20世纪20年代由奥地利学者贝塔朗菲（Ludwig Von Bertalanffy）提出来的，他把系统定义为相互作用的诸要素的复合体，认为系统的定义可以确定为处于一定的相互关系中并与环境发生关系的各组成部分的总体。系统一词，来源于古希腊语，是由部分构成整体的意思。一般系统

---

[1]宋彩萍，霍国庆.信息组织论纲[J]. 中国图书馆学报, 1997(1).

[2]党跃武.信息组织论[J]. 图书情报工作, 1997(3).

[3] Elaine Svenonius.The Intellectual Foundation of Information Organization[M].The MIT Press,2000:3-6.

论则试图给出一个能表示各种系统共同特征的一般的系统定义，通常把系统定义为：由若干要素以一定结构形式联结构成的具有某种功能的有机整体。在这个定义中包括了系统、要素、结构、功能四个概念，表明了要素与要素、要素与系统、系统与环境三方面的关系。系统论认为，整体性、关联性、等级结构性、动态平衡性、时序性等是所有系统的共同的基本特征。这些，既是系统所具有的基本思想观点，也是系统方法的基本原则，表现了系统论不仅是反映客观规律的科学理论，而且具有科学方法论的含义，这正是系统论这门科学的特点。

系统论认为，系统内部各要素不是一种简单的结合，而是相互关联地有机结合在一起。正是由于系统要素间这种有机的相互关联关系，系统的整体功能才产生了质的飞跃，远远超出各单个要素的功能之总和，这就是系统论的“整体大于部分之和”的原理。

系统论哲学思想是在1876年由美国著名的图书馆学家克特（Charles A. Cutter）引入信息组织学科中的，并称之为伟大的“图书馆组织者”，克特是第一个认识到描述目录的正式形式的重要性，他也认识到有必要确定实现这些目标与原理的方法，当存在可选择的方法的时候以便指导这些方法的选择。自克特那时起，系统论思想就已经被构造成多种不同的表达，而且越来越详尽和正规，例如，对其概念模型形式的清晰表述，无论怎么表达，系统分析的最终目的是用来决定和检验实践。这就是为什么在组织信息实践中采用某些方法、技术、规则或者程序去排除其他的解释，一种是用来表明特定元素可以被看作是一个系统的一部分，同样有助于实现一个或多个系统目标。一个临时性的实践，是偶然的，而对整体来说是不合理的，是低效甚至是无效的，而且根据定义也是不系统的。

在系统概念中，构成系统的各个组成部分就是它的要素，系统所从属的更大系统，则是它的生存环境。一切系统都有结构和功能，是结构和功能的统一体。科学地把握系统概念必须注意以下三点：第一，任何一个系统，必须由两个或两个以上的要素构成；第二，系统内各要素之间、系统要素与系统整体之间是相互依存、相互制约、相互联系的有机整体；第三，系统作为一个整体对环境表现出特定的功能。

信息组织的系统性主要表现在这四个方面关系[1]：①宏观信息组织和微观信息组织的关系。各个进行信息组织的机构不仅要立足自身的实际状况，而且要考虑更大范围内信息组织的市场分占和分工协作，从而形成一个完善的宏观信息组织工作体系；②信息组织部门与其他部门的关系。信息机构中信息组织并不是工作的全部，因此，要注意信息机构内部的各个部门之间的协作关系，特别要注意与从事信息搜集和信息传播的两类部门以及进行机构日常管理的行政部门的关系，以便在信息机构良好运行的环境下保证“信息搜集—信息组织— 信息传播”一条龙工作流程的顺畅通达；③信息组织工作的各个环节之间的关系。信息组织工作本身也具有多个环节，保持各个环节的正常联系有助于使信息组织工作能一环紧扣一环，其中特别要注意信息描述的基础性地位，它是信息揭示、信息分析和信息存贮的必要准备；④不同信息处理方法之间的关系。由于信息本身的特殊性，在具体进行某一类信息的组织时必须充分满足于这种特殊性，但也必须全面把握各种信息处理方法的极大相似性，尽可能采用统一而规范的处理方法。用系统的观点和方法来进行信息组织工作的协调管理，有助于发挥信息组织的整体优势，也有助于实现信息组织的整体功能。

在信息组织中，如果将大量的、杂乱的、分散的信息组织成一个系统，并建立起内在的关联，那么，信息系统的整体功能将大于各个信息单元的功能之总和。也就是说，这将能充分发挥信息资源的价值与作用[2]。在泛在信息环境中由于基础设施结构的差异、系统操作的差异、信息资源的差异、用户的差异，更容易在局部上造成信息系统的分化，形成信息资源分散的情形，因此，在宏观层面上很有必要通过技术、方法等把它们重新组织在一起以产生整体或系统——知识体系、学科体系等——并成为可以理解的东西。我们不但要理解各信息组织中的各个元素的信息表示和组织、信息存贮与检索，还需要理解各元组之间的相互关系，使它们之间互联、互通，使不同的

---

❶ 党跃武.信息组织论[J]. 图书情报工作, 1997(3).

❷ 周宁.信息组织[M]. 第2版. 武汉: 武汉大学, 2004:7.

信息系统之间的信息资源形成融合，为用户随时、随地地提供一个有序的信息空间环境，形成一种整体有序的景象，使用户、信息、环境在宏观层面上形成信息系统的稳定性，而且能够在实际应用中使其有序性、稳定性得到验证。

泛在信息环境中人、环境、信息资源组成了一个复杂系统的有机体，人对信息环境、信息系统及信息资源的感知是信息组织的关键，信息资源需以人为中心组织与建设，为用户构建一个可感知的信息环境，同时，为信息资源创建一个可行的交流、传播的信息空间与信息系统，它们不是各个部分的机械组合或简单相加，人、环境、信息资源是一个系统的有机整体。

4.3.2 科学哲学

科学方法论一直是近一个世纪来哲学研究的重点，在20世纪初，科学哲学主要以逻辑经验论为主，他的信条是命题表达的可检验的原则，这一原则规定，凡是一个有意义的命题，必须具有可检验性。命题人员所进行的检验必须具有可操作性，这意味着概念（实际上）把科学哲学归结为以数理逻辑的方法对科学理论的结构作静态的逻辑分析。哲学能清楚地指出问题和提出可能解决问题的方案，通过哲学地调查问题，可以提高理解和帮助指导实践。哲学并不提供具体解决方案，但是它可以帮助人们更好的了解问题，它可能会帮助人们避免浪费时间。

哲学认识论以知识的抽象本质组织知识，对一门学科的认识，往往是从分类开始的。就像达尔文提出进化论，原始的动机就是将从全世界观察到的动物和植物进行划分，形成体系。在分类体系上进行提炼，最终形成了一个全新的世界观和认识论。分类是知识组织的一种最简单的方式，人类经历了从实物分类到科学分类的过程，对事实进行分类是科学研究的基础，科学方法的特征就在于对事实进行精确分类，知识分类的实质，就是一门知识体系化的过程。分类本身就是对相关知识的搜集、排列、对比、结构化与逻辑化的每一步骤进行判断和认定。而知识分类之难在于需要对知识体系之间的复杂关系进行辨析和联系。科学分类既是知识分类活动中的一个组成部分，也是知识分类的高级认识阶段。在《中国大百科全书》中把“科学分类“classification of sciences）解释为：在一定历史条件下，依据某些原则确定每门科学在整个知识系统中的地位，并阐明它们的相互关系。选定科学分类的原则，既决定于不同的哲学出发点，也决定于一定的社会历史条件，即人类在理论和实践上把握自然界和社会的程度[1]。

所谓科学就是对普通知识或常识知识的详细分类研究，是系统化、规范化和结构化的知识体系，科学分类则是从知识的体系结构中进行整体把握的一种学问，又称科学体系学。对于信息组织中所遇到的问题来说是有非常明确的定义，可通过引入建设性或实用性的定义来加以解决。英国情报检索专家克列维顿（Cyril Cleverdon）在20世纪50年代中期所提出的查全率、查准率二元测度就是一个跟信息组织相关的典型例子，该二元测度引入的目的就是来量化信息检索的效果，查准率在某种程度上与检索系统所返回的相关文件有关；查全率测量在一定程度上与系统所返回的所有相关文件有关。

定义概念可推进学科向前发展，其最经常被引用的例子是爱因斯坦在分析一些定义时同时使用他们。实用性定义的力量在于他们有能力为概念的变量形式提供经验性的关联，这反过来又使相关的变量与另一个变量建立关联。例如，使用查全率和查准率去量化信息检索的效果使信息检索的影响因素主题的确立成为可能，如索引的特征、索引的深度及词汇量的大小，它们对信息检索都有一定的影响。命题变量之间关系的表示“科学的”，它们所表达的是对研究对象的高度概括，这让它们具有解释性功能：如果能得到验证，就说明它们符合规律特征，如果是正处在验证过程之中，则认为它们就只是一种假设。

虽然科学哲学的某些方面深奥，但它的定义是足够清晰的：定量并且概括。在不同程度上所有社会科学努力遵循这些定义。在为科学的敬仰而所做的努力中，他们追求实证研究并且接受了定量革命。芝加哥大学图书馆专业在20世纪30年代就自觉地接受了图书馆的“科学”的科学观，这所学校明

---

[1] 中国大百科全书总编辑委员会《哲学》编辑委员会.中国大百科全书.哲学卷[M].中国大百科全书出版社, 1987: 407.

确了开展研究的目的，在相关研究领域有非常大的影响力，并树立了巨大的声誉。20世纪30年代以来对信息领域的理解越来越多，特别是在如何组织和导航信息中，始终奉行“科学”的研究。

信息组织虽然经过了长时间的孕育与发展，具有丰富的理论与实践基础，但泛在信息环境下的信息组织是新生事物，目前还是处于探索阶段，没有自成一体的成熟理论、研究方法、技术手段等可借鉴，同时，组织方法、组织对象等有待研究与完善。因此在原有信息组织理论与方法的基础上，有必要采用科学的方法引入相关领域的理论与方法来加以构建，并探讨泛在信息环境下信息组织发展所面临的新问题以及实现信息组织功能的新手段、新方法，总结信息组织发展过程中的理论、技术与方法法则，借助于其他学科的发展使自己逐步趋于成熟，在探索中需要始终遵循科学的态度与方法。

4.3.3 语言哲学

研究语言的兴趣一直支配着两个20世纪的哲学。首先是已经提到的逻辑实证主义，这是一个激进的经验主义的语言形式。它的原则是可证实性，其中规定命题要有意义，必须能够被验证。20世纪中叶，逻辑实证主义哲学遭遇到了另一种语言哲学的冲击，这就是维特根斯坦（Wittgensteinian）的语言分析哲学。这一哲学的一条主要原则是词的意思在于它的用途，并且这个用途由规则所管理，就像在比赛中的所制定的前进移动规则一样。由于有许多不同的特殊的语言使用用途，所以有许多不同的语言游戏规则。这种语言分析方法从根本上杜绝了日常语言的歧义和混乱，打开了严谨叙述的大门。

语言是交流的工具，检索语言则是一种特殊场合的交流工具，进行信息组织必须依赖于某种信息组织规则或检索语言。检索语言是信息检索系统的重要组成部分，是信息组织和检索的语言保证。无论是信息存储、表示还是检索都离不开检索语言。检索语言也称为情报检索语言（1nformation Retrival Language，IRL），随着信息检索范围的扩大以及信息概念的更加普及，也称之为信息检索语言；其他的概念名称还有标引语言、索引语言、信息表示语言、信息组织语言或知识组织语言等。检索语言的发展和应用与普通语言学有着密切的关系。伽汀（J.C.Gardin）等人于1960年提出的“结构段组织语言”（SYNTOL）就是基于语言学上一个非常重要的区分，即聚合关系和组合关系。这一对由著名语言学家索绪尔（Ferdinand de Saussure）提出的重要的语言学概念在这里得到充分的应用，英国的奥斯汀（D.Austin）设计“保留上下文索引系统”（PRECIS）时，就运用了乔姆斯基（N .Chonmsky）转换生成语言学及其表层结构和深层结构理论。被称为信息检索“第二次革命”的陶伯单元词语言就是根据美国描写语言学的“分布理论”制定了单元词之间的“同现关系”（Co-occurrence）。张琪玉系统地建立了情报检索语言及其相关概念的体系，并使其规范化，统一了概念名称和使用习惯。他对情报检索语言的定义是“根据情报检索的需要而创制的，专门用于各种手工的和计算机化的文献情报存贮检索系统，能够唯一地表达各种概括文献情报内容的概念（主题概念），能够显示概念之间的相互关系，并便于进行系统排列，便于将标引用语和检索用语进行相符性比较的人工语言”[1]。

组织信息的行为可以被看作是一种特殊的种类语言用途，Julius otto Kaiser在20世纪初就从语言哲学角度提出来了，他是第一个采用这种观点的人。Kaiser制定了一种索引语言，他称之为系统的索引，把简单的词分类归入语义类别中，而使用那些已定义了类别的句法规则来定义复合词。后来的理论家广泛地采用了与Kaiser类似的观点，主要是通过主题对信息的上下文进行组织，但是也可适用对其他属性进行组织，例如作者和标题。可获得的一个优势是将信息组织的行为作为一种专用语言的应用看作是语言学上的构建，比如，语义、语法和词汇就可以用来概括、理解和评估组织信息不同的方法，另一优势是这些构造使一个概念就能够统一组织迄今以来不同的方法，如编目、分类和索引。

泛在信息环境中信息资源具有复杂的形态与构成，不同的信息、信息系统具有不同的分类、描述、标注等语言符号体系，在泛在网络中不利于信息的发现、调度与传播，因此，有必要在现有语言符号体系的基础上构建一个具有高度概括性的、较强互操作性的语言符号体系，能从本质上对事物进行

[1] 张琪玉.情报语言学词典[M]. 北京：北京图书馆出版社，2000：19l.

描述、共享概念模型的形式化规范说明，使各种信息单元能对号入座，统一归入到某一种符号系统的框架之中，便于信息的发现、调度与传播，把庞杂分散的信息组织成为有序的整体，形成一个便于检索的序化信息集合。

在以语义网理论和技术为支持的网络系统实施技术中，最令人瞩目的是本体（Ontology）的出现及其与计算语言学的结合，本体成为语义网背景下信息组织方法体系的核心之一[1]。虽然本体与情报检索语言存在一些差别，但也有着不可分割的联系，“本体就是用本体表现语言表达的形式化的受控词表”，“本体就是超级的叙词表”，w3c的本体工作组曾经将其描述为“一套机器可读的关于类、子类及其之间关系的定义，并由这些定义组成一部分类法”[2]。

本体在信息组织方面的应用具有以下发展趋势[3]：①使得其语义性得到了加强。正是基于本体的这种特性，语义网才能够实现为网上信息提供具有计算机可理解的语义，从而满足智能代理对网上异构、分布信息的有效检索和访问，实现网上信息资源在语义层上的全方位互联；②使用主体得到了扩大。作为网络信息组织语言工具核心的本体，在语义网发展的背景之下，本体设计目的是促进机器之间、机器与人之间的交流。本体形式化特征的含义就是指本体必须是机器可读的，即能被计算机所处理的。使用本体进行信息交流的不仅可以是人，而且可以是机器，本体的应用可以大大地促进人与人、人与机器、机器与机器之间的信息交流；③趋向于“无形”。首先，在物理形态上，情报检索语言已经从传统印刷型、大部头的书本式分类法或叙词表逐渐转型为电子载体形态。其次，对于用户来说，情报检索语言趋于“透明”，其作用的发挥有从前台转向后台的趋势。信息标引自动化和智能检索、概念检索等技术的发展，就是语言工具转入后台运行的证明。从用户角度来看，可以直接使用自然语言与检索系统进行交互，而采用人工受控检索语言的要求大大降低；④概念关系模型的清晰化和概念关系推理。本体的本

---

❶ 秦键.实用分类系统与语义网:发展现状和研究课题[J]. 现代图书情报技术, 2004(1): 16-23.

❷ Reinout van Rees.Clarity in the Usage Of The Terms Ontology, Taxonomy And Classification.[EB/OL].[2012-11-28].http://itc.scix.net/data/works/att/w78-2003-432.content.pdf.

❸ 邹瑾.结合本体考察情报语言学的发展[J]. 图书情报工作, 2006年01期: 68-71+92.

质是概念模型，表达的是概念及概念之间的关系，它在定义概念、事物及其之间的关系时更加清晰而准确。⑤共享和兼容。本体的形式，通常也是以一套对某一领域里的知识进行表述的词和术语的集合。首先，某个具体领域的本体不可能是唯一的，形式化手段也可以不同。其次，WEB上本体的种类和数量越来越多，而且大多是分布式的。

哲学运动构成了对学术的学科发展背景。系统哲学对信息组织学科的冲击是明显的，只要这个信息组织系统被视为受以概念模型和原则的要求为指导的，有目的的和人为设计的系统的影响。很明显，这些学科的发展越来越依赖可操作性的定义，其信息组织的自动化方面充分利用算法，实证研究建立在框架之上，理论建立于概括的基础上。

4.4 本研究的相关领域

泛在信息环境下的信息组织研究属于跨学科、跨领域性质的综合研究，一方面需要新的泛在信息技术，同时涉及认知科学、社会科学等一系列研究理论和研究方法以及应用领域，泛在信息环境下的信息组织研究还要涉及更为广泛和深层次的问题。信息资源组织的主要目的是使无序的信息资源有序化，更好地为用户提供信息服务，因此信息服务的对象是信息组织中的重要组成部分，而信息对象主要是用户信息行为与信息需求。泛在信息环境给用户提供了对信息获取活动更多的自主权，为用户提供了更便捷的信息访问手段，更多的信息选择、获取的机会，但同时也增加了用户对信息资源选择、获取过程的复杂性，用户认知、用户信息行为、用户体验等给信息组织带来了更深刻的影响。另一方面作为泛在信息环境下信息资源组织对象的信息资源本身也面临着信息的构建的变化，同时使信息生态更加引起关注。泛在信息环境下的信息资源组织不仅需要认知用户的信息行为、信息交互等，还要在建立有效的泛在信息组织机制的基础上，构建与其适应的泛在信息环境下的信息组织模式。

4.4.1 用户认知

1993年召开的第56届美国信息科学协会（ASIS）年会上对四种信息组织的研究方式展开了辩论：第一种方式是客体范式，分析一般信息客体的性质；第二种方式是交流范式，研究信息查询、交流利用，考察人们如何构建信息提问和生成答案；第三种方式是行为范式，观察人们如何与潜在信息源相互作用；第四种方式是认知范式，研究人们如何思考以及模仿思考的规律。这标志着人们对信息组织方法论研究获得了重大成就[1]。

认知心理学是20世纪50年代中期在西方兴起的一种心理学思潮，20世纪70年代开始成为西方心理学的一个主要研究方向。它研究人的高级心理过程，主要是认知过程，如注意、知觉、表象、记忆、思维和语言等。与行为主义心理学家相反，认知心理学家研究那些不能观察的内部机制和过程，如记忆的加工、存储、提取和记忆力的改变。

以信息加工观点研究认知过程是现代认知心理学的主流，可以说认知心理学相当于信息加工心理学。它将人看作是一个信息加工的系统，认为认知就是信息加工，包括感觉输入的编码、贮存和提取的全过程。按照这一观点，认知可以分解为一系列阶段，每个阶段是一个对输入的信息进行某些特定操作的单元，而反应则是这一系列阶段和操作的产物。信息加工系统的各个组成部分之间都以某种方式相互联系着。而随着认知心理学的发展，这种序列加工观越来越受到平行加工理论和认知神经心理学的相关理论的挑战。

分类活动的研究一直是认知心理学研究中的一个热点。自从屈伯（O. Kulpe）1902年用颜色和形状进行抽象作用的实验研究到20世纪80年代止，研究者主要围绕类概念、分类能力、类标准的发展等做了大量的研究，取得了很多有价值的成果。从20世纪80年代至今，研究者又对下列两方面开展深入的研究：①研究影响分类结果的因素；②不再把类标准囿于某一具体的感知特征，而拓展到一维特征和整体相似性等方面。在影响分类结果的因素

---

❶ 黄如花.国内外信息组织研究述评[J]. 中国图书馆学报, 2002(1): 63-66.

方面，Meiran认为分类的结果与被试的一般能力有关[1]。Mervis认为分类受个性影响[2]。Fenson认为分类结果受分类材料相似性程度的影响[3]。樊艾梅等人的研究发现，材料的感知相似性对3—5岁儿童的上级类概念匹配操作有显著影响[4]。方富熹等人的研究发现，材料的数量和性质影响分类的结果。阴国恩的研究认为儿童分类结果除受年龄因素制约外，还受分类方法、类别属性差异等客观因素的影响。

在关于按一维特征还是按整体相似性分类的研究结果矛盾更为突出：Thompson的研究发现，随着年龄的增长，被试按一维特征分类的人数不断增多。Ahh等人的研究表明，在一次全部呈现材料的自由分类方式中，大学生按一维特征分类；但在逐一呈现材料的成对比较的分类方式中，大学生按材料的整体相似性分类。Medin等人的研究发现，在既可按材料的整体相似性分类，也可按材料的一维特征分类的情况下，如果没有时间限制，大学生一般按材料的一维特征分类，而不按整体相似性分类[5]。

国内图书馆学界研究人员也认识到了认知心理因素对于图书分类工作的重要意义。2004年陈亚明与李联社先后就影响图书分类认知的因素及对策进行了研究，认为图书分类人员的主体认知和心理结构对图书分类工作存在着潜在的影响，其影响主要表现在思维个体的差异、题名中主题词的选择及工作情绪等方面[6]。

新的泛在信息环境为用户的信息活动扩展了信息空间，为用户提供了在任何时间、任何地点能联网的信息环境，使用户认知信息活动的环境变得更为复杂，对用户的认知心理、认知过程等带来影响，促使决策主体不仅需对

---

❶ Meiran, Nachshon, Fischman, Eliezer. Categorization Parameters and Intelligence[M]. Intelligence, 1989.

❷ Mervis, Carolyn B; Jhonson, Kathy E; Mervis, Cynthia A. Cquisition of Subordinate Categories by 3 year olds: The roles of attributes alience,Inguistic input, and Child characteristics[J]. Cognitive Development, 1994.

❸ FensonL, Cameron SM, KennedyM. Role of Percep tual and Concep tual similarity in CategoryMatchingat Age Two Years[J]. Child Development,1988.

❹ 樊艾梅,李文馥. 3—6岁儿童层级类概念的实验研究[J]. 心理学报, 1995(1).

❺ Medin, D. L. , wattenmaker, W. D. Family resemblance, concep tual cohesiveness, and Category construction Cognitive p sychology[J], 1987.

❻ 陈亚明. 图书分类认知及其影响因素探讨[J]. 佳木斯大学社会科学学报, 2003(5).

新的信息环境、信息资源等认知分析，即对泛在信息空间环境的认知，还要使决策主体对自我认知分析，即对用户自身的认知。

新的泛在信息环境不同于以往的传统信息环境，用户拥有信息活动更大的主动权，用户的认知心理主要表现在对信息资源的信息处理、组织和利用等方面。

（1）对泛在信息空间环境的认知

认知心理学关于知识建构理论的一个重要概念是图式，图式是指个体对事物的知觉理解和思考方式，认知图式对人类的认知活动有直接的导向作用。“人脑对信息客体的认识方式就是认知图式，或者说，人脑对信息客体的选择、整合和理解的方式就是认知图式”[1]，用户的需要意义、价值观念、思维方式、知识结构、主观心态是认知图式的主要构成要素[2]，当信息资源按用户的认知图式进行组织时就更能得到用户的认同，易于用户的理解。

信息表征（Representation）是信息在头脑中的呈现方式。根据信息加工的观点，当有机体对外界信息进行加工（输入、编码、转换、存储和提取等）时，这些信息是以表征的形式在头脑中出现的。表征是客观事物的反映，又是被加工的客体。同一事物，其表征的方式不同，对它的加工也不相同。例如，对文字材料，着重其对字体的知觉和含意的知觉理解就完全不同。由于信息的来源不同，人脑对它的加工也不同。信息的存储和编码有言语听觉形式和视觉形象形式，抽象概念或命题形式。那些具有形象性特征的表征，也称表象，它只是表征的一种形式。表征是认知心理学的一个重要术语，也是这一研究方向的重要研究课题之一。

信息空间有几种不同的定义。美国艾森豪威尔世界事务研究所的迈克尔·沃勒霍斯教授提出了描述全球信息化未来的新词汇InfoSphere，即“信息空间”。他认为“信息空间”将是“人们进行交流、活动的一个新的场所”，具有不同民族和种族特点相互交流的“景观”，是一个三维空间。在不久的未来，全球网络的融合将改变单个网络的特性，网络将不再只是简单地作为

---

❶ 蒋永福,刘敬茹.认知图式与信息接受[J]. 图书馆建设, 1999(3).

❷ 齐界.认识的主体性结构[J]. 社会科学研究, 1992(4).

一种人们进行交流的中介，而将创造出一个“全球网络生态”（The Network Eeology），人们将能够在“全球网络生态”环境下从事各种活动，这就是“信息空间”（InfoSphere）[1]。

王育民在《信息空间的形成和发展》一文中认为信息空间（Cyberspace）是Internet发展的产物[2]，90年代Web的出现，大大增强了Internet的服务能力，为用户提供了极丰富、极方便的信息服务，使Internet为全人类构建了一个新的生存空间——Cyberspace，将人类社会推进到一个新的信息化社会阶段。Internet是构建信息空间的主要网络模型，另一些是通过协议和软件组成各种虚拟的业务网与特种业务网构成。随着信息技术的发展，出现了许多新的发展，如Internet、Web2.0、Web3.0、P2P、2G、3G和4G、移动通信、各种有线和无线接入技术、多媒体技术、在线视频广播、各种遍布式传感网络、无线Mesh网、无线Ad Hoc网、IP电话、流媒体、遍布式计算、网格计算、云计算等，并出现了大量与无线传感器网络（WSN）有关的无线自组织网、无线网状网（WMN）、泛在网、遍布网、物联网等，人类区别于一般动物之处是能够不断地发现、发明和制造新的工具，扩大自己感知时空的能力，人对环境有感知、通信和响应能力，人利用计算机可以接入网络，进入信息空间中活动。

2010年9月15日英特尔公司副总裁、首席技术官、英特尔研究院总监兼高级院士贾斯汀（Justin Rattner）在旧金山举办的英特尔信息技术峰会（IDF）上发表主题演讲，宣告由丰富的环境信息驱动的用户体验（即环境驱动型用户体验）将创造计算的未来。他认为环境感知从根本上改变人们与信息设备及设备所提供的服务之间的互动和关联。随着计算设备拥有了更强的处理能力、更好的连接性以及创新的感应功能，“环境感知”设备将预见用户需求、为用户提供建议并在日常生活中引导用户，相对于传统计算机，更接近个人数字助理。设备通过整合硬件传感器信息（如用户在哪里、周围的环境如何）与软件传感器信息（如用户的日历、社交网络和以前的喜好），

---

[1] 俞晓秋.描述信息化未来的新词汇——“信息空间”[J]. 世界知识, 1998(10).

[2] 王育民.信息空间的形成和发展[J]. 中兴通讯技术, 2010(5): 42–47.

未来的设备将马上就能了解用户的基本情况、生活状况、工作和娱乐方式等[1]。

泛在环境中的环境感知模块通过记录用户在图书馆空间中的移动路径和信息行为（包括信息查询历史、用户访问时间等），分析用户使用文献或数字信息资源的情况，获取用户的特征资料和兴趣爱好，了解哪些信息资源使用率较高，以便向用户提供他们所需的服务。同时这也为图书馆管理人员选择信息资源添置类别和更新图书摆放路径提供了参考依据。

在普适环境下，用户会不断地与不同的计算设备进行隐性交互。在交互过程中，系统根据与用户任务相关的上下文信息提供服务。上下文感知技术是实现普适环境下人机交互的基础[2]，对于泛在信息环境下的数字图书馆来说，上下文感知的对象包括用户的空间位置、信息检索历史、阅读爱好等，系统对感知对象进行分析从而更好地提供个性化的服务，使服务结果更符合用户需求。

泛在信息环境下各式各样微小电脑、环境传感器、RFID标签和智能手机等无线设备可以在网络上发送位置、现场和其他状态信息，并已经渐渐的普及于一般的生活，为用户构筑了一个情境感知（context-aware）的世界。借助情境感知移动访问数字图书馆的系统，它能够根据用户情境（兴趣、背景、任务、专业知识）和物理环境（用户位置和周边对象）有效地提供与情境相关的信息，具有广泛的适用性[3]，给用户提供更丰富的信息，特别增强了用户的即时性、个性化需求，数字信息与用户之间的互动更富个性化并能支持多种交流方式，既支持同步交互，又支持异步交互；而且由于数字信息具有集成性，用户可按照自己的需要、兴趣和要求，采用不同的信息提取方式获取所需的信息并以自己习惯或喜好的方式有选择性地呈现信息。同时，泛在信息环境是个开放性的环境，各种不同的信息系统运行于多种异构的平台上，不同的信息交流机制、不同系统操作方法使用户的信息行为具有不确

❶ 环境感知：带来人与技术互动的革命.[EB/OL].[2012-01-12].http://www.intel.com/cd/corporate/pressroom/apac/zho/457943.htm.

❷ 年军艳.普适计算下的上下文感知计算若干关键技术研究[D].淮南：安徽理工大学，2010.

❸ Haase P. Situation aware mobile access to digital libraries[M].Advances in Database Technology—EDBT 2002. Springer Berlin Heidelberg, 2002: 772-774.

定性，用户能任意选择获取通道、交流工具与信息源，众多因素可能会导致一个不可预测的结果。

泛在信息环境中信息资源主要以数字化的信息资源为主，而实体信息资源则借助于“物联网”技术将融入整个信息空间环境中，信息资源呈现出多样性、集成性，实现文本、图像、音视频等多种信息表征方式，给用户提供多感觉通道的刺激。通过RFID技术等能对其进行有效的组织和管理，使用户的信息空间结构感觉更为具体。

（2）对用户自身的认知

自我认知也叫自我意识，或叫自我，是个体对自己存在的觉察，包括对自己的行为和心理状态的认知。个体对自我的觉察，或者说意识的形成来源于个体对外界环境刺激经由记忆和思想的反应。因此，在形成记忆之前的个体是不会有自我意识的。记忆是一切思想的基础，自我认识是个人在思想之上的对于环境的反应。当一个人的记忆和思想达到一定程度过后，比如出现了完全来自大脑的思维和想象力，个体的自我意识会更加强烈。这个我存在，我占有，我需要，我想的思想不断地经过思维和想象力加强个体对自我的认知，直到个体有机生命体的结束。故自我认知从大脑的记忆力开始起直到记忆力的消失，都是一个不断发展的过程。用户自身的认知包括个体对自己的社会角色、性格、能力等方面的认识。

认知语境（cognitive environment）是由美国语言学家Sperber和Wilson在1986年所提出的[1]，认知语境就是存在于受众者大脑中的一系列假设，用户对外界所形成的理解与认识是以概念的形式储存于头脑中，用户的信息行为反映出其对新信息环境的认识程度，由于人的认知与理解力的差距，会对自己周围的信息环境的理解产生偏差，形成不同的信息的教育环境、信息的使用模式、偏好、用户能力。用户已有的独特知识结构与认知能力通常会从多方面影响自身信息需求的表达，因此在信息组织中，需强调用户的自主性，全面利用用户的个性化认知体系，令用户自身的知识环境与习惯偏好在检索系统中发挥强大的主导作用从而实现一种基于用户认知语境的灵活的导

[1] Dan Sperber, Deirdre Wilson.关联性：交际与认知[M].北京：外语教学与研究出版社，2001:38-40.

航模式。

泛在信息环境下，信息组织系统、用户、信息系统中的大社会系统及用户操作等千差万别，因此必须结合信息所在的文化因素和社会因素来创建高效的信息空间，强调对各种语境信息和复杂的社会网络关系的搜集、描述和利用，对知识、知识元之间的关系及其语境进行描述。同时，需强调用户的自主性，充分利用用户自身的认知体系，为用户提供有针对性和个性化的信息组织模式，使用户在信息获取中发挥更大潜能，实现基于用户认知语境的服务。

4.4.2 信息行为

“信息行为”这一概念目前还没有一个普遍认同的标准定义，威尔逊认为[1]，信息行为是行为人所从事有关信息来源和渠道的活动，其中包括主动或被动信息寻求与利用行为，根据威尔逊的观点，信息查寻行为（Information Seeking Behavior）、信息检索行为、信息使用都属于信息行为的子领域；Spink与Cole则进一步阐述了信息行为的概念[2]，“信息行为”一词广泛地涵盖了各个方面的信息查寻，包括被动或不确定的信息行为；胡昌平教授认为，用户的信息行为按过程的不同和活动的区别，可以分为信息需求的认识与表达行为、信息查寻行为、信息交流行为、文献与非文献信息感知行为、信息选择行为、信息吸收行为、信息创造行为等[3]。因此，综合上述观点可认为网络中的信息行为包括用户在网络上进行的所有活动，无论是目标导向搜索或只是没有一个具体明确目的的浏览，即信息用户在信息需求和思想动机的支配下，利用各种信息工具，进行信息检索、选择、交流、发布等活动。

根据Wilson提出的信息行为三因素影响观点[4]，影响用户信息行为的因

---

❶ Wilson, T.D., Ellis, D., Ford, N. & Foster, A. (1999). Uncertainty in information seeking. Library and Information Commission Research Report 59, Sheffield: University of Sheffield. Retrieved 18 May, 2009 from http://informationr.net/tdw/publ/unis/

❷ Amanda Spink,Charles Cole, Human information behavior: Integrating diverse approaches and information use[J].Journal of the American Society for Information Science and Technology,2006, 57(1): 25–35.

❸胡昌平.信息服务管理[M]. 北京: 科学出版社, 2003: 140.

❹ Wilson, T.D. On user studies and information needs[J].Journal of Librarianship, 1981, 37(1): 3–15. [Available at http://informationr.net/tdw/publ/papers/1981infoneeds.html].

素包括个人特质（Personal）、人际关系（Interpersonal）和环境因素（Environmental）。首先，新信息环境中的用户信息素养得到了普遍的提高，人的认知层次、知识的获得和理解能力得到了极大提升，用户自我的个性得到充分的展现；其次，社会网络及各种虚拟环境与交互系统（环境）的形成加速了人际关系的拓展，人与人之间通过社会性网络软件（Social Network Software）以认识朋友的朋友为基础，建立更加互信和紧密的社会关联，促进了人与人之间的广泛交流，加速了新的社会环境及人际关系的出现；此外，用户所面对的网络正在向广度、深度不断发展，由原来的局域网向广域网、新WEB2.0网络（社会网络环境）、语义网发展。互联网作为一个超链接的超媒体信息系统，不但具有一个交互式的环境，也是一个多途径通信的工具，新的信息技术的广泛应用加速了信息系统环境的变革。在这样的新信息环境中，诸如用户的信息需求、获取、选择、吸收、利用、交流和发布等行为正在发生改变，用户的信息行为也不断地伴随着信息环境的变化而演进。

在新网络环境中用户的个人需求受到了个体内驱力和新环境的刺激，信息技术的发展、网络的普及为用户提供了便利，各种无线移动的终端设备与高速网络方便的联接，从根本上改变了人们以往的信息获取环境。用户的信息需求将不断分化、细化，信息需求的个性化与社会化两种倾向表现得越来越明显，不同用户群体信息需求的侧重点不同，用户个性化的信息需求也在不断增强，信息需求更有针对性；但同时，用户作为网络环境中的个体，与他人互动而深入地融入社会，用户的信息需求行为往往不是基于个体的自主判断与选择，而是在社会氛围作用下的复杂过程，受社会化的影响加深。由于信息传播和交流速度加快，网络信息量成爆炸式增长，而用户的信息处理能力有限，用户更喜欢各种整合、“聚合”的信息，加速了各种主题、专业爱好等的群体、社区的产生，更多用户喜欢通过相关信息技术对信息进行深层次的挖掘，希望得到更多的相关的关联信息、隐性知识等，希望通过IM（即时通讯、实时传讯）等交互工具从其他用户那里得到解决问题的知识。

泛在网络环境中虚拟的人际关系网将极大地扩充现实中的用户人际关系网，拓宽信息交流的渠道与空间。用户是整个网络信息传播系统的组成部分，用户本身积累、聚集了大量的信息与知识。人际网络将成为除网络信息之外的第二大网络信息源，也将成为用户信息获取的重要途径，尤其是对存储在用户头脑中的隐性知识获取，为用户提供了更多的信息获取方式。用户将通过高度互动的人际网络向其他用户、群体、社区发出信息需求的请求，在其他用户或群体的帮助下增大了用户获取信息的机会，而且还能够通过特有的“人际关系链”增大信息偶遇的可能。

在泛在信息环境下虽然信息庞杂，但网络信息系统改善了用户的体验，增强了用户信息需求的针对性、专指性，使用户与所需信息之间的距离变得更近，为用户提供了更好的信息获取便利。泛在信息环境中所提供的个性化信息更符合用户心理需求，与受众的思维方式的价值判断准则更相近，受众选择的概率最大。在泛在信息环境中用户将更多地参与到信息的社会共建、共享中来，用户广泛地参与到对信息的评论中，用户的评论也影响着其他用户的信息选择与判断，因此将会出现一种大众选择信息的现象。

周晓英教授认为信息理解包括对符号、含义、信息结构等三个方面的理解[1]，泛在信息环境下信息的表现方式呈多样化（文字、网络语言、声音、视频和形体动作等），能通过直观的符号表达出复杂、丰富的信息含义，将更贴近于用户，同时信息的组织与结构更注重用户的理解，无论是分类还是标注，用户广泛地参与其中，更多的从用户角度去理解信息的组织及构建。

信息理解的过程中同时也在对信息进行吸收，著名的布鲁克斯方程：$k(s)+\Delta s=k(s+\Delta s)$ 方程指出，信息吸收不是知识量的简单相加，而是信息结构质的变化，信息吸收、利用也是知识创新的过程。泛在信息环境下用户对信息的吸收、利用不再仅仅是用于对问题的解决或减少不确定性，此外，用户对信息的吸收也用于隐性的知识构筑与完善自身已有的知识结构体系，从而引起用户“思想库”的重新整合，完成用户内在的知识结构的提升，达到自我满足；另一种情况则是用户对信息的吸收用于显性的信息储备。

---

[1]周晓英.基于信息理解的信息构建[M].北京：中国人民大学出版社，2005:37.

4.4.3 信息构建

美国建筑师沃尔曼（Richard Saul Wurman）先生在1975年创造出信息构建（Information Architecture，IA）这个新词语，信息构建是一种信息组织和管理的理论，90年代末期得到广泛推崇和快速发展。其基本含义是：组织信息和设计信息环境、信息空间或信息体系结构，以满足需求者的信息需求、实现他们与信息交互的目标的一门艺术和科学。它包括调查、分析、设计和执行过程，涉及组织、标识、导航和搜索系统的设计，目的是帮助人们成功地发现和管理信息，"让信息可访问"和"让信息可理解"[1]。信息构建是一个宏观的概念，信息构建是一种技术，更是一种理念，其主旨思想是要将数据中固有的模式进行组织，变复杂繁琐为简单明了，通过把复杂的信息清晰地描述出来，向人们提供可理解的信息，消除信息焦虑。

尽管图书情报界对信息构建的定义及内涵有所争论，但人们普遍认同美国情报科学与技术协会2000年峰会的定义及沃尔曼和其他一些学者的看法，将IA定义为"组织信息和设计信息环境、信息空间或信息体系结构，以满足需求者的信息需求的一门艺术和科学。"[2]IA从跨学科角度来研究信息的有效结构化和信息体系的有效描述方式，目的是使信息易于理解，能够被访问，在信息和用户之间建立起直观高效的互通，并使用户获得良好的体验。IA可以而且应该改变人的信息行为和文化，实现对信息资源的有效控制，实现信息空间的有序化。尽管信息构建与信息组织有不少差别，但它们的最终目的是一致的，都是为了满足用户的信息需求，信息构建的活动包括了信息组织，"因此，完全可以将信息构建与网络信息组织结合起来，用信息构建的理论和方法来指导和完善网络信息组织活动。"[3]

信息构建与信息组织也存在许多相似之处，2002年Louis Rosenfeld和Peter Morville引申了他们的解释，认为信息构建的过程必须经过下面的阶段：

---

❶周晓英.深化信息构建(IA)研究　完善情报学理论方法——"信息构建(IA)与情报学理论方法的新发展"学术研讨会综述[J].情报理论与实践，2004(1).

❷周晓英.基于信息理解的信息构建[M].北京：中国人民大学出版社，2005：10-11.

❸孙志茹.信息构建与网络信息组织的比较分析[J].情报资料工作，2007(1).

研究、策划、设计、实施和管理。“研究”是指审视背景资源，理解组织的目标和侧重点，审查现有的信息构建情况、内容和目标用户，最后开展探索现状的相关研究等。“策划”是根据第一阶段对组织侧重点的研究，定义站点组织和导航结构的最高级别，同时它也要考虑文件类型和元数据编码方案。“设计”是指制定详细的计划、元数据方案等，以供图像设计者、程序设计者、内容作者等网站建设者使用。“实施”就是将设计方案具体应用于建设、测试和登录站点——这个阶段的任务是组织和标引文件、解决问题和进行文献发掘。“管理”是指对站点构建的持续的评估和改进。策划和设计阶段要求全面理解信息组织的基本理论，包括：理解元数据；提供检索点并显示其相关关系，提供根据类目、类号和字顺标识查找主题的途径；按逻辑序列或其他有用的方式显示结果的系统设计方法等[1]。

在泛在网络中，信息产品和服务在交互通道、传输与媒体、物理与数字、用户体验之间交叉，使它们之间的界限变得模糊，这种“互文性”（intertwingularity）为信息构建提供了一个前所未有的机遇，通过网络、驱动、传感器获取并分享为用户提供前所未有的体验[2]。泛在信息环境具有一个复杂的信息空间结构，各种形式的信息资源与信息系统交织在一起，信息处理技术越来越普及，越来越难以察觉，已经从计算机桌面悄然地进入到日常生活，如泛在信息技术“全件（Everyware）”——将出现在不同的语境中并采取多种形式，但将会影响我们中每个人，无论我们是否意识到它[3]。泛在信息环境下的信息构建与语义网和“全件（Everyware）”衔接增加了用户对信息的感知度[4]，为用户构筑了一个全新的信息空间结构，最好的用户体验被整合在每一个信息触点上。在实际运用过程中，需要在信息构建这种理念的前提下，规划设计好信息导航、信息搜索、信息分类与信息标记系统的基础

---

[1] Louis Rosenfeld，Peter Morville.Information Architecture for the World Wide Web[M]. Second Edition.Cambridge,Mass.：O'Reilly Media:212.

[2] Peter Morville.Ubiquitous Information Architecture.[EB/OL].[2013-11-12].http://library.iasummit.org/podcasts/ubiquitous-information-architecture.

[3] Adam Greenfield.Everyware: the Dawning Age of Ubiquitous Computing[M].New Riders Publishing, 1992:9.

[4] Chris Thorne.Ubiquitous IA: Building For Change And Web 3.0.[EB/OL].[2011-11-08].http://iasummit09.crowdvine.com/.

上，充分制定和运用元数据规范描述信息资源，并将元数据部分元素的取值指向本体的相关概念中，以便资源之间的宏观联系。

泛在信息环境下信息构建的资源内容被分布存储在不同地方，同时用户可以不断的对其加以编辑，信息本身处于动态变化中，而且具有不同形态（如物理的、数字的、复合的）、不同类型的实体（数据、体育项目、人物），以及不同的媒体，这些成为新的体系结构中元素之间关系的主要特点。在这种开放和不断变化的结构层次模型中，将难以维护和支持，在设计上需要变更来处理这个无缝的过程，在信息构建及人类与信息交互方面我们需要一种新的超出当前语境和学科范围的视角，因此在信息构建将更多地采用自发性、暂时性的、临时的意义结构，并不断变化，以适应新信息环境。

4.4.4 用户交互与体验

用户体验（User Experience，简称UX 或 UE）是用户之间或用户与系统交互的结果，体验发生在一定的环境中，是一种纯主观的在用户使用一件产品或一项服务的过程中建立起来的心理感受或给用户的理性价值[1]，由于每个人不同的动机、已有体验、气质和各种隐含因素，因此带有一定的不确定因素，个体差异也决定了每个用户的真实体验。信息技术和互联网的发展，使技术创新形态正在发生转变，以用户为中心、以人为本越来越得到重视。

泛在信息环境使得信息空间与人们生活的物理空间相融合，与此相应人机接口也将随之扩展到人们生活工作的整个三维物理空间，使人们生活的三维物理空间中前所未有地充满了数据和信息，人们进一步希望能在生活和工作环境中随时、随地、无所不在地得到信息和计算服务，因此需要研究物理空间中的人机交互方式。在传统的计算模式下，人机交互是传统的桌面计算模式下的“显式交互”（explicit interaction），交互环境的物理因素不影响人机交互，而在泛在信息环境的模式下，人机交互是“隐式交互”，用户和环境的物理因素将成为交互的重要因素，这将使人机交互的性质产生一系列的变化，其中包括[2]：

---

❶ Lucas Daniel.Understanding User Experience[M].Web Techniques,2000,5(8):42–43.

❷ 徐光佑,陶霖密,史元春,张翔.普适计算模式下的人机交互[J]. 计算机学报, 2007, 30(7): 1041–1053.

①人机交互本质上是与信息空间的交互。在泛在信息环境中用户通过手机、平板电脑等移动终端设备与互联网相连接，用户难以通过键盘、鼠标这样的输入设备与指定嵌入式计算机直接交互，他甚至不知道应该与哪台计算机进行交互，而只能与整个系统交互。

②交互接口扩展到日常生活的用品和环境。人机交互的接口已从传统的键盘、鼠标、显示器这些固定的设备，扩展到人们生活和工作环境中的用品、家具、甚至房间和建筑物，使得计算机接口将与用户的生活环境相融合。因此用户和环境的物理因素，例如位置和距离将成为人机交互上下文的一部分，从而成为影响人机交互的重要因素。此外，这还将允许用户使用离他最近的接口和以最适合于他面临任务的方式进行信息交互。例如用户就可依据他的位置来确定使用什么样的显示设备，如在书房是很可能使用书桌上计算机的显示器，而在客厅就很可能是使用厅中的电视机作为显示设备。

③动态的人机交互上下文。在桌面计算的情况下，人们生活和工作环境的物理因素，例如，用户位置的变化，甚至从一张桌子搬动到另一个桌子都不会影响人机交互的性质。因此，计算机的上下文相对于与环境相关的物理因素来说是固定的，是不受其影响的。在普适计算模式下人机交互的上下文是动态的。这是因为：第一，用户的工作环境是现场，环境情况的物理条件不但复杂而且是动态变化的；第二，用户可能在物理空间中自由移动并随时需要进行人机交互，而且系统应该能提供最适合于当时情况的服务。例如与最近的信息设备进行交互；第三，用户本身的状态也是上下文的重要组成部分。普适计算模式下物理上的接口不是个人专有的，而可能由多人共享。

④觉察上下文计算支持下的隐式人机交互。在桌面计算的模式下，计算机的操作需要由用户直接输入命令。例如，如果要打印文件，就要输入打印指令。不然计算机不会自行动作。我们把这种交互模式称为“显式交互”。在普适计算模式下，用户难以依靠键盘、鼠标这样的输入设备，同时可能也不知道应该命令哪一台计算机来完成这样的任务。因此，需要被称为“隐式人机交互”或简称“隐式交互”的全新人机交互方式。隐式交互中用户本身并不直接与计算机交互，而是计算系统利用上下文（context）知识对用户的

操作进行解释和理解并把它作为对计算系统的附加输入，从而完成人机交互。同时这样的计算模式被称为是觉察上下文的计算，因此，隐式人机交互需要有觉察上下文计算的支持。

2009年第13届欧洲数字图书馆年会上，在“交互主题”会议中，相关的论文主要关注在交互式的数字文档、人机交互、作者与读者交互、文档用户间的交互等几个方面[1]。

（1）传统的用户交互与体验

20世纪90年代中期以来，交互式信息服务的用户体验设计更多地专注于形式；当前的用户体验设计则更侧重于意义和内容，更重视满足用户需求与信息提供；而最新的设计维度是行为，即复杂系统如何与人交互（见图4-1）[2]，信息展示、信息表征及内容的深度表示是用户体验中重要组成部分，合理的信息空间的展示给用户以强烈的视觉冲击，更能吸引用户的注意力，有效的信息表征及内容的深度表示则能使用户更易于理解信息、获取信息等，给用户带来的情感、意识、理解、经历以及文化背景等长期的、深层次的影响，从而达到心理上的满足。

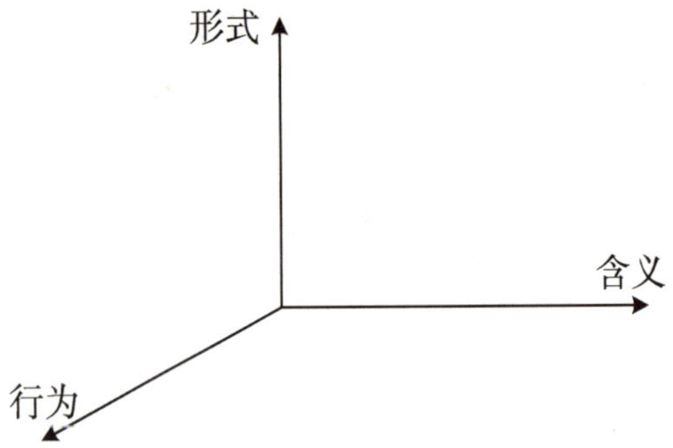

图4-1 用户体验设计的维度

技术增强通信实验室从三个方面给出了图书馆的用户体验的指标（Li-

---

❶ Maria Cassella.ECDL 2009 Enhancing Digital Libraries Users´ Experience.[EB/OL].[2010-12-21]. http://www.dlib.org/dlib/november09/calvi/11calvi.html.

❷邓胜利,张敏.基于用户体验的交互式信息服务模型构建[J]. 中国图书馆学报, 2009(1).

brary of User Experience Indicators)，它们分别是内容的体验（Content Experience)、导航和认知的体验（Navigation & Cognitive Experience)、交互流畅体验（Interaction Flow Experience）[1]。其中的导航和认知的体验包含自明性（Self-evidence)、可预测性（Predictability)、易学习性（Learnability)、信息过载（Information Overload)、可获得性（Accessibility)、可理解（Understandability)、可记忆性（Memorability)，由此可见导航和认知的体验是用户交互与体验中的一项重要的指标。好的信息组织结构能够产生好的导航与认知体验，给用户创建一个良好的信息空间，在用户的信息环境及空间构建中要以用户为核心，将无序的信息块组织起来并建立起彼此间的联系，同时兼顾等级的广度和深度，为用户提供可预测、可理解的选择，既不会信息过量，也不会使用户过于深入去寻找所需信息块，在用户的需求认知中形成一个有序的信息“场”。

网络环境下用户的信息资源是丰富的，但用户的注意力是有限的[2]，因此，信息资源的建设与组织者需努力促进和加强用户搜索电子资源的用户体验建设，支持用户快速可视化阅读、浏览。

（2）泛在信息环境下的用户交互与体验

技术和应用的发展往往会超前于人们的认识水平。目前出现的新的技术，例如固定网络和移动网络融合、家庭网络以及IPTV等，把“终端”的概念大大扩展了。我们现在看到的网络终端不仅仅是电话机、PC、笔记本电脑、手机、平板电脑和IAD，还囊括了电视机、组合音响、数码照相机、投影仪和MP3等。数字家庭、数字办公的一个重要的突破是：人和网络的界面不再是面向单一终端的，而是面向多个具有不同特性的终端的。

多终端的用户交互环境是由一系列不同的接入网络下的终端群组成的。这种终端群可以是动态配置（绑定）的，也可以是“整群移动”的。这种概念集成了网络融合、移动性（业务移动、终端移动和用户移动）和

---

[1] Library of User Experience Indicators.[EB/OL].[2010- 01- 02].http://hoc.elet.polimi.it/garzotto/pdf/MiLE_UEIs_dec04.pdf.

[2] Lorcan Dempsey.The Library Catalogue in the New Discovery Environment: Some Thoughts[EB/OL].[2010-01-02].http://www.ariadne.ac.uk/issue48/dempsey/.

业务集成，已经超越了面向一个终端的个人化通信范畴。因此，不可能有一种全能的终端可以提供最佳的人机交互体验，用户交互环境极大地改变用户的体验。

随着各种移动终端的广泛应用，传统的屏幕与键盘等交互性组件将受到极大地制约，随之而来的是各种触摸屏、手势、语音识别、Semapedia、QR codes、LBS等，它们丰富了用户的交互，但也会给用户带来诸多的不便。比如以触摸屏为例，平板、笔记本与台式机在内容显示上就有诸多问题，相对于笔记本和台式机而言，平板电脑的尺寸一般较小，平板电脑屏幕分辨率可谓是千差万别（从Kindle Fire的600×1024到新一代iPad的2048 ×1536），而且因为平板电脑的屏幕方向可以旋转，所以平板电脑的网站需要在水平和垂直方向都能正常浏览，设计网站最重要的一点就是要理解用户体验，并制定策略来满足用户的需求，理论上来说，同一个网站可以同时在大屏幕和小屏幕的设备上浏览，但实际的结果往往是差强人意，因此难以同时完美地对信息资源进行展示，设计移动友好型的交互界面成为用户交互的关键；触摸界面是平板电脑和传统PC最大的区别，为了方便用户操作，就需要更大的可点击元素和更少的导航元素。

人们将逐步从“点击时代”进入“触屏、扫屏”时代，平板的网站界面将更加集中，而且要求的是不同的设计方式，在平板上我们要注重的是触感，所以设计的时候也应当以触感为重点。可通过设计简洁干净的用户界面，加上大而显眼的导航和控制元素，合理进行空间排布，尽量减少互动性插件的使用，创建灵活的、能适应多种屏幕尺寸的框架；使用第三方服务，针对平板或者其他类似的设备自动对网站页面进行转换等来提高用户交互与体验。

泛在信息环境中的多样化的信息来源促使了多样化的信息利用，用户可以借助于更多的工具和手段获取信息，用户的信息需求将是可以定制的、非结构化的，在最短的时间内能够把用户需要的结果通过最方便访问的网络设备传递给用户。泛在信息环境中的用户体验嵌入在每个用户的日常生活中，不仅有用户跟环境、系统的交互也存在环境、系统与用户的交互，用户个体有自己固有的规律，这构成用户个性的隐喻或习惯性动作[1]。泛在信息环境为用户提供可接受的、好的用户体验比传统环境中的更为困难，设计泛在体验要求全面了解用户彼此的差别，这些差异如何影响到用户的需求与获取方式等[2]。

泛在信息环境中的信息资源整合将显得尤为重要，信息资源的异构且分散的状况将更为突出，信息资源的提供必须满足用户“交互、即时、精准、个性化”的要求[3]，不仅需要从信息的表现、表示层进行整合，还要对信息资源的访问工具、获取渠道进行整合，能适时、主动地针对每个用户个性的信息需求进行有针对性的服务，实现用户能随时、随地都能通过互联网获取特定资源，而不必关注数字资源所处位置及状态。泛在信息环境也为用户提供了更好的交互与体验的工具，信息的可视化[4]、3D、语音、视频等的广泛应用提升了用户的友好体验。

4.4.5 信息生态

美国管理科学家托马斯·达文波特（Thomas Davenport）于1997年首次提出了“信息生态学”这个概念，将生态理念引入信息管理中，信息生态系统由信息、人、信息环境组成，是具有一定的自我调节能力的人工系统[5]。信息的复杂性、多样性、传播方式不受时空限制等特征，使人们在享受时代进步、社会发展的同时，也要面对人类对信息资源开发利用管理不当，而导致人与信息环境、自然环境冲突日益凸现，信息泛滥、信息污染、信息垄断、信息垃圾、信息综合症等问题。由此，研究对象是信息与人及周围环境的相互关系，其目标是通过合理的管理战略促使信息生态系统平衡协调发展

---

❶ Satoshi Kurihara, Kensuke Fukuda, Toshio Hirotsu, Shigemi Aoyagi,Toshihiro Takada, and Toshiharu Sugawara.Multi- agent Framework for Human-Environment Interaction in Ubiquitous Environment[EB/OL].[2010-01-12].http://citeseerx.ist.psu.edu/viewdoc/download?doi=10.1.1.129.1014&rep=rep1&type=pdf.

❷ No Boundaries: The Challenge of Ubiquitous Design[EB/OL].[2010-01-09].http://www.adobe.com/designcenter/thinktank/noboundaries/No_Boundaries.pdf.

❸胡昌平,邓胜利.基于用户体验的信息资源整合分析[J]. 情报学报, 2006(2).

❹Design of Information Visualization of Ubiquitous Environment for a Wearable Display[EB/OL].[2010-01- 09].http://www.springer.com/cda/content/document/cda_downloaddocument/9783540223122- t1.pdf?SGWID=0-0-45-125298-p32107210.

❺ 靖继鹏.信息生态理论研究发展前瞻[J]. 图书情报工作, 2009(4).

的信息生态学由此产生，并日益显示其重要的作用。

根据信息生态学理论，图书馆实际上就是一个信息生态系统，图书馆信息生态系统就是在图书馆这个特定的信息空间中，作为信息人的图书馆工作人员及信息用户与图书馆的信息环境之间，由于信息的处理利用过程而形成的一个完整的人工调控的信息生态循环系统，图书馆信息生态系统的健康发展将带来良性、有序的信息交流空间。

信息是图书馆信息生态系统的物质基础，是图书馆信息组织系统的核心。泛在信息环境中信息资源的类型及分布形态与空间差异巨大，信息环境变得复杂及多样性。资源内容呈分布式存储，形成了不同形态、不同类型的实体、不同的媒体，信息系统的异构增加了用户的操作难度，也增加了用户对信息环境的认知难度，极易造成信息生态的失衡。泛在信息环境中信息资源以离散的信息单元或信息结点连接在一起，各个信息结点之间又依据其联系与意义建立起超链接（非线性链接），形成网状结构，用以表示不同结点信息间的关系，从而构成了复杂的泛在信息环境信息生态系统。信息生态观指导下的信息组织模式与策略研究是信息生态理论研究的一个方面[1]，通过对信息链的分析以及链节点触发信息生态失衡的认识，对信息组织原则、方法、策略进行新的探索，以促进各种信息生态平衡为目的，研究信息组织生态模式，探讨信息组织生态模式的功能、成功条件和实施策略。

信息生态系统的主体是信息人。信息人是指一切参与信息活动的单个人或由多个人组成的社会组织，在整个社会信息生态系统中，图书馆作为一种社会组织也充当着一定的信息人角色[2]。就图书馆信息生态系统内部，信息人就是指图书馆馆员和所有用户、信息服务商及生产商，图书馆馆员在图书馆信息生态系统中充当着多种信息人的角色，基本贯穿了信息资源从生产到利用的整个过程，包括了信息生产者、信息传播者、信息组织者、信息分解者，同时，用户也不再仅仅担任着使用者的角色，用户也在一定程度上是信息生产者、信息传播者、信息组织者等，泛在信息环境下信息服务商及生产

---

❶ 靖继鹏.信息生态理论研究发展前瞻[J]. 图书情报工作, 2009(4).

❷ 肖钠. 图书馆信息生态系统的信息组织模式研究[J]. 图书馆工作与研究, 2012(11).

商的重要性更为突出，他们将是图书馆多种信息资源的主要生产者及信息服务供应商，所有这些信息人参与到信息生产、信息传播、信息组织中来，一定的信息环境中成为信息链中的信息节点，信息链中有信息流动，并随之产生能量流动，信息链结构揭示了信息消费者的各种消费形式，信息消费者的需求是驱动信息生态系统平衡发展的动力，信息组织者处于信息节点的核心环节，起到调整信息流量和方向并进而调整能量流动的作用。信息消费需求是否能得到满足，决定于信息组织环节能否使消费者精确查询和获取到所需要的信息，一个信息人在不同情境下会在各个信息节点之间转换角色[1]。

信息环境是信息生态系统的背景和场所。图书馆信息生态系统的有效运作离不开良好的信息环境的支撑，信息环境优劣直接影响着图书馆信息服务的水平及读者信息消费的质量。信息环境包括信息基础设施、信息技术、信息政策与法律、信息伦理、信息资源与服务等，其中基础设施和信息技术是图书馆信息环境的关键。图书馆中的基础设施由高速网络、RFID、智能卡、各种存储等硬件与相应的软件系统、平台组成[2]。信息基础设施、信息技术是信息环境的基础，信息政策与法律、信息伦理等是信息环境的保障，对构成图书馆信息生态系统各要素的行为起规范、协调和控制作用。

信息、信息人、信息环境之间相互依存、相互影响，一个和谐的图书馆信息生态系统就是各构成因子共同作用、相互协调、兼容共生的结果。以构建泛在信息环境下图书馆信息生态系统为出发点对信息资源进行组织，在基础设施和信息技术的支持和保障下，对不同信息源的无序信息采取相应的组织形式，形成一个个有序的信息集合，并将所有实体与虚体馆藏整合集成到一个清晰、可理解和可获得的图书馆交互界面上，从信息资源优化配置的角度探讨信息生态系统在泛在信息环境中的作用，以图书馆信息群落为核心，研究信息生态系统下信息资源优化配置以及为用户创造可持续发展的信息环境的策略和模式，构建和谐信息生态系，以呈现给信息消费者，使信息消费者能更好地发现信息的存储位置并感知信息的内容，增强用户需求的个性化。

---

❶ 马捷，靖继鹏，张向先. 信息生态系统的信息组织模式研究[J]. 图书情报工作, 2010(10).

❷ 欧阳剑. 泛在信息环境下图书馆信息资源组织构建研究[J]. 图书情报工作, 2011(3).

本章小结

泛在信息环境下的信息组织是一个复杂的、跨学科的研究领域，哲学对信息组织的产生、发展的影响是深刻的，无论是对其理论的指导还是实践的引导都起着巨大的作用。同时，信息组织理论与实践的发展也得到验证，说明其研究具有科学性，是符合哲学的发展规律的。

泛在信息环境下的信息组织并不是一项孤立的研究领域，而是具有极强的交叉性，有的问题需要通过其他领域相关知识的融入，从不同角度、不同层次来进行解决，从而完善信息组织的理论，提高信息组织的实践，但这种融入与交叉应具有科学性，不能是随意的耦合，也不随意地加以引入。

第五章

泛在信息环境下图书馆信息资源组织体系

5.1 泛在信息环境下图书馆信息组织的内涵

泛在技术已成为信息组织革新的科技平台与思想平台。目前，信息技术呈现加速发展的态势，2008年2月13日，美国国家科学基金会（NSF）在2009财年启动“超越摩尔定律的科学与工程”项目上认为由英特尔（Intel）创始人之一戈登·摩尔（Gordon Moore）提出来的摩尔定律将在今后10—20年中不再适用[1]，泛在技术的高速发展导致信息环境不断向复杂而多样化的方向发展，信息组织的模式与架构也将呈现多样化的趋势，不仅包括传统的使信息资源从无序向有序化的信息组织模式，也出现了以适应环境为基础的、开放性的并根据用户实际应用场景而动态的、个性化的新型信息组织模式与架构，形成了以用户为中心的信息组织体系。

泛在技术为用户构建了一个泛在知识的环境，是从Web信息空间向语义Web知识空间的渐进与渐变[2]，从文献关键词检索到语义的标引和组织演变，信息组织的“整序”不再局限于语法层次，随着新型的信息组织工具的出现，推动向语义、语用层面发展，并结合语义技术、网格技术对知识、知识元之间的关系与其语境进行描述，实现从孤立的文献揭示到基于知识对象

[1]摩尔定律终结 美国家科学基金会（NSF）研究新技术[EB/OL].[2010-12-19].http://www.cnw.com.cn/cnw07/news/TechNews/htm2008/20080225_30375.shtml.

[2]毕强,韩毅.泛在知识环境下数字图书馆知识空间构建研究[J]. 情报科学, 2008(7).

之间跨界融合，为用户构建一个泛在知识环境。泛在信息环境下图书馆信息组织系统在用户中具有位置意识、社会意识及时间意识。

泛在信息环境下的图书馆将改变以信息资源内容及存储为中心、基于特定环境的系统、重复建设的信息资源、孤立互不相通的系统等特征，体现在泛在信息环境下以用户为中心、基于普适环境的系统、有效的信息资源重用、具有高度协作性的分布式系统等，以建立一个多层次、多媒体、语义关联的、泛在的数字图书馆知识网，服务范围向知识服务转化，以前所未有的规模和速度来推动知识进步为目标[1]。

泛在信息环境下图书馆的信息组织不再局限于信息序化或信息整序的过程，而是关注信息活动中的每个环节，既包括对信息内容与格式、元数据、知识组织体系、信息发布与交流等进行描述，也包括对信息内容或对象进行动态的链接、登记和重组，通过对信息集成、聚合、重组和分析来发现和提取信息资源中所隐含的知识或模式，在此基础上构建知识地图，为用户提供随时随地、透明地获得数字化的服务，对信息资源中的“知识元”进行提取、揭示与关联，以满足用户的动态需求。

泛在网络的最突出的特点就是以用户为中心，以交流、协作为中心，创造关联性与社会性，用户逐渐成为网络社会的真主体，网民的潜能得到彻底的释放，信息资源通过人际网络的传递与交流，同时，通过用户间内在的深层次、高质量联系，使得信息资源通过共享而产生出更大的潜能。决定泛在网络自组织本质的更应该是其社会性，用户通过开放性的网络为图书馆丰富信息资源，通过共建、共享的形式为图书馆进行信息资源的建设，广泛地参与图书馆信息组织工作，为信息组织带来了更多内涵。

泛在信息环境中图书馆的信息组织将从旧式图书馆文化组织模式向超链接的文化组织模式转变：分类方式出现多样化，信息组织的稳定性将不再是主要的追求，而是更体现出一种柔性的组织模式；按网状进行组织的形式逐步融入严格的按层级组织形式中，在信息资源中将显示所有各种可能的关联，语用与语境的功能将得到加强；组织的内容将包含一切可用信息，编

---

[1] 张文秀.数字图书馆的未来——后数字图书馆时代[J].现代图书情报技术,2006(5).

辑、组织的质量将具有更多的包容性，信息组织具有更多的动态性，以适应不同环境。

总的来说，泛在信息环境图书馆下信息组织的特点主要有：

①传统的信息组织方式在泛在信息环境下仍然是不可或缺的。

②与信息技术密不可分，如元数据、数据仓库、数据挖掘、知识发现、标记语言、自然语言处理技术、多媒体技术、自动跟踪技术、机器翻译技术、人工智能技术等。

③各种规范、标准的制定更为规范、灵活，该层次的信息组织对内容的呈现主要通过各种规范、标准等来实现其标准化，主要有各种元数据、文献信息的著录与标引、网络信息资源描述的相关标准、通用标记语言及相关标准，关注各种方法的互操作，逐步实现标准化。

④组织方法呈现多样化，泛在信息环境下图书馆信息组织的方法既包括传统的分类法、主题法、虚词法等，同时也包括社会分类法（Folkmonoy）、元数据、本体（Ontologies）、主题地图（Topic maps）和分类法（Taxonomies）等。

⑤用户的参与度得到前所未有的提高，用户及用户信息也将成为网络信息资源的重要内容；用户自主地参与信息的组织将成为泛在信息环境下图书馆信息组织的一种重要方式。

⑥泛在信息环境下的图书馆信息组织最突出的特点就是以用户为中心，以交流、协作为中心，借助于个性化信息组织实现个性化信息服务，为用户建立一个无所不在的信息空间。

⑦侧重于“语义”与“知识元”的组织与信息资源之间关联的建立，强化新型多维索引机制建设，实现相关知识对象的关联索引，信息组织揭示的内容不断深化，内容之间的语义关联得到揭示，信息集成、聚合、重组将是一种重要方式。

5.2 泛在信息环境下图书馆信息组织的复杂因素

复杂系统研究是当前系统科学的主要研究方向之一，复杂适应系统

（Complex Adaptive System，CAS）是一类很具有代表性的复杂系统，复杂适应系统理论是霍兰德教授在多年研究复杂系统的基础上提出来的。复杂适应系统理论的基本思想是：CAS 的复杂性起源于其中的个体（Active Agent）的适应性，正是这些个体与环境以及与其他个体间的相互作用，不断改变着它们的自身，同时也改变着环境，CAS 最重要的特征是适应性，即系统中的个体能够与环境以及其他个体进行交流，在这种交流的过程中“学习”或“积累经验”，不断进行着演化学习，并且根据学到的经验改变自身的结构和行为方式。各个底层个体通过相互间的交互、交流，可以在上一层次，在整体层次上突现出新的结构、现象和更复杂的行为，如新层次的产生，分化和多样性的出现，新聚合的形成，更大的个体的出现等。

在复杂适应系统中，所有个体都处于一个共同的大环境中，但各自又根据它周围的局部小环境，并行地、独立地进行着适应性学习和演化，个体的这种适应性和学习能力是智能的一种表现形式，所以有人也把这种个体称为智能体。在环境中演化着的个体，为了生存的需要，不断地调整自己的行为，修改自身的规则，以求更好地适应环境选择的需要，大量适应性个体在环境中的各种行为又反过来不断地影响和改变着环境，结合环境自身的变化规律，动态变化的环境则以一种“约束”的形式对个体的行为产生约束和影响，如此反复，个体和环境就处于一种永不停止的相互作用，相互影响，相互进化过程之中。

泛在信息环境下信息技术发展步伐的不断加快，信息组织理论、信息组织结构、信息组织目标和任务等也快速更新和发展。泛在信息环境是复杂的、多样化的、处于动态变化之中，不同的信息用户、信息环境、信息资源、信息系统等诸多因素交织在一起，各种因素之间相互影响、相互制约，对图书馆信息组织的层次、结构等多个方面产生不少的影响，适应泛在信息环境下信息组织实践的要求，信息组织模式将不断分化和综合，使其呈现出复杂、多样化的特点。泛在信息环境下图书馆信息组织单一模式显然已经不符合要求，也不能满足于用户对图书馆信息服务的需求，需使用不断更新的泛在信息技术，同时结合泛在信息环境下信息组织的多种复杂的影响因素，并对各种复杂因素加以分析，推动人们对泛在信息环境下新的信息组织视角的思考。

5.2.1 信息组织的复杂多样、动态适应性

（1）信息环境的复杂性、动态性

泛在信息环境下的图书馆是由多个各自独立却又相互关联的系统模块构成的，各模块组成部分具有各自的特性与运行机制，系统之间不是一种简单的聚合，而是形成了一个复杂的、相互作用的有机体，图书馆的信息流在多个系统中交互流动，各系统本身的动态性，增加了信息资源组织系统所具有多样性、复杂性，以适应复杂多样的信息环境及用户的需求。

从系统学角度，不管一个系统是多么的复杂，包含有多少个层次结构，我们总能从复杂的系统中发现其最基本的组成结构和模式，找到构成系统的最基本元组。这些基本的元组通过各种方式的组合、交错与重叠而耦合成一个复杂的系统，通过“分形”与“协同”地循环与扩散，始终促使整个系统处于动态的螺旋式上升状态，以至达到最后完善的境地。

泛在信息环境下的图书馆信息组织系统是一种“松散结合系统”，层次结构可分成时间上的层次结构、空间上的层次结构。这种松散结合，主要表现为构成组织系统的各个组成部分与模块各自承担相应的功能，并各自保持相对独立性和可分离性，为信息流构成一个多通道、多回路、多层次的复杂系统，为信息的生产、存储与传播提供了丰富的管理工具。泛在信息环境下的网络具有较强的自适应性，这种动态的自适应性造就了网络的多样性，网络软件及系统的每次升级与重塑都伴随着信息技术的出现而产生，网络环境在动态的自适应中向前发展。

（2）信息用户的复杂性、多样性

用户的信息需求是信息组织的驱动力，是信息组织活动的主要的参与者与主导者，在信息组织的过程中，由于用户本身所具有的特征而造就了信息组织的复杂与多样性，不同的用户在生理特点、心理特征、认知、受教育程

度、技能、性格等各不相同[1]，在信息活动中，这些差异产生了用户在与信息系统交互的过程中所表现出来的复杂行为特征，直接导致了用户信息需求的多样性，用户需求的模糊性更突显，对信息组织提出了更高的要求，不但要求提高信息组织的质量，提高查询的准确性，而且需要检索系统能够智能地从用户的信息行为中分析用户信息需求。

用户是泛在信息环境下复杂信息系统及泛在网络的重要组成部分，是信息组织的主体，用户是信息资源的生产者与使用者，从用户来看，用户本身也是社会系统的组成部分，用户把泛在信息网络和社会系统耦合起来，使信息网络成为用户社会系统中信息流的载体，泛在网络通过用户而进入社会网络系统中，并借助于人际网络大大地加速了信息的流通，推动了信息资源共享；泛在网络所增强的交互性，使更多的用户参与到信息组织活动中，从用户自身的角度出发，通过群体智慧去创建、组织，这样的信息组织形式更为用户所理解，有利于用户对信息资源的获取；同时，人际网络的结构特性与复杂性通过用户而表现出来，并反映到泛在信息环境中，使信息组织活动更为复杂、多样化。

（3）信息资源的复杂性、多样性

泛在信息环境下信息资源的复杂性首先主要体现在内容与形态的多样性上。泛在信息环境中的信息资源更多的是由静态的结构到动态信息结构转化，从显性的数据、信息到通过挖掘与关联、聚合而得到隐性知识与智慧的演进。随着泛在信息技术的发展，各种分布存储设备的出现，信息资源的离散分布更广，各种信息资源间呈现异构状态，不仅在物理分布上具有各自独立性，而且存储的数据格式也存在差异，使得信息资源处于无序、无规范的状态，体现出复杂的多样性的特征。其次，泛在信息环境下信息资源的复杂性还体现在形式的多样性上。泛在信息环境中信息资源将不仅包含物理形式的信息资源，更是以数字资源为主体，同时还包括隐含于人类中的知识。而且数字资源的形式也是复杂多样性，数字资源由不同的文本、图像、音频、视频等及各种数据、文献、数据库与知识体系等多种形态所构成。

---

[1] 胡昌平,乔欢.信息服务与用户[M]. 武汉: 武汉大学出版社, 2001: 246-279.

传统网络环境下，信息源主要由精英或商业资本等少数群体所把持，信息源的主体依然是传统的、精英的，他们作为社会最大信息份额的所有者在信息的传播中掌握了最原始的信息源[1]，传统的信息源具有商业利益的保护，有限的信息源及严格的传播机制制约了知识的传播与知识的自由交流共享。新的信息技术推动了互联网新理念和运作模式的重大变革，基于Web2.0的用户创造内容、互动、分享理念的新的非正式科学交流得到了快速发展，信息的生产和传播不再仅仅是技术精英或者商业资本的特权，以开放存取共享为基础的多元新信息源不断涌现，形成了参与式的信息集市，知识精英和大众文化从某种程度上得到了融合。

新网络环境下知识传播不再仅仅需要借助于相关实体出版机构，广大民众及学者成为科学交流的直接参与者和控制者，信源与信宿之间角色的不断调换，广大民众成为网络知识的贡献者，形成了多元的知识源，使得隐性知识与集体智慧的传播得到了前所未有的发展，开放共享多元信息源的形成增强了知识的传播与知识的自由交流共享，建立起了泛在知识传播的基础，形成了以平等、交互、去中心化为特征的知识传播模式。

（4）多通道的知识传播及方式

泛在知识传播不再是依靠某一种传播方式、手段、通道来进行知识传播的，而是多种交织在一起，为用户构建一个立体空间的知识获取与交流的环境。新信息环境下各种新的传播方式不断出现，从各种基于社会性网络服务的知识传播，到基于各种移动智能终端设备的云技术知识传播，无不体现出知识传播的多样性。

互联网、智能移动技术日趋完善，基于云技术的变革正在进行，它将改写人类知识获取的历史，人们能够在任何时间、任何地点、以任何方式进行信息的获取与处理，强调和环境融为一体的计算。知识的共建、共享已成为云技术的一个基本特性，知识经过组织后可以在各种各样的媒体终端上自动按适当的格式和样式，展现给各用户，用户通过各种手持设备随时随地访问

[1] 王知津,宋正凯.Web 2.0的特色及其对网络信息交流的影响[J]. 新世纪图书馆, 2006(3): 10-13.

各种知识，使知识获取突破空间、时间的限制，让用户充分利用碎片时间进行资源分享和学术互动，满足了用户随时、随地获取知识的需求。

5.2.2 信息组织的协同性、生态性

信息资源、信息用户、信息环境构成了信息组织重要的组成部分，借助于信息技术为用户构建了一个复杂、多层次结构的信息空间环境，这个复杂的泛在信息空间环境协同为用户提供信息资源与服务，满足用户的信息需求，为用户构筑一个生态的信息环境。

协同学是对不同事物共同特征和其协同机理研究的新兴学科，主要研究远离平衡态的开放系统在与外界有物质或能量交换的情况下，如何通过自己内部协同作用，自发地出现空间、时间和功能上的有序结构，是近十几年来获得发展并被广泛应用的综合性学科，1971年德国科学家哈肯（Hermann Haken）提出了统一的系统协同学思想，认为自然界和人类社会的各种事物普遍存在有序、无序的现象，一定的条件下完成无序和有序之间会相互转化，有序就是协同，无序就是混沌。协同论认为，千差万别的系统，尽管其属性不同，但在整个环境中，各个系统间存在着相互影响而又相互合作的关系，在一个系统内，若各种子系统不能很好协同，甚至互相排斥，其系统必然呈现无序状态，发挥不了整体性功能而终至瓦解。相反，若系统中各子系统能很好协同、配合，多种力量就能集聚成一个总力量，形成大大超越原各自功能总和的新功能。

协同是指元素对元素、系统对系统的相干能力，表现了元素与系统在整体发展运行过程中协调与合作的性质。结合元素各自之间的协调、协作形成拉动效应，推动事物共同前进，对事物双方或多方而言，协同的结果使整体加强，每个个体获益，共同发展。导致事物间属性互相增强、向积极方向发展的相干性即为协同性。泛在信息环境下图书馆的信息组织系统是由多个子系统、子模块及多种构架元组所构成的，它们共同为用户提供泛在信息环境下的知识服务，具有较明确的方向，信息组织系统应协调、统一、互补，它们之间要达到和谐统一，内在信息流的交换、传递与外在的用户信息需求形

成了各系统协同作用的内驱力，信息组织系统协同作用使系统在临界点发生质变产生协同效应，使系统从无序变为有序，从混沌中产生某种稳定结构，使信息流有序，而形成新的时间、空间或功能有序结构，满足用户随时、随地获取信息的需求。

一个信息系统是由多个子系统构成的，建立各子系统之间的协同作用机制是非常重要的，这正是来自协同论的指导思想：无论什么系统从无序向有序的演化，都是大量子系统之间相互作用而又协同一致的结果[1]。泛在信息环境下不同的信息组织构架服务于不同形式的用户信息需求，各种不同的信息组织构架具有不同的功能，分别能完成各种不同的任务，并且能通过系统之间的交互协作完成更为复杂的任务。各自不同的信息组织构架模式的适用范围和条件，在不同程度上将削弱不同信息组织构架模式的特色和个性，如在泛在信息环境下图书馆的信息资源将主要由数字化信息资源组成，但物理信息资源依然还是重要的组成部分，通过新的RFID电子标签、GPS、传感器等来对图书馆的物理信息资源从空间上进行组织和管理，突破了传统条件下的种种局限，为用户提供随时、随地的信息服务成为现实，也充实了信息资源的组织构架模式，与对虚拟信息资源的组织方式互为补充，从而构成一个完整的信息资源组织体系。

美国管理科学家托马斯·达文波特（Thomas Davenport）1997年将生态理论引入到信息管理中，并首次提出了信息生态学（Information Ecology）的概念[2]，泛在信息环境下的信息组织系统中存在内、外两个信息生态系统，内在信息环境是信息组织系统中的一个局部的信息环境，存在着一个内在的信息生态系统，这种内在的信息生态系统依赖于信息组织系统在系统内所设计出方便的数据、功能和用户在应用中优化组合的环境和机制，在一定的时间和相对稳定的条件下，在组织系统内部建立起稳定的信息架构，适应复杂的信息组织系统的高效、有序运行。外部的信息生态系统是个全局性的，主要是由信息资源、用户、信息环境组成，系统的各成分适应不断变化的外部

❶周宁.信息组织[M].第二版.武汉：武汉大学出版社，2004：8.

❷ Davenport，Thomas H.Information Ecology：Mastering the Information and Knowledge Environment [M]. New York：Oxford University Press，1997:10–20.

系统环境，自觉地把自己看成是一个全局信息系统生态演进中的一个有机环节和有机部分，在相对稳定的条件下，生态系统内各部分的功能和结构将处于相互适应与协调的动态平衡状态，当生态系统处于平衡状态时，系统的各组成成分之间将相互适应、相互协调、相互补偿，使整个系统结构稳定、功能良好。

5.2.3 信息的自组织性

自组织理论（Self—Organization Theory）是由一系列理论构建起来的理论群。其中，耗散结构理论解决了自组织出现的条件环境问题，协同学回答了自组织的动力学问题，突变论从数学抽象的角度研究了自组织的途径问题，超循环论解决了自组织的结合形式问题，而混沌和分形理论则是从时序与空间序的角度研究了自组织的复杂性和图景问题，这些理论既相互独立又相互关联，在整个自组织理论体系中发挥着不同的地位和作用。

耗散结构理论是自组织的重要理论组成部分，耗散结构理论（Dissipative Structure Theory）是由比利时普里高津（I. Prigogine）于1969年在理论物理与生物学国际会议上首次提出。该理论认为，一个远离平衡态的开放系统，通过不断与外界交换物质、能量，在外界条件的变化达到一定阈值时，从原来的无序状态转变为在时间、空间或功能上的有序状态。由于这种稳定而有序的结构需要不断向外界耗散物质与能量才能维持，所以称之为耗散结构。

自组织问题的讨论可分为两个阶段。第一阶段从20世纪40年代到60年代。40年代，为了描述脑神经网络的功能，科学界提出自组织概念；60年代比利时物理学家普利高津和德国物理学家哈肯通过对热力学和统计力学的研究，形成自组织理论。第二个阶段是70年代以来，科学界提出“超循环理论”“混沌理论”“分形理论”等，自组织理论进一步深化并获得广泛应用。普遍认为，自组织与系统密不可分，自组织是指系统无需外界指令而能自行组织、自行创生、自行演化，即自主地从无序走向有序。哈肯指出，“如果系统在获得空间的、时间的或功能的结构过程中，没有外界的特定干预，我们便说系统是自组织的。这里的‘特定’一词是指那种结构和功能并非特别指定的方式作用于系统”。哈肯曾用一个通俗的例子说明自组织：一群工人“如果没有外部命令，而是靠某种相互默契，工人们协同工作，各尽职责来生产产品，我们把这种过程称为自组织”。

近几十年来，由于信息总量的持续增长，信息技术特别是网络技术的飞速发展，人类信息观念的转变，使信息系统显著地具备了自组织的条件，而自组织理论和方法的成熟与发展拓展了信息组织的内容，开辟了信息组织的新方法和新思路。根据自组织理论，信息组织应分为信息被组织和信息自组织。信息自组织是指作为信息系统组成要素的信息，由于人与人之间、人与系统其他要素之间存在的相关性、协同性或默契性而形成特定结构、功能的过程，也就是信息系统无须外界指令而能自行组织信息、自我走向有序化和优化的过程[1]。信息自组织的结果有序但不唯一，是信息运动中的一个可能的发展方向。信息被组织是指信息的组织是在外界特定干预下进行的。信息自组织与信息被组织相比，虽然两者目的与结果相一致，但人在其中的地位和作用不同，信息被组织需要人的能动性和目的性去干预和指挥。信息自组织过程中，个人或许带有私人目的，但作为总体的人是没有外部指令或者说处于受动状态的（受动状态指人作为直接的、一般的存在物），信息的演化、信息之间的相干与有序自主地进行。

以自组织理论为指导，在进行信息组织时我们不能对信息的自组织现象视而不见，而应充分利用。因此，要妥善解决信息的无序、冗余、不稳定的现状，不能依靠单一的信息被组织和信息自组织，必须在两者有机结合的基础上对信息予以有效组织，即信息微观组织—信息自组织—信息的整体协调与宏观组织，使信息组织真正发挥整序信息、科学分流、促进选择、保证利用的功能和作用，形成健全完善的信息组织体系和顺畅通达的信息组织流程。

信息自组织是信息组织方法的拓展，是信息科学理论中一项崭新研究课题。由于信息自组织的存在，有关信息交流的理论与模式，有关信息系统的设计、系统安全及系统可靠性的理论与方法都要重新审视。人类在积极发挥

---

❶ 李宏轩.信息自组织理论探讨[J]. 情报科学, 2000(2).

能动性的同时，要充分认识到信息自组织的存在与作用，要创造条件，使信息自组织为人类的进步作出更多、更大的贡献。

5.3 泛在信息环境下图书馆信息资源组织的视角

由于信息组织的内涵及外部因素的复杂性、多样性的存在，信息组织单一模式显然已经不能满足泛在信息环境下图书馆的需求，根据适应不同组织环境，适应不同用户的多模式信息需求，需要从不同角度来分析、考察泛在信息环境下的信息组织，从而对其有一个总体的认识。

5.3.1 基于层次结构的信息组织视角

泛在信息环境下泛在技术在信息组织系统中得到了充分利用，信息资源的组织具有明显的层次结构，泛在信息环境下图书馆信息组织主要由信息存储层、信息描述与表示层、信息资源发现、调度与传递层、信息展示与交互层（见图5-1），每个层次之间具有各自的功能，同时，他们之间具有紧密的关联，并共同协作为用户构建一个泛在的、立体的知识环境，使用户随时、随地都能享受到图书馆透明、无缝的信息服务。

信息资源的存储是建立在底层的基础设施平台和构建在这个平台之上的应用程序中，泛在信息环境下信息组织的存储突破了传统的集中式存储模式，随着对等网络（P2P）、网格技术、云计算等技术与理念的更新，分布式网络存储、云数据库（CloudDB，或者简称为“云库”）等的相继出现[1]，使信息资源的分布存储得以广泛应用，信息资源可以存储在网络中的不同位置，为其他系统与用户的信息提取提供了便利。

泛在信息环境下的信息存储具有多样性、海量性、动态性、实体地理分布性等特点，图书馆需要对整个存储空间、位置进行组织和管理，充分考虑系统的协同性，稳定性，系统的动态恢复，速度和流量调节，系统状态监测等问题，并纳入信息组织系统的整体框架中，使泛在信息环境下的图书馆信

[1] 云数据库：放眼无穷处[EB/OL].[2011-11-29].http://soft.ccw.com.cn/it/htm2008/20081127_551495.shtml.

息组织系统能支持多种接口协议，并存的高效、自适应协议变换原理与方法，实现异构存储设备、应用程序的无缝连接。能对海量数据对象进行检索和快速定位，适应网络结构动态变化的共享信息获取方法，动态的数据信息组织结构和管理机制，永久性数据维护与动态数据共享的方法。

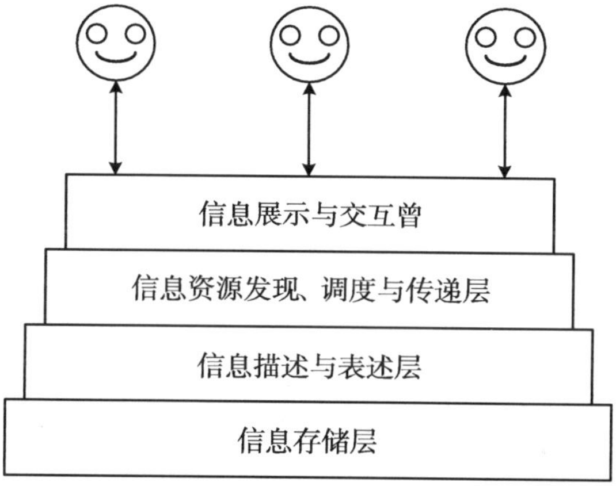

图5-1 信息资源组织的层次

信息描述与表示层是根据信息组织和检索的要求，对所存储的信息对象的外部特征、内容特征和物质形态等加以描述与揭示，并使相关的信息或知识之间建立关联。随着泛在知识的出现，传统的著录、标引中使用的工具与方法已远不能胜任，泛在信息环境中的图书馆信息资源形式多样、内容与结构复杂，且分布式的存储造成了信息资源组织上的复杂性、异构性，需创造出新信息资源组织方式，对信息资源采用多维揭示与非线性组织。以本体（Ontology）为核心的语义网格（Semantic Grid）、语义Web（Semantic Network）技术，以及数据挖掘、知识地图（Knowledge Maps）为代表的新的组织方式在知识组织中的应用，使知识组织的概念被进一步深化，知识组织的目标和任务得到了拓展，从文献单元（元素）到知识单元的转变，实现了知识组织方法从语法处理到语义处理、从语义处理到语用处理的跨越。为用户构建一个单一语义映像和多层语义互联，将不同类型的语义空间转换和整合到同一的语义空间，实现跨专业、跨系统的语义互联和语义互操作[1]。同时采用数据挖掘、聚合等技术与手段进行深层次的知识挖掘。

信息资源发现、调度与传递层就是为用户提供透明且无缝的使用图书馆中的信息资源，信息资源发现、调度机制为上层的用户应用提供了透明的全局资源视图。接受用户的信息请求，并将用户的信息请求描述转述成本体，在中心元数据库中对相关信息进行检索调度，然后将相关结果传递给上层的用户。信息资源发现、调度与传递层是由多个针对不同的访问方式所提供的各种接口等所组成，比如使用无线网络的API接口、使用智能卡的API接口等，它们直接为上层的专用访问设备提供服务，为专用访问设备与信息资源系统之间信息交互的中续者，为适应用户所持的前端设备而对相应格式、样式的信息资源进行调度。

信息展示与交互层是与用户所直接交互的层面，信息展示与交互是以用户体验为基础，以用户的信息服务为中心，通过建立有序的分类、导航等为用户建立一个直观的、易于理解、方便快捷获取的信息展示框架，便于帮助、引导用户迅速地找到并获取所需信息与知识。信息展示与交互是以信息技术为主要支撑，随着图书馆的服务理念的演进而不断得到改善与提高，泛在信息技术的发展为信息展示与交互提供了多样化的方法与工具。

快速发展的泛在信息技术为信息的展示与交互提供了技术创新条件，信息展示与交互由原来的单一的平面层次展示与交互拓展到多层次的立体空间。泛在信息环境下有序信息从多个层次、多个角度得到了充分的展现，其中信息可视化、知识图谱等已成为信息、知识展现的有效方法，通过计算机所支持的、抽象数据的交互式可视化显示（图形化表达方式），大大增强并扩大人们对于信息的认知，通过知识地图的导航系统，揭示了相关不同知识元之间的各种重要的联系，此外，泛在信息环境下可使用空间地图（如google map、GPS等）对信息资源的定位、分布等进行组织与展示。泛在信息环境中的Wi-Fi、3G、传感器、电子标签、无线射频等为用户构成了“无处

[1] 吴燕.泛在知识环境下的数字图书馆发展研[D]. 北京: 中国科学院研究生院（文献情报中心），2007: 73-74.

不在的网络”，实现了人与人、人与计算机、计算机与计算机、人与物、物与物之间信息交流的泛在网络基础架构[1]，丰富了用户获取信息时的交互手段。

新的信息展示与交互方式无疑将会提升信息组织的效用，为用户提供更多、更好的信息传递通道与交流手段，增强了用户体验，为用户随时、随地获取图书馆的信息资源提供便利。

强化知识规律的可视化表现，实现资源集的多角度多维揭示。对检索结果进行更深入的分析展示，让检索用户能够更加全面、深入地了解检索结果中的知识内容，并通过交互式的过程，让用户能够更多地了解与检索内容相关的知识、模式、变化规律。

5.3.2 基于信息粒度的信息组织视角

目前，信息组织的方式依据其不同的标准，划分成了多种不同的类型。有的学者按信息存贮的形式来分[2]，一般来说按信息组织的结构层次划分，因其所具有直观性、可理解性得到了普遍的认可[3]。与按信息组织对象的范围来分类似，在信息组织的过程中信息粒度的大小也具有一定的组织区分度，“数字图书馆将资源分为元数据库和对象数据库。元数据是描述和管理对象数据的数据，对象数据是指数字化的文本、图片、声音、影像等数据。”[4]元数据所描述的信息单元无疑是微观的，而复杂的对象数据及整合的数据集的粒度更为复杂，因此本文将从数字信息组织对象的粒度大小把信息组织模式体系分为以下三个层次，即微观组织模式、中观组织模式、宏观组织模式。

信息粒度是反映信息详细程度的概念，“粒度”（Granularity）在《web信息架构》一书中指的是信息单元的相对大小或粗糙程度，而知识粒度概念则来自知识科学的信息粒度（Information Granulartity）概念，信息粒度概念最

---

❶杨庆广.泛在网络：应用高于技术[EB/OL].[2010-09-12].http://www.cena.cn/blog/yangqingguang/2008-08-05/121792831412254.shtml.

❷张俊.略论网络信息资源的组织[J].图书情报知识，1998(2).

❸黄如花.网络信息组织中多种模式的协调组织与优化管理[J].图书情报工作，2005(12).

❹汤珊红.数字图书馆信息资源组织研究[J].情报理论与实践，2004(5).

早由模糊论创始人美国科学家LA.Zadeh于20世纪70年代提出的，信息粒度将不连续的信息看作一个个信息颗粒，以解决信息不连续的问题[1]。对于信息来说，信息的粒度大小不同，因此无法以具体的数量来衡量，只能以各种不同的粗细程度来概括，由元数据所描述的信息片段、信息单元的信息组织可认为是微观层次的，由多个信息片段所形成的信息集合则可认为是中观层次的信息组织，而信息、知识体系的整合与集成无疑可称之为宏观层次的信息组织，与信息类似的是知识可分为三个层次：知识元、知识点、知识[2]，按信息粒度的大小而形成微观、中观、宏观的知识层次。从信息的粒度着手，分析其上下级之间的关系，通过给单元信息进行有效地组合并传递给用户，并在信息与信息之间的相关度中建立起有效的关联，并以一定的方式向用户展示。

（1）微观信息组织

信息片段、信息单元是信息集合等构成的基础，信息片段、信息单元可以是一段文件、一个图形、一张图片、一段音频或一段程序等，对这些信息片段、信息单元的组织过程主要有信息分类、标引、揭示与存贮，通过处理形成按一定分类标准组织的有序信息流，为用户的使用提供便利。

知识组织颗粒度一旦实现从文献单元深入到文献中的知识元，大量文献中所包含的知识元及相关信息之间的关联将产生极大的知识增值。因此，我们说知识元是知识组织的核心和基元。知识元是构成知识结构的最小独立单元，用来表示一个个针对特定问题的解决方案，可以是概念、方法、规则、公理等数据或事实以及实例化的知识。由于知识元的内容比较单一、独立，比较容易选择与之相适应的最佳存储和查询，便于知识库的构建与检索，便于用户直接查询、组合知识元，知识元检索是建立在对文献内容细粒度标引基础上的。就知识组成的层次而言，知识元链接属于知识单元组织的范畴。

基于知识元的知识组织，首先要实现对文献知识元的提取和标引，在此基础上在知识元间建立链接，进而形成知识网络。基于知识元的知识网络对

---

❶知识粒度[EB/OL].[2010-11-12].http://d.wanfangdata.com.cn/ExternalResource-zggyjj200609010%5E27.aspx.

❷毕强，韩毅.泛在知识环境下数字图书馆知识空间构建研究[J].情报科学，2008(7).

知识发现、知识创新和知识集成服务的实现提供最大可能。

泛在信息环境下用户成为网络社会的真正主体，用户既是信息使用者，也是信息的生产者，使得泛在网络中的信息量高速增长，信息片段、信息单元巨增，信息片段、信息单元非常庞杂，由于广泛使用分布式的存储，信息单元无序且分散，就如生物中游离的小分子，无序的信息单元不利于用户在泛在知识环境中的信息获取与管理，信息片段、信息单元大部分是原始数据，是信息系统的基础组成，对信息、知识标准化、规格化，形成有序集合是微观信息组织的主要任务。

（2）中观信息组织

中观信息组织就是按照一定需求对信息片段、信息单元、知识元等进行重组而构成信息集合与知识点，常见的是针对特定用户、某一学科或专题的需求而对相关信息、知识进行重组。在泛在知识的时代中，信息与知识无处不在，形态万种，知识就是力量，但是在这个知识结构混乱、知识内容繁杂的知识世界，需将信息与知识片段以合理的方式组织在一起，才能形成对知识使用者有价值的知识。

泛在信息环境下用户的信息需求更加个性化，不同的用户有不同信息需求，不同的群体之间也各自不同。因此有必要对信息、知识进行分析与重组，按一定学科、主题进行聚合，通过一定的技术挖掘相关的知识，使分散的信息与知识形成有序的集合，以迎合用户需求。同时，将“语境”融入图书馆的信息服务之中，对知识之间的语境及其关系进行描述，在信息与知识创建、组织、传播和利用的过程中，使用语义技术对其进行管理，把相关的信息对象与知识对象融入到新的情景之中，而创造出新的知识，最大限度地实现信息与知识的重复使用，提供有针对性和个性化的信息服务。

泛在信息环境中的图书馆的发展目标就是使用户随时、随地都能够通过某一终端设备访问所需要的信息或获取所需要的服务。泛在信息环境中的图书馆系统是分布式的，且具有高度的动态性，信息系统之间充分互联，各相互独立系统之间的信息资源高度耦合，不同信息系统之间的信息资源集成化并相互协作，使其具备良好的互操作性和重复使用性，能够形成统一的集成资源并提供相关的信息服务，实现信息资源与信息服务的交换和共享能遍及泛在网络。

(3) 宏观信息组织

宏观信息组织主要表现在信息资源整序与整合方面，致力于对整个信息资源与知识体系进行组合和控制，从宏观层面上广泛地汇集相关信息资源并进行整序与索引，为用户提供整体性、系统性的信息资源浏览和检索服务，宏观信息组织的核心是按资源的一个或多个不同的属性对信息集合重新分组整合形成子集合的过程，目的是为了支持用户随机的浏览和定向的检索，应用组成信息集合的资源标识系统为用户生成导航路径。

泛在信息环境下的宏观信息组织实质是信息、知识体系的整合与集成，使各种信息与知识资源得到充分的融合、关联与利用，以信息和知识的组织、分析、重组与搜索为基础，通过分析用户“语境”与问题环境和信息需求，为其提供信息的析取、重组、集成、创新而形成专题化知识或问题，有效支持知识应用和知识创新。为用户建立一个多语言、多媒体、移动的、语义的知识网来检索人类知识。泛在信息环境下图书馆的宏观信息组织主要有：

(1) 图书馆内部信息资源与知识的组织与整合

以用户为出发点，用户获取体验为核心，对图书馆内部信息资源进行多方面、多层次的集成、整合、重组，建立具有关联性的信息资源体系与导航，以解决因信息系统的差异而形成的数字信息“孤岛”，既能提高泛在信息环境下数字资源的利用率，又能将异质、异构的信息资源置于统一平台之上，形成统一检索，实现信息资源的透明、快捷获取，提供更好的用户体验，建立多元搜索引擎将成为图书馆内部信息资源与知识的组织与整合的一个重要工具。

(2) 图书馆之间的信息资源与知识组织与整合

图书馆内部信息资源与知识的整合与再组织是一种小范围的组织形式，多个相关图书馆（联盟）之间跨域的信息资源与知识的整合与组织是一种范围更广的组织形式，是对多个相关图书馆的信息资源与知识的组织和配置。

这种形式的信息资源组织更多的是进行资源配置上的重组与管理，“构建一个基于web环境的综合性文献信息服务平台，把各类分布式文献信息资源按一定的管理方式和应用目的组织起来”[1]，图书馆之间的信息资源与知识组织与整合的主要目的就是要实现信息资源与知识的共享，并为用户构建一个对信息资源进行便捷获取的渠道。

OCLC联合目录实现了数千个图书馆员编目数据共建共享，欧洲之间的图书馆的合作精神以及他们在共享合作上花费的精力令人惊叹，在保存各国数百年的文化记录的同时，他们已经在各图书馆之间建立了网络规模化的数字馆藏和服务，诸如“欧洲数字图书馆”这样把欧洲文化遗产传播给全欧洲乃至全世界的合作项目。而多伦多大学所在的安大略省，由21所大学图书馆组成的安大略省大学图书馆协会（Ontario Council of University Libraries，OCUL），通过整合资源建立联合馆藏以及创建先进的搜索和获取工具，已经形成了一个最佳的合作实践范例。

在中国，馆际合作也有许多值得骄傲的地方，超星公司利用读秀、metalink搭建了多个区域数字图书馆的统一检索平台与联合目录。读秀组织与整合的信息资源不单是读秀自己数字化的资源与单个图书馆内部的各类资源，还提供了区域图书馆的联合目录，这是一种范围更广的组织形式，达到了信息资源共享的目的，也方便了用户获取信息。2011年读秀开展了云图书馆服务，对本馆没有的资源可以利用各种区域图书馆的云服务获得解决，超星公司声称云服务可共享700多家图书馆，264个数据库的资源和服务，中文文献满足率达到96%，外文文献满足率达到85%。

（3）图书馆信息资源与互联网的信息资源融合与组织

“有些图书馆资源非常好，但用户也许不知道，或者了解甚少，Google可以把它们的馆藏更方便地呈现给读者。”[2]面对新环境，图书馆需要为因特网上的用户提供主动性的信息服务，而不是被动地等待用户在快速膨胀的数字信息宇宙中找到图书馆，图书馆利用在信息组织方面的优势，可为互联网提

---

❶龚亦农.数字图书馆的资源整合[J]. 图书情报工作, 2005(7).

❷高博.打破砂锅:互联网来了，图书馆要去何方？（下）[EB/OL].[2010-11-19].http://61.135.129.207/oldweb/big5/stlifedaily/2007-09/22/content_723746.htm.

供更高质量的信息资源，为互联网用户提供更好的服务，此外，互联网也为图书馆补充了丰富的信息资源。同时，互联网可以借鉴图书馆的信息组织优势，为用户组织更多的高质量的信息资源，以友好、多形态、快速、有效的方式，访问人类所有信息与知识。

读秀搜集整理了大量互联网上的信息资源，同时也允许用户上传资源分享。如读秀的文档频道，截至2011年9月28日已收录组织各类专业资料13353055个。另外，课程课件和考试辅导专题馆也都收录有大量的互联网信息资源和用户上传的信息资源。这些资源不仅大大丰富了读秀的资源，也让用户参与创建和组织信息，改善了用户的信息体验。此类信息资源的组织方式趋向于从用户的角度去创建、组织，信息组织的形式更为用户所理解，从而有利于用户对信息的获取。

在大数据时代中，要实现数据与文献在结构和应用上的融合，在构建的数据平台上用户可以读一篇论文，而同时调取它的原始数据；甚至可以重演作者的分析过程；或者能够在分析一些数据的同时找出跟数据相关的全部文献。Entrez，是一个生命科学搜索引擎，真正实现了数据和文献的交互性操作，用户可以边阅读一篇文章，同时打开基因数据，跟随基因找到这个疾病，然后又回到文章。微软的WWT，也实行了数据与文献的融合。融合和交互操作发展了一些统一的链接、统一的标签和ID，技术上能够实现把全世界的数据都集成在一起，形成巨型的动态数据集，一个全球化的数据库将必然诞生[1]。在此基础上就使得人类全部知识、数据和信息实行统一检索成为可能，就会极大地提升科研人员和文献出版、传播、整理和贮藏相关机构的工作效率。进入大数据时代，图书馆已经蜕化成为社会庞大数据网络中的一个节点，其要谋求在新形势下的健康发展，就必须在考虑成本效益问题的基础上，与跨行业、跨地区和跨国机构展开积极有效的合作，同时进一步提升图书馆业务工作的社会性和开放度。

本章小结

本章首先分析了泛在信息环境下图书馆信息组织的内涵，指出泛在信息

---

[1] 李若溪等. 数据密集型科学环境中科技期刊的数字化走向[J]. 编辑学报, 2011(12): 531-534.

环境下的信息组织不仅包括传统的信息组织模式，更出现了以适应环境为基础的、开放性的并根据用户实际应用场景而动态、个性化的新型信息组织，形成了以用户为中心的信息组织体系。

泛在信息环境下的信息组织系统是一个复杂的系统，极易受各种因素的制约与影响，本章也从信息组织的复杂多样、动态适应性、协同性与生态性等多个方面进行了深入的分析，为后面泛在信息环境下图书馆信息资源组织的视角论述作了铺垫，并在此基础上通过基于物理层次结构的组织视角与基于信息粒度的组织视角对泛在信息环境下图书馆信息组织进行分析，成为泛在信息环境下图书馆信息组织架构建构的基点。

第六章
泛在信息环境下图书馆信息资源组织模式

现代信息技术已成为信息组织革新的科技平台和思想平台。信息技术的日新月异和互联网的“无处不在”，导致数字信息环境不断向复杂而多样化方向发展。在复杂的数字环境下，国内外研究者和实践者提出了多种多样的信息组织模式。不仅包括使数字资源从无序向有序转化的传统信息组织模式，而且也出现了以适应环境为基础的、开放的、根据实际应用场景而“个性化”的、动态的新型信息组织模式，从而形成了满足多方面用户需求的信息组织模式体系。在泛在信息环境下增强图书馆信息组织的适应性和有效性，从而在整个用户信息过程中灵活组织信息来全面支持用户的各方面、各层次需要，同时也是复杂泛在信息环境所要求的。

6.1　面向用户信息组织模式

数字世界的信息组织以构建主义哲学和自由主义哲学为指导思想。构建主义哲学思想认为:信息从本质上来说是主观的东西，无论是被记载下来的信息（信息1）还是人脑中的信息（信息2）都不可能是现实世界的如实的、客观的反映，它们永远只能是外部世界的片面的反映。认识的这种不完整性就决定了特定用户在特定背景下需要寻求特定的信息来填补认识上的空白。而要满足这样的信息需求，信息组织应该关注的不是信息本身，而应该是用户的个体性以及他的具体背景，因为每个用户及其背景都是独特的，因而其信息需求也是独特的。自由主义哲学思想认为，所有的人都有权按自己的意志安排生活，都有能力为自己的需要做出适当的选择（包括信息的选择）[1]，信息组织应该关注的不是信息本身，而应该是用户的个体性以及他的具体背景，因为每个用户及其背景都是独特的，因而其信息需求也是独特的。

数字图书馆的目标就是要面向用户需求，真正践行“读者至上”“读者第一”的图书馆信息服务原则，针对数字环境中分布式异构的信息仓储进行统一、高效的访问和利用。“图书馆个人信息管理”“图书馆个人知识管理”等概念伴随着信息组织的应用研究的越来越细化而相继出现，愈来愈迎合用户的需要，用户的主体地位越来越被重视，体现了“人的发展”“以人为本”的和谐理念，为了更好地满足处于不同社会环境中的图书馆用户的需要而提出及进行的相关研究。面向用户的信息资源整合则要求从用户的个性化需求出发，要求信息组织研究面向用户，提升现实用户价值，基于用户个性化需求的数字信息组织模式成为目前研究的主要方向，其中比较典型的就是学科信息门户、个人数字图书馆、网络个人信息组织等。

6.1.1 学科信息门户（SIG）

面向领域用户的学科信息门户（SIG）是按照一定的资源选择和评价标准、规范的资源描述和组织体系，将特定学科或主题领域的信息资源、工具与服务集成到一个整体中，对具有学术价值的网络资源进行搜集、选择、描述组织和整合，并提供浏览、检索、导航等增值服务的专门性信息门户，保证用户能够获得“一步到位”的信息资源。学科信息门户集成和整合了数字环境中大量的学科资源，形成网络学科资源的集散地，在此基础上向学科信息用户提供对资源的无缝存取和透明访问。从信息组织模式发展进程上来看，学科信息门户从对资源的组织和导航过渡到对知识的析取和服务，展现了数字信息管理从信息组织向知识组织进化中价值提升的空间。

学科信息门户最大特点在于多样化的学科信息内容和多种服务形式的集

[1] 于良芝. 图书馆学导论[M]. 北京: 科学出版社, 2003: 173–180.

成。它将搜索引擎、主题浏览、图书馆馆藏资源、个性化服务、新闻发布等服务形式集于一体，根据资源内容特点和用户的特定需求开展服务，不同于搜索引擎等网络服务机构提供检索的单一服务模式。从收集、描述到组织都有很强的专业性、集成性、知识性、智能性和人本性，是当今网络信息资源的一种深层组织方式。

学科信息门户的信息组织模式不仅在于选择高质量的信息资源、提供专业化的服务，关键在于其信息资源采用了科学的知识组织体系，提供了特定学科信息检索、浏览、链接的方便性和相关性。知识组织体系（Knowledge Organization Systems，KOS），是对信息资源的内容概念及其概念间相互关系进行描述和组织的机制，是通过对各信息对象进行描述，揭示信息对象的知识内容和知识结构的一种方法。知识组织体系包括各种情报检索语言、标引语言，如分类表和主题表，以及分类聚类体系、词汇表、关系列表等。知识组织体系用于学科信息门户的学科导航系统、知识的标引、主题词检索、分类浏览、知识发现、可视化以及与其他资源系统的检索或浏览互操作等。

学科信息门户的优势主要表现在可以为用户提供一个统一的信息检索和服务入口，实现特定学科领域信息资源的一站式服务。学科信息门户已被一致认为是网络信息资源的新型有效的组织方式，在网络信息资源组织和开发利用方面做出了积极的贡献，特别是对专业学科信息资源的组织、揭示和管理方面。学科信息门户已成为国内外网络信息服务发展的新趋势和新热点。

6.1.2 个人数字图书馆

个人图书馆是数字图书馆的一种演化类型。数字图书馆及众多的因特网资源组织与检索工具提供的大都是一个范围较大、比较粗放、适用于各种用户群体的工具。随着用户个性化需求的不断增多，个性化图书馆应运而生。个人数字图书馆（Personal Digital Library）顾名思义，是用户个人在自己的计算机上采用全文数据库软件，将搜集的网上有关信息和自生的数字化信息资源进行采集、存储，使之成为有组织的信息集合，个人用户可按需订制资源、检索平台、功能、情报服务，按需配置显示模板和显示方式。相对于以往的信息组织模式，个人数字图书馆更贴近用户个性化需求，个人数字图书馆为用户提供了多种个性化服务栏目，是个人用户为充分实现对文献、信息、知识的个性化服务需求而创建的数字图书馆。在实践中，从提供个性化服务角度讲，个人数字图书馆实现了真正意义上的个性化服务。

个人数字图书馆比面向公众的数字图书馆收录的信息资源类型广泛而且具有专业性、个性化强等特点。个人数字图书馆的收藏除网上文献外，还包括大量的个人文章与信息资源电子文本、E-mail文件等。在所收藏的个人数据库内，收录的文件类型和格式可以是文本文件、HTML文件、PDF文件、DOC文件、图形和图像文件、音频视频文件等。

构建个人数字图书馆可由用户自己完成，这是个人数字图书馆的另一个特点。面向公众的数字图书馆，一般数据库构建复杂，要求有专职人员，成本很高。而支撑个人数字图书馆的软件一般是一个功能相对简单的软件，成本不高，对收录的信息一般不进行著录、标引等预处理，用户检索也只以全文关键词扫描为主。

近来，一些大型的数字图书馆中都相继推出了个人数字图书馆服务。如具有代表性的中国知网（CNKI）推出的“研究型个人数字图书馆（PDL）”。PDL开创了个人使用数字资源的新局面。个人用户可按需订制资源、检索平台、功能、情报服务，按需配置显示模板和显示方式，个人数字图书馆提供了超越一般的资源订阅方式，为用户提供了个性化、交互式学习研究的空间。在资源方面，平台支持对数据库专辑、学科专业、整刊资源、以及各种类型单篇文献的定制，使用户可以按不同需要定制网络出版总库的资源，在个人数字图书馆建构个性化资源馆。CNKI个人馆默认包含了功能强大的检索平台，用户可对馆内文献使用多种检索方式进行检索，并通过文献出版统计报表了解馆内各专业文献的出版现状和每日新增文献。用户还可根据自己的需要对检索平台的资源及检索方式做个性化配置。个人数字图书馆为用户提供了多种个性化服务栏目，用户可定制学者、机构、学术出版物、科研项目、检索方式、投稿信息、学术论坛、学术趋势等，个人馆根据用户的定制自动推送一系列相关的情报信息，全面超越传统的Web RSS定制功能。个人馆也根据用户的需求不断推出更多个性化的服务栏目，全面满足用户学科调研及情报分析的需求。个人馆中的每个栏目都提供了多种显示方式，用户可根据自身的需求创建不同类型的个人馆并选择个性化的模板，全面满足了用户的个性化需求。

个人数字图书馆（以下简称“个人馆”）是个人用户为充分实现对文献、信息、知识的个性化服务需求而创建的数字图书馆。个人馆可以按需定制出版平台出版的各类资源、功能和服务，选择个人馆显示模板和各栏目显示方式，也可以通过创建自定义栏目，引进、发布个人计算机上的自有资源和互联网上的免费资源[1]。

在个人图书馆中，系统通过为用户提供编辑工具来创建、组织、加工和维护个人文献，如图书、论文、读书笔记等。用户通过对系统界面、资源集合、检索工具与技术、系统服务等的高度定制来创建个性化界面；另一方面，用户的定制行为是建立在系统预先形成的定制模板之上的，用户根据需求及资源本身的特点，对资源及服务进行分类组织，形成多个资源与服务模块，并实现对图书馆及网络资源与服务的链接。同时，用户可根据自己的需要从中选择内容或自己添加相关内容。

个人数字图书馆不受网站及其资源的更新而消失的影响，也不受有关软件及网络通讯的影响，信息一旦被组织进个人图书馆中，就固化在系统里，因此，独立性强。在目前推出的各种信息资源个性化服务中，个人数字图书馆是一种非常有效的个性化信息服务途径。

6.1.3 个人网络信息组织

个人信息组织是用户个人根据一定的原则和方法，将个人获取的各种零散、随机的信息转化为可系统利用的个人信息，并对个人所生产的信息进行管理，其目的是将无序信息变为有序信息，方便个人利用信息和有效地传递信息，利用网络资源解决问题，利用信息进行更好的决策，提高应变和创新能力，发展个人潜力，促进个人与社区成员的共同参与、人与人的联系沟通

---

[1] 研究型个人数字图书馆（PDL）[EB/OL].[2011-9-25]. http://epub.cnki.net/grid2008/gerenguan.aspx.

和互助。

在社会化网络环境下，信息的自组织既是一种信息的自发组织，也是一种用户的自我组织。用户的自我组织是信息自发组织的动力和源泉。用户通过在互联网上组织个人信息而使得网站、网络不断有新信息的出现，促进整个系统不断的更新，用户的这种自我组织也是受一定机制约束的，如名气、声誉、更好的工作机会等，协同论可以解释这种现象，但用户的心理行为是极其复杂的，所以这种自组织机制是一个很复杂的体系。而信息的自发组织，则是在一定机制的约束下，通过计算机的运算，计算所产生的新的结构和模式，这种模式又跟物理化学中的自组织相似，是一种机械的行为。相比较用户的信息自我组织而言，信息的自发组织反而显得比较简单，因为前者是一个受心理、经济、政策、兴趣爱好等影响的动态的不定的过程，而后者则只是一个机械运算的过程。

用户个人所组织的信息与自己有着某种程度上的联系，可能是自己所产生的信息，也可能是自己在工作、生活中所需要的信息，用户是以个人为中心来组织信息的，这有别于其他的信息机构的信息组织，那些信息机构所组织的信息可能是以普通大众或某个组织、群体为对象的，是主要为他人而服务的，而个人信息组织更侧重于追求个人信息需求。

用户个人对信息组织的目的，在社会化网络环境下很大程度上是为了与其他用户进行社会交流，通过对个人的信息组织来增加自己被其他人关注的程度，以便在交流的过程中使别人更容易察觉自己的兴趣、爱好等，从而在交流中快速地找到共同的话题；通过对个人信息的有效组织，也使其他人能够与自己分享信息，实现信息的传递。

在社会化网络中，个人信息组织并非完全由用户个人来组织。由于处于开放的网络环境中，用户个人对信息的组织并不是完全封闭的，个人的信息组织行为不时地受到其他用户的影响，甚至可能对已组织的信息进行篡改、删除等，比如，用户可能修改、删除自己已被其他用户组织了的信息；信息的组织过程有时还受到服务供应商的制约，比如受服务供应商的组织工具、信息内容的审核限制、存储空间的制约等。

信息技术在信息组织中已被广泛使用，随着信息技术的发展，信息的组织也变得更加有效，但随着社会化网络的发展，更多的人为因素参与进来，人为因素的不可控性决定了完全想依靠信息技术来解决用户个人的信息组织是行不通的。社区交流对信息的流动产生一定的影响，社区交流具有一定的群体化趋势，比较容易依据成员的学术背景、兴趣爱好、年龄阶段等不同标准形成各种紧密的交流群体，使信息流具有一定的方向性、聚合性，这无形中也成了用户个人对信息进行组织的一种手段；此外社区群体通过对一些信息进行评价，可以提高信息的可用性与可信度，这也对个人的信息组织的选择性提供了参照。

在网络社区中存在着多种信息组织方法，传统的网络信息组织方法主要以超文本方式为核心，包括目录组织方法、网址目录组织方法、主题菜单栏目组织方法、元数据组织方法等[1]，此外，搜索引擎也是信息组织的一种有效的方法。这些信息组织方法有各自的长处，在个人信息的组织中也发挥了非常大的作用，但在新的社会化网络环境中，由于社会交流的频繁，信息类型及形式的多样性等特点，传统的信息组织方法并不能完全胜任完成对用户个人信息的组织。

在近年来互联网大众化、草根化的发展趋势中，以网络书签网站Del.icio.us和图片共享网站Flickr为代表的众多新兴网络服务形成了一种来源和服务于普通用户的新型信息组织方法Folksonomy（自由分类法）。这种方法允许用户使用自己的语言、以“标签”（Tags）的形式对信息资源的内外部特征进行标注，以实现资源的查找和共享。自由分类法是互联网所推崇的共享与协作精神的体现，是新的互联网信息环境中一种独具特色的信息组织工具。它的产生为互联网信息组织与检索的改进提供了新方向。目前自由分类法的主要应用有以下几种[2]：

①网络书签；

②网络博客；

---

❶ 高丹. 网络信息组织方法研究综述[J]. 图书馆杂志, 2004 (10): 40-42.

❷ 隆捷. 基于标签的互联网自由分类法研究[D]. 北京: 北京大学, 2007.

③图片、视音频分享平台；

④个人电子邮件管理；

⑤企业内联网知识管理。

自由分类法为现有的网络信息分类带来了一种崭新的理念，也是对现有网络信息分类法的有力补充，但自由分类法也有其自身的局限性[1]。

基于语义、本体论的信息组织研究为信息组织在语义层面上打开了一个崭新的空间，它赋予了信息资源更准确、更完备的语义，使得计算机能够对信息资源更好地理解，进而实现信息服务的语义化和智能化，实现互联网上信息资源的语义描述和语义关联，完成信息资源组织从形式组织到内容组织、知识组织的转变，从而有效提高个人信息资源存取和利用的效率。

6.1.4 泛在环境下面向用户信息组织的发展态势

面向用户信息资源组织出现的时间并不长，且处于发展阶段。随着个性化信息服务的逐步开展，如何使纷杂无序的信息资源逐步向有序化、便于用户索取的理想状态发展，是一个亟待解决的现实问题。在泛在信息环境下，信息资源创造、传播和利用的方式发生了根本性的改变，更加强调人们的参与和人机互动，呈现出简单、方便、个性化、自由、开放等特征，“以用户为中心”的价值取向也将得以充分体现，并把这一理念贯穿于提供信息服务的全过程，采用智能化、网络化技术提供人性化的信息服务，促进用户的体验和人机交互，营造一个宽松、高效、智能、友好的虚拟知识环境。

泛在信息环境下图书馆资源组织实现从资源网络到知识网络的转变。图书馆对服务提供者、服务对象及信息资源之间相互关系重新架构，建立以“人”而不是信息资源为核心的知识流动机制。图书馆在其信息资源建设的过程中将“人”置于知识网络服务链的中心位置，完全根据人们的需求来设计各种系统、功能和服务，而且这种设计不是一蹴而就、固定不变的，而是要跟踪、分析他们信息需求变化和行为规律做出相应调整，以提高信息服务的质量。面向用户的信息资源组织将不断完善与成熟，在泛在环境下将更注

[1] 余金香. Folksonomy及其国外研究进展[J]. 图书情报工作, 2007(7): 38-40.

重以下方面的发展。

（1）注重面向用户知识层面的组织

泛在信息环境下，庞杂的信息资源将成为用户获取面临的主要问题，信息组织对象不仅仅停留在对信息特征的描述，而将深入到知识单元，扩大标引广度，增加标引深度，通过多方位、多层次的分析与描述来揭示与组织信息资源，利用数据挖掘等技术，利用知识本体实现信息资源的概念与语义的组织，通过归纳学习、统计分析、机器学习等方法得到数据对象间的内在特性，据此采用信息过滤技术提取用户感兴趣的信息，或者更高层次的知识和规律，实现从信息层次到知识层次的根本转变。信息资源组织的发展方向越来越面向知识，知识组织的原理与方法更多地应用于个性化信息资源组织，组成结构化的知识库，提高知识的利用，促进知识的创新。其特点是基于内容，能够描述数据内容的组织和结构，实现非线性、智能化的知识组织，能够对异构数据对象内容进行集成，实现不同资源系统间的资源共享。

（2）面向群体用户与个体用户信息组织共存

信息组织的核心思想始终是以用户为中心，以用户需求为主导，针对不同群体用户的信息需求，提供不同的信息组织内容及检索结果。图书馆需根据用户的学科、专业背景、知识领域及当时检索情景为用户自动地提供与呈现合适的检索结果。同时，在用户搜索的过程中通过更多的交互式交流来预测、计算用户新的信息需求，提高检索结果的相关性，帮助用户找到所需信息，使用户获得更加完美的结果信息集，为用户提供个性化的检索服务。与以往不同的是除了组织内容与检索结果的个性化之外，还包括用户使用终端设备及用户空间位置的个性化，能根据用户使用终端设备的不同来使用不同的个性化呈现，能根据用户所处的空间位置选择调用不同位置及不同形式的资源。

而与个性化不同的是面向用户信息组织不只针对单个用户，面对的用户可以是团体或小群体服务的，同一学科背景、相似兴趣爱好的用户的信息需求具有相似性，通过用户信息需求的信息行为对群体用户的信息需求进行信息组织与推荐。以往的面向用户的信息组织往往针对的是个人用户，很少面对具有相同用户特征的对象进行信息组织，随着挖掘技术的发展，分析用户群体特征将更为快捷，面向用户群体组织信息资源是个性化信息资源组织的发展方向。

（3）面向用户的泛在信息资源组织与服务高度集成

随着信息技术的逐渐成熟，信息资源组织越来越向个性化方向发展，信息资源与个性化服务的集成是信息资源组织的新趋势，泛在信息环境下图书馆的面向用户信息资源组织与服务将高度集成，信息资源的分散性，不利于用户对信息资源的有效利用，对信息资源进行集成，将各种资源集成于同一个界面将成为信息资源组织的必然趋势。根据用户的需求和资源的特点，将各个相对独立的信息资源系统中的数据内容、功能结构及其检索方法进行融合、聚类和重组，形成一个统一的、立体化的、全方位的、高效利用的资源体系。具体来说是采用先进的技术手段，将本地实际馆藏和各类虚拟信息、数字信息进行全方位地优化、重组，进行统一的组织与梳理，以统一的检索系统和用户界面，实现读者单一的检索表达的信息资源系统，信息资源集成通过一致的对外接口，使用户能方便快捷地浏览和访问各种异构信息，节省用户访问时间。

面向用户的信息组织方式将推动个性化服务更加开放、动态。以用户为中心资源组织、服务和用户信息行为的动态机制，着力于支持用户利用信息、提炼知识、解决问题，成为用户工作环境和流程的有机组成部分。对海量分布异构的信息资源进行广泛互操作的基础上，引导信息资源组织体系结构与功能布局从服务器端向用户端的个性化映射与集成。通过对资源的动态定制和过滤，帮助用户构建个性化的客户端，并将该系统有机地嵌入到用户工作和学习的环境中，支持用户的信息利用、交流和协作，支持用户构建面向问题解决的个人知识发现与知识管理系统。

（4）动态、交互性增强

泛在知识环境和泛在智能技术的进一步发展，泛在图书馆服务随着移动通讯技术应用领域的拓宽而不断成熟和发展，泛在信息环境的最大特征就是能为用户提供随时、随地的信息服务，泛在服务强调与用户的交互性、移动性和个性化。

网格及云计算给图书馆提供了可靠、安全的数据存储中心，数字资源对用户来说是动态的，在用户的使用过程中系统将能根据用户所处的地理位置及使用终端调用用户获取最快捷的资源，根据用户的实际需求对信息资源的访问进行优化，对用户来说存储的信息资源是处于不停的变化中，资源的空间配置与合理组织将是一个关键因素，同时用户个人信息资源组织也面临着同样的问题。

面向用户信息服务的信息资源组织发展方向是不断增强系统的服务功能及其与用户的交互性，用户真正成为主导因素。泛在信息环境下用户需要通过各种移动终端跟不同系统进行交互，从而进行信息资源的检索、浏览、获取，同时系统通过对用户的反馈信息进行分析并为用户提供个性化的信息服务。泛在环境下信息可视化界面作为用户与信息组织体系之间的接口，为用户和信息系统之间架设了一道桥梁，用户界面的可视化也是信息资源组织的发展方向。通过有效的用户界面，用户可以快速高效地与大量信息打交道，以发现其中隐藏的特征、关系、模式和趋势等，并可以挖掘出新的预见和更高效的决策。可视化是信息资源组织的透明化与易用性所要求的。

（5）信息组织具有高度的用户认知性

泛在信息环境给用户提供了对信息获取活动更多的控制权，更便捷的信息访问手段，更丰富的信息选择机会，但同时也增加了用户信息获取过程的复杂性。信息资源的内容、形式以及组织的纷繁复杂，已经远远超过了用户所具有的认知能力范围，用户迫切需要借助一种有效的信息组织支持机制来解决“认知超载”，以更好地适应数字环境的变化和发展。面对复杂性带来的用户认知问题，不仅需要深刻认识用户内在的认知图式，还要建立在有效的数字信息组织机制基础上，构建与之相适应的数字信息组织模式。

在数字环境下，用户在信息系统交互中的认知变量主要有三种：即行为控制、认知加工和动机。泛在信息环境下用户信息素养教育增强，随着用户信息素养的提高，用户在交互过程中将具有更强的能力去根据信息需求设定访问的目标，选择符合访问目标要求的信息内容，制定合理的浏览、查询策略和计划，在浏览/查询过程中随时对进程进行有意识的监视与控制，合理控制浏览、查询的时间和进度；泛在环境下的数字信息表征对用户的信息加工具有多方面的潜在支持作用，信息资源具有不同的表征符号，从不同维度，在不同的情景中，利用不同的表征系统表达信息，使用户可以在不同的情景中通达同一概念，多个感觉通道同时作用，平行处理的信息量更加巨大，有利于激发并调动用户已有的知识结构和生活经验，来选择、探索、加工新信息，建构其意义，形成能适应复杂的、不规律的应用情景的更富弹性的知识结构；数字信息表征与人的“联想思维”的相似性，使其可以较为逼真地模拟现实世界，从而能有效地向用户呈现当前信息与用户已有认知语境及现实生活之间的联系，将源领域的经验映射到目标领域，从而达到重新认识目标领域特征的目的。

总的来说，基于用户信息资源组织与管理是随着信息资源的剧增和用户需求增长与变化而产生发展起来的。随着对用户需求的研究，信息规律的认识，技术的铺垫，个性化信息资源的组织与管理将进一步深化。从用户的角度出发，组织与管理将个性化、专题化报送，以及增加与用户的交互性。从知识发展的角度出发，组织与管理将更有利于知识利用与创新，如数据仓库、数据发掘、知识发现等。从技术的进步出发，将使全球的信息网络融为一体，进一步缩小时空，在此基础上发展应用广泛的语义智能网，使分布于不同系统、不同地区的信息同时按用户的需求得到最佳组合。

6.2 图书馆自适应性动态信息组织模式

自适应性是复杂系统的一个特点，所谓自适应是指系统能自动改变自己的习性以适应环境的变化。泛在网络是技术性与人类社会相结合的复杂系统，泛在网络是一个存储人类知识的载体，信息技术构建了其基础设施，人类社会给其带来了生命力。泛在网络中的信息自适应性动态组织的特点主要体现在其有序性，就是指信息的存在与运动所表现出来的稳定性、规则性、重复性和相互的因果关联性[1]。图书馆是泛在网络环境中的一个小的生境，图书馆受大环境的影响，信息的自适应性动态组织的架构也遵循大的环境。

在约翰·H.霍兰教授所著《隐秩序》一书中，我们知道复杂性系统皆由大量具有主动性的“主体”组成，主体之间在某些机制的作用下相互适应，涌现出系统的复杂性特性。主体之间相互适应，任何特定的适应性主体所处环境，都由其他适应性主体组成，在信息组织系统中，人与信息系统、信息环境、信息资源都成为“主体”，他们之间相互适应，主体之间的互适应，遵循一定模式，或者说，是模式主导了主体之间的相互适应。对于“模式”，人们更习惯于认同“规律”一词，在这个意义上，“模式”与“规律”同义，“模式”是对“规律”的具体描述，它描述了“规律”的所有前提、前提下的“存在”和它们之间的必然趋势，“模式”清晰描述了“规律”的结构，于是“规律”可以被分析、研究、组合——可以被科学地对待。

在耗散结构理论中，一个远离平衡态的非线性的开放系统通过不断地与外界交换物质和能量，在系统内部某个参量的变化达到一定的阈值时，通过涨落，系统可能发生突变即非平衡相变，由原来的混沌无序状态转变为一种在时间上、空间上或功能上的有序状态。这个达到一定阈值的参量，被称为“序参量”。在协同学理论中，协同系统的状态由一组状态参量来描述，这些状态参量随时间变化的快慢程度是不相同的。当系统逐渐接近于发生显著质变的临界点时，变化慢的状态参量的数目就会越来越少，有时甚至只有一个或少数几个，这些为数不多的慢变化参量就完全确定了系统的宏观行为并表征系统的有序化程度，那些为数众多的变化快的状态参量就由少数变化慢的参量支配。这少数几个变化慢的参量，被称为“序参量”。各个层次模式之间的同一性，不同层次的模式相互作用形成了一个模式系统（网络），由于模式是关于结构、结果及其必然趋势的表达，它不是主体也不是外力，所以由模式系统主导的主体行为就表现为“自组织”，因为没有发号施令的主体，也没有确定的外力作用，主体之间依“模式”行事，模式隐藏在现象背后。通过对一些复杂性系统研究理论的借鉴和融合，得出“复杂性系统的演

---

[1]孙丽昙.网络信息传播:一种自组织复杂系统的分析研究[J].现代情报，2007(5).

进规律——互适应序模式选择自组织”的结论。

由于互适应过程中没确定不变的参照物，所以涌现出无限的复杂和不确定，“主体”和适应对象（也是主体），都在持续地新增、消亡、变化，“主体”成为不确定的事物，从某种意义上说：在复杂系统中，“主体”不再是基本因子，而规律和关系则表现出确定性。泛在网络本身就是一个复杂的信息系统，分散的存储、异构的操作平台、四通八达的传播通道、样式丰富的终端设备、各种形式的信息资源以及无所不在的用户组成了一个庞杂的信息组织系统，所有主体处于一个共同的大环境中，但各主体具有自己的利益和目标，为了能更好地适应环境，它们会不断地调整自己的行为，修改自己的规则，并行地、独立地进行适应性的学习和演化。同时，这些适应性主体的各种行为不断地影响和改变着环境，而动态变化的环境则以一种“约束”的形式对主体行为产生影响，如此反复，主体和环境就处于永不停止的相互作用、相互影响和相互进化的状态，信息组织系统处在协同、非平衡的状态之中，而依附信息系统之上的信息流则处于比较稳定的流动状态，形成了一种宏观层次上的有序性。

信息组织体系结构方式的稳定性是维系泛在网络的基础，泛在信息环境下图书馆信息组织系统的架构设计是以用户为中心，泛在信息技术将广泛应用于图书馆之中，如网格技术、云计算、P2P、无线技术等，它们都将构成为图书馆信息组织系统的一部分，信息系统之间的协同更为频繁，这种协同同时也存在于信息系统内部，系统间或系统内部的信息更多通过计算机进行自动分类和组织，各系统之间协同为用户提供泛在的信息服务，信息往往存储、聚集于信息源、栈或信宿之中，在泛在网络中呈现出一种松散、游离的有序性，所构筑的信息流形成以用户为中心的空间有序分布（见图6-1），信息组织系统随用户的时空转换而动态地自动适应调整，使信息流达到一个相对稳定的状态。

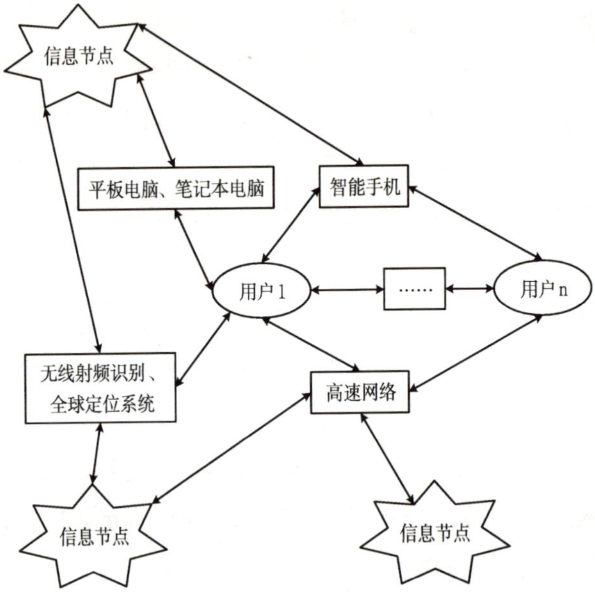

图6-1　以用户为中心的空间有序分布

此外，信息流在泛在网络环境中的流动受各种信息组织系统的控制和影响，通过这些信息组织系统的控制和对信息流施加有效的影响而达到对信息进行有序化的组织。信息组织系统软件对信息流的流通方向具有最大的可控性，在信息组织系统设计的过程中就已规划出了信息流的分类规则、信息的聚合形式与规则等，无形中规划了信息的运动轨迹，信息按信息组织系统设计规则与运动轨迹等而形成有序化的信息结构体系，使信息流在无形中就遵循了其固有的运行模式；泛在信息环境中各种具有高度交互性的工具与软件将在图书馆中得到广泛使用，如社会网络软件（SNS）、IM软件等所构建的人与人之间的“弱链接”在人们的生活中正扮演越来越重要的作用，无疑将对图书馆的信息组织演进起着非常大的推动力，使图书馆的信息组织更为开放与自由，用户将更多地参与到图书馆的信息组织活动中来，由于这些软件具有预定的运行规则，构建形成了有序的人际关系网，因此所形成的信息流具有一定运动轨迹，所表现出来的就是有序性。

搜索引擎本身也是一种典型的对网络中的信息资源进行有效组织的信息

组织系统，搜索引擎是一种重要的信息组织工具，他们首先通过信息技术利用网络机器人去自动获取网络信息资源，用相关的信息技术去组织信息，为网络信息资源建立一个Web页面索引库，然后用算法排序来呈现信息，通过搜索引擎实现了对网络信息资源的动态组织，在信息组织的过程中受到搜索引擎本身的策略、分类规则及各种算法等的控制与影响，搜索引擎使网络信息资源的有序化得到了空前的增强。图书馆的信息资源是网络资源的重要组成部分，因此也成为搜索引擎所组织资源之一，搜索引擎对全球的相关图书馆信息资源进行了一定程度的序化，增强了对图书馆的图书、学术论文等相关资源的索引。搜索引擎所起到的功用其实际就是通过检索功能而实现信息的动态聚合，泛在信息环境中的搜索引擎将更展现出知识挖掘的作用，实现对人类所有信息与知识的聚合。

人类社会活动所具有的创造性、不可预知性更能使泛在网络呈现出动态自我组织的特征，人类在网络上的信息交流、知识传播等影响了信息的自组织，用户信息行为的不确定性加剧了对网络信息流有序性的影响。泛在网络环境中用户之间的协作与交流变的更为频繁，各种虚拟的网络社区交流与社会关系给网络信息流的运动带来影响。社会关系是维系社会网络中成员之间联系的重要纽带，围绕此核心的则是泛在社会网络的建立与维持。社会关系是形成各种不同社区交流的根基，各种社区交流具有较强的群体化趋势，用户更多的根据自己的社会关系来建立属于自己的交流社区。物以类聚，人以群分，社区交流是建立在一定的兴趣、内容或主题基础之上，社区成员对各自的网络社区有强烈的归属感和认同感，在这种环境中比较容易依据成员的兴趣爱好、学术背景、共同经验、年龄阶段等不同标准形成各种紧密的交流群体，社区的成员彼此之间能借助网络工具进行交流、沟通、分享信息等，使信息流的运动具有一定的方向性、聚合性，并在一定程度上促使信息按兴趣爱好、感兴趣的共同话题、学术专业（学科）等有序化。

信息自组织与信息再组织是图书馆自适应性动态信息组织模式的主要表现形式，信息自组织的理论主要有耗散结构、协同学、超循环理论等，耗散结构是自组织现象中的重要部分，它是在开放的远离平衡条件下，在与外界交换物质和能量的过程中，通过能量耗散和内部非线性动力学机制的作用，经过突变而形成并持久稳定的宏观有序结构。协同学是研究协同系统从无序到有序的演化规律的新兴综合性学科，协同系统是指由许多子系统组成的、能以自组织方式形成宏观的空间、时间或功能有序结构的开放系统；超循环系统即经循环联系把自催化或自复制单元连接起来的系统。在此系统中，每一个复制单元既能指导自己的复制，又能对下一个中间物的产生提供催化帮助。

信息爆炸是信息自组织产生的重要背景，信息爆炸与人们对信息进行组织的手段之间的差距成为信息自组织产生的主要推动力。信息系统自我完善的正常进化规律是信息自组织产生的重要因素。泛在网络、泛在用户、信息资源共同构成网络信息自组织的三要素，在泛在网络环境中，泛在用户是信息自组织信息的提供者、传递者和接受者，网络信息自组织的信息源来自于泛在用户所产生的无序信息源，无序信息经过信息系统及其各要素之间、人与人之间、信息之间的互动，信息不断会聚、演化，并朝着有序化方向发展。在这个过程中人的参与不受外界干预，而是通过自行的团队化、协调化，形成一种几乎无目的和无意识的信息自动组织过程，在技术的支撑作用下，面对大量繁杂的信息以及人们对有效信息需求的外在竞争与信息系统自我完善的竞争形势，人们开始对信息进行评价、交流与协作组织，而在网络环境下，因特网提供了这个平台，特别是在泛在环境下，人们可以在网络中互动交流、群策群力，在这个过程中慢慢达成对某一信息的共识，使不同的信息在一定程度上自发聚集或者传播得更快、有序化程度更高，从而实现信息的自我有序状态。

图书馆信息资源的再组织就是对相关信息资源进行整理，按各自的信息描述特征而进行二次加工形成一定的“聚合”。有一种说法是互联网就是一工具，它不但是网络信息产生的工具，而且是网络信息组织的工具，从宏观上看整个互联网本身就是一个信息资源的组织者。新信息环境下信息资源具有类型多样、分布广泛、数量巨大、动态性、增长迅速、不稳定等特点，看似无序的浩渺信息，其中的绝大部分是通过“语言”来描述的，这表明了这些信息的指向性，因此我们通过提取这些语言（文字、文本）的相同部分，以此获得相关的信息；这些信息平时是完全松散、互不联系的，当且仅当我们对其加以提取的时候才呈现相对紧凑的组织结构，当互联网上存在大量信息无法利用的时候，搜索引擎将杂乱无章的信息通过关键词组合在一起，而图书馆则通过知识发现系统将相关资源“聚合”，方便了查询者的应用，实现了信息资源的再组织，可以说是互联网历史上的一座里程碑。

信息自组织与再组织是目前博客（BLOG）网站、网摘、维客（WIKI）等信息组织的主要形式，也必将成为更为开放的泛在网络环境下的重要信息组织方式。结合传统信息组织的工具和方法，发展泛在网络信息环境下信息、知识的组织理论、方法与工具，早日实现海量数字资源的自动组织与再组织，使全球网络真正成为一个智慧的语义网络，让信息用户随时随地能够获取自己想要的、真正有价值的信息成为可能。

6.3 信息资源社会化动态组织模式

用户生成内容（User Generated Content，UGC）是一种新兴网络信息资源创作与组织模式，是在以开放、参与的自服务模式为主要特征的Web 2.0环境下发展起来的。泛在信息环境是以用户为中心，以个性化服务为目标，具有多样化信息交流渠道，支持用户、信息资源与工具完全交互的信息环境，泛在信息环境的最突出的特点就是以用户为中心，以交流、协作为中心，用户逐渐成为网络社会的真正主体，网民的潜能得到彻底的释放，信息资源通过人际网络的传递与交流，使得信息资源通过共享而产生出更大的潜能，决定泛在网络自组织本质的更应该是其社会性，用户通过开放性的网络为图书馆丰富信息资源，通过共建、共享的形式为图书馆进行信息资源的建设，广泛地参与图书馆信息组织工作。

图书情报机构历来是信息组织的主要力量，随着泛在网络及信息技术的发展，文献信息资源的电子化、网络化，各类业务数据的网上流通，网上商务与教育的展开，形成了独特的网络信息资源，信息资源的组织不再仅仅依赖于图书馆或网站，整个泛在信息环境中的各种用户、组织、机构都可以进行信息资源的组织与再发布，所有终端节点都可以是信息资源的组织者。而互联网的作用也由媒介平台变为了链接与整合的工具，主要链接信息资源传播网络的各个终端结点，弱化了其组织与发布主体的作用。泛在网络将成为人们获取信息和知识的重要媒介，网络资源成为图书馆不可或缺的重要信息来源，图书馆已完全融入网络环境中。

相对于传统的图书馆，泛在信息环境是一种鼓励用户参与和贡献的环境，用户会对所需使用的信息进行分类或进行Tag标注，因此在无形中用户就参与了网络信息资源的组织。用户与图书馆的交互程度更高，并主动地参与到图书馆的信息资源建设与组织中来，用户已经不满足于仅充当信息的接受者，他们需要有主动发布信息的渠道，成为信息的创建者，用户原创信息（UGC）成为互联网的重要信息来源，信息的创建和组织也因此被密切的联系起来。在泛在信息环境中，用户可以通过任何设备终端发布任何形式的信息，由于泛在信息环境下微内容具有结构化、开放性及工具无关性的特征，因此可以在任何地方自由地将这些微内容进行聚合、共享或迁移，促进了信息的共享。

电子政务的发展和政府信息公开的需要使各国、各级政府机构越来越重视利用包括社会化网络在内的公共媒体以开放自己的数据，并鼓励第三方机构对政府信息进行增值开发利用。《中国政府公开信息整合服务平台》是国家图书馆为满足公众对政府信息的有效利用而开发的一站式服务平台[1]，以用户为中心，以政府公开信息为基础，以技术为依托，以服务为导向，是国内首个政府信息垂直搜索引擎。《中国政府公开信息整合服务平台》以各级政府网站政府公开信息为整合对象，通过自动采集，将各级政府公开信息采集到本地；平台整合了国务院各部委、全国各省、自治区、直辖市等政府公开信息，建立了政府公开信息、政府公报、政府机构等专题资源库；针对不

[1] 中国政府公开信息整合服务平台[EB/OL].[2011-6-5].http://govinfo.nlc.gov.cn/.

同形式的政府文件构建了资源描述体系，利用统一的元数据框架，对政府信息资源内容、外部特征及关联关系进行充分组织、挖掘和揭示，为公众查询政府公开信息提供了便利，同时，也提高了图书馆对政府信息资源的保障能力，对图书馆发展将产生深远的影响。

搜索引擎是一种重要的信息组织工具，Google用技术去获取信息，用技术去组织信息，用算法排序来呈现信息，Yahoo从索引方式起步，提供的信息是内容的方向或者路径，达到导航的效果，虽然它们的侧重点不同，但实质都是相同的，都是为了对信息的有效组织。在新一代网络社区的冲击下，以Google为代表的搜索引擎除了在提高原有搜索功能的性能方面外，各搜索引擎都毫无例外地加强了其社区化功能，纷纷通过索引博客、维基、微博等网民原创资源、开发用户评论功能或加入社会性网站等方式，挖掘、重组社会性网站中有价值的信息，借助社会网络平台快速传播商务信息，扩展自身的影响力，搜索引擎的社区化除有利于提高用户的忠诚度外，也方便了他们各自的信息组织功能，加强对网络社区信息的有效组织已成为搜索引擎发展的重要趋势。由于搜索引擎的社区化，用户为他们生产了庞大的信息资源，用户可以通过搜索引擎实现对自己或别人所生产的信息进行重组与呈现，从而也满足了对社区信息需求的有效组织。

泛在网络的兴起将改变互联网信息生成、共享与交流的模式，大众交流平台的普及加速了数字信息资源快速增长的趋势，推动互联网进入全民织网的时代，“集中群众智慧”的理念对图书馆的发展产生了巨大的影响，泛在技术促进了用户的参与和互动，网民创造了网络上的庞大信息和知识。泛在知识环境下图书馆将更多的体现出协作，重视用户个人对共同利益小团队、社区乃至整个社会知识创建的贡献和作用，并充分利用博客(Wiki)、维基（Blog）等社会软件来开发和设计相应的服务和软件工具，以支持小组和虚拟社区的创建、个性化服务和知识协作与共享，用户通过注释、评论、个性化标签等方式为图书馆创造知识。泛在信息环境的信息创建具有草根性，用户之间可以进行同步或异步的交流，为了交流，用户必须先将自己的思路和观点明晰化，并提供相应的信息以支持，进行自我的解释与完善，这个过程也是用户将思维、经验、新想法等隐性知识外显化的过程。而这些隐性知识则是泛在信息环境下极有价值的信息资源，可以将其与各种显性知识共同组织在一起，提升信息资源组织的层次，泛在信息环境下的图书馆将充分利用“用户智慧”，不断地为图书馆的知识库创造更多、更有价值的知识。

泛在信息环境使每个人都拥有了更加便捷的方式“参与”到互联网的创作活动中来，为用户参与网络信息组织提供了良好的平台和协作机制，用户可以通过博客、文摘和其他更多的服务进行写作、展示图片或者音频视频文件等——内容由每个普通互联网用户来创造。虽然用户个人的见解难免片面，但是将博客组织起来再用网摘加以其他用户的评价，就出现了一种空前有效的创新的信息组织方法，这种组织方法可以说是任何传统信息组织都无法比拟的。而博客个人的专业性保证了信息的专业价值和权威性，这和传统媒体的权威性是异曲同工的。因此总的来说，博客和网摘等社会软件创造了一种空前高效和有价值的信息组织技术。维基百科就是其中一种非常重要的信息源，维基百科英文名为Wikipedia，自由的百科全书。它是一种基于Wiki的百科全书，是一个自由、免费、内容开放的百科全书协作计划，参与者来自世界各地，目前已经成长为全球最大的网络百科全书，百度百科的创作模式的原型也是维基。Wiki系统可以帮助我们在一个社群内共享某领域的知识，支持面向社群的协作式写作，为协作式写作提供必要帮助。

由于社会化的信息组织及建设的开展，图书馆获得信息的途径变得越来越多，作为全球最大、最完善的图书馆馆藏目录，WorldCat 帮助其成员馆扩大提供给用户的联合馆藏，其效果绝非单个机构凭一己之力可以做到的。2009 年以来，WorldCat 不断拓展网络规模，力图让后台网络内容突破图书馆小环境，进入当今信息搜索者和创造者的全数字生活。为达此目的，WorldCat 在信息组织方面做了许多革新，如更新升级编目系统、积极应用Web2.0、云计算和移动等技术，不断提升用户体验，不仅提高了其自身信息组织的能力和效率，而且吸引了越来越多不同类型的主体参与其信息组织，拓展了信息组织的对象范围，还向全球用户开放其信息组织成果，促进了信息资源发现与共享。2005年9月，OCLC开始启动Wiki WorldCat试验，试验首先在Open WorldCat中推行，Open WorldCat的用户通过Wiki可以向WorldCat添加记录，随后，WikisWorldCat扩展到FirstSearch中的WorldCat数据库及其他专业服务，如资源共享、馆藏分析等。WorldCat鼓励用户参与，提高信息组织工作的参与度和透明度，利用网络社交工具，增强用户与工作人员、用户与用户的交互，提升用户参与的体验价值，以不断创新用户参与WorldCat信息组织的能动性，丰富和拓展了WorldCat信息组织的资源和文化内涵[1]；基于Web2.0技术的商业性读书编目社会性网站Librarything则为用户提供简单易用且性能良好的具有图书馆品质的编目系统作为它的经营理念，人们可以通过http://www.librarything.com/添加、创建书目信息，以及加标签、评论与评级、上传封面和作者图片等常见的用户贡献内容，他还让用户手工做集中同一作品不同版本的工作，真正体现了社会化的信息组织及建设特征。

社会化网络环境为用户营造了一个随时随地、无处不在的网络信息利用环境，信息组织结果的社会化首当其冲。图书馆应该信奉一种“外推”的哲学理念，扩展至用户所在的任何地方，实现从“资源驱动”向“基于用户”的转变[2]。OCLC的报告《网络世界的共享、隐私与信任》（Sharing, Privacy and Trust in Our Networked World）显示，用户认为图书馆应该努力把自己嵌入用户社区中，包括网络虚拟社区和真实世界。信息组织系统应积极利用网络的开放和传播优势，嵌入用户的信息环境，创造泛在便捷的信息利用环境。用户希望图书馆在线目录可帮助其识别合适的资源，图书馆馆员则希望它更好地帮助其工作。这给信息组织结果的开放指明了方向[3]：①信息组织结果嵌入搜索引擎。社会化网络中的各类信息组织系统应积极向搜索引擎开放，融入其索引库，借助用户熟悉的搜索工具促进对网络资源的发现和利

[1] 黄如花，杨雨霖.WorldCat信息组织创新的策略[J]. 图书与情报, 2012(5).

[2] Stoffle Carla J,Leeder Kim,Sykes Casavant Gabrielle. Bridging the Gap: Wherever You Are, the Library [J]. Journal of Library Administration, 2008,48(1):3-30.

[3] 黄如花,苏小波. 论社会化网络环境下信息组织的发展[J]. 图书馆论坛, 2011,(6):190-198.

用。②信息组织结果嵌入移动网络平台。网络信息组织应及时关注这种应用，延伸自己的服务范围，嵌入到手机、平板电脑等移动网络平台中，真正营造无处不在、方便快捷、随时随地的使用环境，开发出更加丰富多彩且使用便捷的内容展示形式和资源获取路径。③信息组织结果嵌入社会性网站。越来越多的用户通过维基、博客等“非正式”信息交流途径查找、交流、应用、传播和分享信息，社会化网络为各类信息组织系统提供了一个很好的传播和利用方式。

社会化网络环境下，大众信息发布与交流平台和移动媒体的兴起，网络信息的组织正处于从传统的以少数专业信息人员为主向多方参与的去中心化的信息组织转型之中，更加体现出以用户参与为基础的信息自组织特征。以用户为中心、注重用户的感知体验将会是一条至上原则。将创新的技术平台与“以用户为导向”的理念相结合，把用户的社会关系融入网络信息组织，实现包括用户原创资源、OA资源和商业性资源在内的多源数据的融合，将会是新一代网络信息组织的重要发展方向。

泛在环境是一种普遍的、无所不在的、全面的数字环境，信息内容的指数级式增长，使得信息的组织更为迫切，依靠传统的图书馆员等专业人员，人工对资源进行信息组织，恐怕是个永远难以完成的任务。泛在环境下知识的传播与利用方式发生了根本性的改变，更加强调用户的参与和人机互动，充分体现了“以用户为中心”的核心理念，泛在环境为用户、信息、设备提供交互功能完备的信息共享空间，使我们每个在信息海洋里遨游的信息人都能参与到信息组织中来，我们参与到网络中的每个人都将有可能成为一名“图书馆馆员”，通过群体的努力来进行信息组织，并将共同迎接信息组织的挑战。

本章小结

泛在信息环境下的图书馆信息组织是以用户为中心，其架构具有很强的空间环境适应性，能适应用户所在空间位置与环境的变化，此外，也具有高度的动态自组织性，包括系统的及人为的。

泛在信息环境中的信息组织系统在宏观层面上具有一定的稳定性，信息组织系统不仅具有一定的运行规律，同时还能随用户的时空转换而动态地自动适应调整，使信息流达到一个相对稳定的状态，因此系统本身就起到了对信息序化的功能。由于交互性的增强，人对信息组织的影响是不可忽视的，用户将更多地参与到图书馆的信息建设与组织中来。

第七章

泛在信息环境下信息资源组织的方法及技术

信息资源组织是一门实践性较强的学科，信息资源组织方法与技术在实践中得到了极大的发展，Francis Miksa 在其 *Information Organization and the Mysterious Information User* 中把信息资源组织的发展分为 3 个阶段[1]：①从 15 世纪 50 年代印刷作品出现到 19 世纪为第一阶段。该阶段只有书目和图书馆目录两种信息组织方式；②19 世纪早期到第一次世界大战结束为第二阶段。在这段时间里，出现了除计算机信息存储和检索之外的很多其他信息组织方法，如索引、分类、文件管理（Documentation）等相继出现，并且这些方法随着时间的推移发生了很大的变化；③20 世纪 20 年代到现在为第三阶段。在这个阶段，随着计算机存储和检索的出现，书目的传统地位受到了挑战，文件管理也开始被计算机存储和检索所取代。索引开始独立存在并被重新认识，同时档案和档案管理却开始被广泛应用于各行各业，图书馆目录开始深受计算机技术的影响，计算机存储和检索成为最基本和主要的信息组织方法。

虽然 Francis Miksa 对信息资源组织发展的阶段划分比较粗略，对信息组织方法的叙述也不够精确和全面，但仍有重要指导意义：在信息资源组织的过程中不能忽视信息技术等对信息资源组织的重大影响；传统的信息组织方式在新信息环境下仍然是不可或缺的，索引、书目和图书馆目录等这

---

[1] Francis Miksa.Information Organization and the Mysterious Information User[J]. Libraries & the Cultural Recmd，2009(3):343-374.

些传统信息组织方法在新的环境下焕发了新的活力；对信息组织的研究离不开对信息技术等相关问题的研究。随着泛在信息技术的普及和发展，信息资源组织的发展和研究又将进入到另一个新的阶段，在这个阶段涌现了新的信息组织方法与技术，同时有关信息组织的其他研究也显得更加重要和紧迫。

7.1 信息组织方法的演进

信息资源组织是将无序状态的信息资源组织成有序状态的信息资源的过程，可以从不同角度、不同层次对信息资源组织方法进行分类，从信息属性角度可分为语法组织方法、语义组织方法、语用组织方法，从信息资源的载体角度可分为传统信息资源组织方法和网络信息资源组织方法，从分析和综合角度可分为微观组织方法和宏观组织方法，从结构组成角度可分为信源组织方法和信道组织方法，从具体应用和技术角度可分为数字图书馆组织方法、搜索引擎组织方法等[1]。

信息组织的方法基础主要是由逻辑学、语言学、知识分类等组成，通过语言符号所建立起来的符号系统对信息的外部特征与内容按一定的逻辑次序对信息进行归类，传统的信息组织方法推进了图书馆信息组织的发展。但随着新的信息环境、信息技术的不断发展与更新，传统的以语法为主的信息组织方法已难以适应新信息环境，泛在信息环境下的信息组织更侧重于对知识的组织，侧重概念、语义上的组织，强调知识之间的关联与融合，同时强调机器对知识具有较好的理解性，增加机器智能化进行归类与管理的能力。

长期以来，以纸张为记录载体的文献组织方法是以分类组织法和主题组织法为主要形式。分类组织法既是种哲学思想，也是对知识分类体系的反映，有着悠久的发展历史；主题组织法是为了适应文献的计算机管理需要而逐步受到重视的一种文献信息组织方法。文献分类法是语法信息组织和语义信息组织的综合，从学科角度集约信息，便于族性检索；主题组织法则主要

---

[1] 戴维民. 信息组织[M]. 北京: 高等教育出版社, 2009: 18.

是以语法信息组织为主、语义信息组织为辅的一种综合信息组织体例，其词族索引和范畴索引展现了主题词之间的等级关系和学科关系，属于语义信息组织，而附表和英汉对照索引则体现了语法信息的关系。因此，主题组织法是建立在自然语言基础之上的另外一种形式的语义信息与语法信息组织的综合，它从事物角度集约信息，便于特性检索。

除此之外，传统信息组织方法还包括字顺组织法、时间空间组织法、随机组织法等。在实际应用中，这些方法往往交替使用，当独立使用各种组织方法时，可以采用并列的方式，将同样的信息概念、信息记录和信息实体制作出多个副本，进行多种方式的组织排列，形成不同序列的信息集合，以增加信息的检索途径。

传统信息资源组织根据信息资源的特征和构成，以及人们对信息资源开发利用的需要，可把信息资源划分为不同层次，即零次信息资源、一次信息资源、二次信息资源和三次信息资源，不同层次的传统信息资源的组织方法都综合地运用了语法、语义和语用组织方法，并可能基于上述基本方法形成新的综合性组织方法。

随着网络的发展、网络信息资源的快速增长以及网络信息资源的诸多特点，网络信息资源组织已成为研究热点，网络信息组织的对象逐渐多样化，范围也随之扩大，它不再停留于对文献特征的描述，而深入到知识单元、信息单元，致使传统的信息组织方式已不能满足各种信息的需要。网络信息资源组织是指根据网络信息资源的特点对其进行序化的过程，它和传统信息资源组织既有相同之处，即综合利用了上述信息组织基本方法，但也呈现出自身的特点，即在基本方法基础上形成了适合网络资源的综合性组织方法，超文本方法、自由文本方法、主页方式、搜索引擎方法、主题树方法等相继出现，可组织的对象也丰富起来，主要包括网页、数据库、数据仓库、超文本等。网页是网上相关信息的集合，通常是指通过浏览器所看到的一个完整页面，目前WWW服务器上的信息主要是通过网页方式进行组织；数据库是相互关联的数据的集合，能有效地将大量的数据组织起来，大量的学术资源均通过数据库形式组织在一起；数据仓库是面向主题的、集成化的、不同时间的历史数据集合，其目的是提供决策所需的信息资源；超文本是通过网络节点之间的链接将网络信息组织成网状结构以方便用户对网络资源的有效获取的技术，超文本的节点、链接以及节点和链接中所包含的信息资源都可以动态地发生变化。

目前，知识处理的技术和方法成为图书馆学研究的热点，图书馆学研究的范畴和空间拓展了，图书馆作为社会知识与信息媒介的功能日益重要。网络环境下的知识组织主要包括原理与方法、知识信息处理方法与技术应用、知识单元的自动标引与自动检索、文献知识和信息深层揭示原理与方法、电子文献的采集、保管与利用、科技信息交流媒体的整合、社会经济信息化测度与评估、知识创新与科技信息转化机制、基于知识服务的图书情报事业改革与创新、知识管理系统的设计，而网络信息资源开发与利用，电子文献的采集、保管与利用、数字资源整合、网络知识产权保护、智能检索、数字参考咨询、数字图书馆开发、管理与技术 \ 开放存取学术交流模式等领域都成为图书馆学研究的热点；图书馆学显现出许多新的生长点。

泛在信息环境下的信息组织语言符号更为丰富，不但有传统的文本符号形式，更多的可视化、虚拟与现实等组织形式相继出现，增进了用户对信息的理解，丰富了信息组织的手段；信息组织从以外部特征与内容分析的形式逻辑，过渡到以概念、语义为基础的现代形式逻辑，并从概念与语义上对知识进行关联；通过新的信息组织技术对知识进行深层次的发现与发掘，以知识分类为基础，对人类知识领域进行有序的揭示。因此，可认为泛在信息环境下的信息组织就是通过语言符号所建立起来的符号、规则系统对知识从概念与语义上按一定逻辑对知识进行归类并为知识建立关联，使人类知识有序。

传统的信息资源组织是按照亚里士多德的树状结构思路来进行信息资源组织的，结构是层级性的，类与类之间是互斥的，最近，这一观点已经面临着哲学论证的挑战，认为在面对网络信息及知识的组织管理中树状层次结构显得无力，而信息资源之间的联系复杂化，特别是网络信息资源及知识在结构上通常形成网状的关系，相互之间不存在明确的层级结构，相互之间而是盘根错节的，分类语境中的地下根状结构概念广泛应用于信息组织之中，英国伦敦城市大学情报学中心的Lyn Robinson和Mike McGuire在*The Rhizome and the Tree: Changing Metaphors for Information Organization*一文中对以Delueze与Guatari的地下根状结构概念作为信息组织的一个模型进行了回顾[1]，认为根茎隐喻为超链接信息系统提供了一个有趣的模式，在某种程度上，这是现代背景下信息组织的优化模型，特别是在Web上下文的组织方面，传统的层次结构与地下根状结构的结合将是一种有前途的信息组织模式。

7.2 泛在信息环境下信息资源组织方法

语言学、逻辑学及知识分类学是信息组织的传统方法基础[2]。

（1）语言学

语言是一种符号系统。符号是指代他种事物的标记。任何特号都由形式和内容两部分组成，语言符号的形式是语音，语言符号的内容就是语义。由语音和语义构成的语言符号单位就是词或语素。每种语言都是一个符号系统，语言符号系统中的基本符号单位是词（包括固定词组）。它是由固定的语音形式与固定的语义内容结合而成的，是语言按语法规则进行组合、造句表义的基本单位。要把庞杂分散的信息组织成有序优化的整体，就必须建立符号系统。有了这种符号系统，信息系统的有序特征才能体现，信息单元的个体特征才能被揭示出来，各种信息单元才能对号入座，纳入这种符号系统的框架之中，形成一个便于检索的序化信息靠合。尽管各种信息组织符号系统的形式不同，但都和自然语言一样，有着共同特征：有语词、有词汇、有语法。这就是信息组织的语言学基础。

（2）逻辑学

逻辑学是一门具有悠久历史的科学。现在，逻辑学已发展成为包括形式逻辑、数理逻辑、辩证逻辑以及其他一系列逻辑分支的科学。形式逻辑是逻

---

[1] Lyn Robinson,Mike Maguire.The Rhizome and the Tree: Changing Metaphors for Information Organization[J].Journal of Documentation , Volume 66 (4): 604-613.

[2] 周宁,吴佳鑫. 信息组织[M]. 武汉: 武汉大学出版社, 2010: 9-10.

辑科学体系当中的最基础的知识，研究思维的逻辑形式及其基本规律，以及简单逻辑方法的科学。形式逻辑研究的对象，决定了它是一门工具性质的科学。它是人们认识事物、表达思想时经常运用的逻辑工具，同时，也是创造发明和获取新知识的有效方法。此外，形式逻辑所研究的思维的逻辑形式具有一定抽象性，它是一种能为全人类所掌握的通用型工具。信息组织是一种思维活动，它必须遵循科学的思维方法。也就是说，进行信息组织工作必然用到形式逻辑的一些方法，信息组织的行为只有符合逻辑思维规律，才能保证信息组织的序化质量。

（3）知识分类学

任何有深度的信息资源组织系统都要求按主题内容之间的关系进行组织和揭示，这就要求以已有的知识分类的成果为基础。逻辑知识是进行信息组织应当依据的方法，但只依靠逻辑知识是不够的，还必须依据人类对知识关系的发现，才能有效地进行。知识分类体系是建立在人类对外部世界的探索和发现的基础之上的，是根据了解知识之间关系建立的系统，它是进行主题之间关系处理的重要依据。信息组织以知识分类为基础，可以较好地揭示各个领域知识之间的关系和规律性，及时反映知识领域的进展。

7.2.1 基于传统印刷型载体信息的组织方法

长期以来，以纸张为记录载体的文献组织方法是以分类组织法和主题组织法为主要形式。分类组织法既是一种哲学思想，也是对知识分类体系的反映，有着悠久的发展历史；主题组织法是为了适应文献的计算机管理需要而逐步受到重视的一种文献信息组织方法，主题组织法是网络信息组织的重要方式，在网络信息组织中的不可替代作用日益明显。

分类法又称体系分类法，是一种按照事先规定好的学科或体系范畴，并且依据一定的属性将信息资源分门别类组织成系统便于查检的方法，对用户的检索过程和检索范围进行控制，为不同专业知识水平的用户提供查询信息的捷径[1]。分类法具有良好的层次性与系统性，便于用户根据信息资源的学

[1] 马张华.信息组织[M]. 北京: 清华大学出版社, 2003: 77-254.

科内容进行族性检索，且符合人类认识事物的逻辑思维方式，有着长期的、广泛的应用基础。图书馆图书分类、光盘检索系统以及一些搜索引擎（如 Yahoo 等）都提供了按学科专业或范畴领域检索信息资源的途径。

目前在国内图书馆界通用的主要分类法是《中国图书馆分类法（第四版）》（俗称“中图法”）和《中国科学院图书馆图书分类法》（俗称“科图法”），其中“中图法”是国家推荐统一使用的分类法[1]。然而，由于网络信息资源具有增长快、分散、动态等特点，新知识、新概念不断涌现，分类法作为一个规范是应当相对固定的，就当前而言也没有可行的机制让其随时保持“与时俱进”，且作为分类法其类目的篇幅终究是有限的，即便在分类法典籍中有可能尽列所有知识或概念，但是这必将导致其作为一部分类参考手册的可操作性极大降低。又由于利用分类法对信息资源进行组织往往需要专业人员人工的参与，这也无形中为用户的信息检索设置了障碍，所以分类法在为人们及时准确地提供所需信息资源方面仍然存在局限性。

主题法是以主题语言为基础来描述和表达信息内容的一种信息组织技术。主题语言是以词语为检索标识，采用语言揭示和描述信息主题内容，按照主题字顺组织信息的检索语言[2]。主题法是目前信息资源组织所采用的主要方法，现行很多搜索引擎在网络信息组织中都是利用主题法原理进行信息资源组织的。主题法在信息资源组织中的使用主要表现为两种形式：一是用现有的词表（叙词表、标题词表）组织信息资源；二是广泛采用关键词法。由于利用主题法对信息资源进行组织不能很好地揭示信息之间的语义，因此导致了采用主题法组织信息资源的信息检索系统的检索效率很低。

除此之外，传统信息组织方法包括字顺组织法、时间空间组织法、随机组织法等。在实际应用中，这些方法往往交替使用，当独立使用各种组织方法时，可以使用并列的方式，将同样的信息概念、信息记录和信息实体制作出多个副本，进行多种方式的组织排列，形成不同序列的信息集合，以增加信息的检索途径。

---

❶ 沈固朝.信息检索多媒体教程[M]. 北京: 高等教育出版社, 2002: 46-49.

❷ 马张华.信息组织[M]. 北京: 清华大学出版社, 2003: 77-254.

7.2.2 泛在信息环境中的信息组织方法

信息资源的组织方法与工具也在发生适应性的改变，传统的信息组织方法，如主题法、分类法等通过不断改造以适应新的复杂泛在信息环境，同时，又不断地涌现出新的组织方法，以适应信息环境的变革。信息资源组织经历了语法组织，发展到语义、语用组织，形成了一个多层次的信息组织体系，信息组织的内涵不断向与数字环境及资源基础相适应的方向深化。

泛在信息环境中，需要对信息对象或信息内容进行重组和动态的链接，增强信息组织的适应性和有效性，信息组织的“整序”和“优化”不再局限于语法层面，图书馆的信息组织活动将更侧重围绕知识而展开，将更加关注知识应用的用户群体和应用环境，使知识服务能自适应于相关的环境与场景，通过泛在信息技术与工具的运用，对信息进行分析与重组，对知识进行描述、组织与链接，按用户的需要构建动态的个性化知识组织体系和知识地图。适应复杂数字环境的新型信息组织工具的出现，如：概念地图（Concept Map）、知识地图（Knowledge Maps）、语义Web（Semantic Web）核心的本体、语义网格（Semantic Grid）等，推动信息组织向语义、语用层面延伸。

对信息资源进行组织是用户有效获取信息的基础，信息资源组织技术随着信息技术的发展而不断变化，大体上可以分为元数据法、本体（Ontology）、概念地图（Concept Map）、知识地图（Knowledge Maps）、语义Web（Semantic Web）、语义网格（Semantic Grid）几种。

（1）元数据法

元数据通常被定义为“关于数据的数据”或者是“描述数据的数据”[1]。元数据结构是为了适应数字图书馆的发展而产生的。元数据具有传统目录的著录”功能，目的在于使信息资源得到合理和有效的利用。元数据根据它的具体功能一般分为描述型元数据、管理型元数据、结构型元数据等，国内目前对元数据的研究，大多集中在描述型元数据上，比较典型的描述型元数据是DC（Dublin Core，即都柏林核心）元数据，DC于1995年3月

---

❶ 冷伏海.信息组织概论[M]. 北京: 科学出版社, 2003: 4-279.

由OCLC与NCSA（国家超级计算机应用中心）联合发起，其目的在于建立一套描述网络电子文献的方法，以实现网上信息的辨识、查询和检索。为了适用于不同的信息资源，近年来相继出台了许多的元数据标准，如基础教育元数据标准、电子政务元数据标准等，同时也建立了不少专业元数据库。就总体而言，元数据的应用范围非常广泛，其中数字图书馆是元数据发展和实施的较具挑战性的应用领域。为了适应网络技术的发展，元数据与XML的应用正成为信息资源组织的研究方向，通过对表达语义的元数据以及表达结构、关系和逻辑的XML、XMLS、RDF、RDFS等形式化描述，计算机就能够对于数据所负载的语义进行理解和处理[1]。

（2）本体

本体的概念最初起源于哲学领域，可以追溯到公元前古希腊哲学家亚里士多德（公元前384年—公元前322年）。它在哲学中的定义为“对世界上客观存在物的系统地描述，即“存在论”，是客观存在的一个系统的解释或说明，关心的是客观现实的抽象本质。

本体作为一种新的方法目前国内外学者进行了广泛讨论，本体被赋予了更多的含义，但尚未形成统一的概念。在人工智能界，最早给出本体定义的是Neches等人，他们将本体定义为“给出构成相关领域词汇的基本术语和关系，以及利用这些术语和关系构成的规定这些词汇外延的规则的定义”。后来在信息系统、知识系统等领域，越来越多的人研究本体，并给出了许多不同的定义，其中最著名并被引用得最为广泛的定义是由Gruber提出的，“本体是概念化的明确的规范说明”[2]，与这个定义类似的有N.Guarino提出的本体是概念化的、明确的、部分的说明或一种逻辑语言的模型[3]，波音公司Michael Uschold博士将本体定义为本体是一套术语词表以及术语含义的规范说

---

[1] 陈树年,李青华,朱连花. 近年来我国信息组织研究进展及趋势[J]. 图书馆建设, 2006(3): 62-67.

[2] T.R.Gruber.A Translation Approach to Portable Ontology Specifications.Stanford University[J]. TechRep:Logic-92-1, 1993.

[3] Guarino N. and Giaretta P.Ontologies and Knowledge Bases:Towards a Termino-logical Clarification, In N. Mars,(ed.),Towards Very Large Knowledge Bases:Knowledge Building and Knowledge Sharing[M].IOS Press,1995,25-32.

明[1]，该定义也是目前使用的最广泛的本体定义。Swartout将本体定义为："本体是一个为描述某个领域而按继承关系组织起来作为一个知识库的骨架的一系列术语"[2]，他的定义强调了本体中术语（Terms）的重要性。W.N. Borst将本体定义为本体是共享概念模型的形式化规范说明[3]。德国卡尔斯鲁厄大学的Studer等学者认为本体是共享概念模型的明确的形式化的规范说明[4]。William and Austin认为本体是用于描述或表达某一领域知识的一组概念或术语，可用以组织知识库较高层次的知识抽象，也可用来描述特定领域的知识[5]。Fensel将本体定义为本体是对一个特定领域中重要概念的共享的形式化的描述[6]。他在2001年对这个定义进行分析后认为本体的概念包括四个主要方面：①概念化（Conceptualization）：客观世界的现象的抽象模型；②明确化（Explicit）：概念及它们之间的联系都被精确定义；③形式化（Formal）：精确的数学描述；④共享（Share）：本体中反映的知识是其使用者共同认可的[7]。得到最多公认的本体定义："本体是对概念体系的明确的、形式化、可共享的规范说明"[8]。

随着信息技术的快速发展，特别是Internet的兴起，全球信息资源数量增长迅猛。但由于现行信息检索系统所采用的信息资源组织技术（如分类法和主题法）不能很好地揭示信息中所蕴含的语义，导致信息检索系统反馈给用户的检索结果不能满足用户的检索需求，这一点在网络信息检索中尤为突出。由于本体具有良好的概念层次结构，本体中的概念与概念之间蕴含了丰

---

❶ Mike Uschold & Michael Gruninger.Ontologies:Principles,Methods and Applications[J].Knowledge Engineering Review,1996,11(2):93-136.

❷ B. Patil, R. Knight, K. Russ. Toward Distributed Use of Large-Scale Ontologies[J].Ontological Engineering. AAAI-97 Spring Symposium Series, 1997:138-148.

❸ W. N. Borst.Construction of Engineering Ontologies for Knowledge Sharing and Reuse[D],Enschede, University of Twente,1997.

❹ Staab, S. Studer, R. Schnurr, H. P.,et al.Knowledge processes and ontologies[J].Intelligent Systems, 2001,16(1):1-24.

❺ William S, Austin T.Ontologies[J].IEEE Intelligent Systems,1999,14(1):18-19.

❻ Fensel D.The semantic web and its languages[J].IEEE Computer Society,2000,15(6): 67-73.

❼ Fensel D.Ontologies:Silver Bullet for Knowledge Management and Electronic Commerce[M].Berlin, Springer-Verlag,2001:14-19.

❽ Studer, Benjamins, Fensel.Knowledge Engineering:Principles and Methods.Rudi Studer, V.Richard Benjamins, and Dieter Fensel.Data and Knowledge Engineering, 1998, 25(102),161-197.

富的语义关系，因此本体在信息资源组织方面的应用正成为研究的热点。本体在信息组织领域的作用主要体现在下面几个方面：

①对信息资源通过本体进行结构化组织；

②构建基于本体的信息检索；

③通过使用本体构建语境环境（Context aware）；

④建立本体的分类体系将检索结果分类并展示。

从本体的诸多定义的内涵来看，不同研究者对本体有共同的认识，即把本体当作某领域不同主体之间进行交流的一种语义基础，是关于某个主题、领域的术语词表，以及术语之间关系的规范和说明，本体描述的是个体（实例）、类（概念）、属性以及关系等。由于本体的巨大优势，在泛在信息环境中本体得到了更为广泛的应用，越来越多的关于本体在泛在信息环境中应用的研究论文发表。

（3）语义Web

语义网（Semantic Web）是一个由全球信息网联盟的蒂姆·伯纳斯-李（Tim Berners-Lee）在1998年提出的一个概念，并于2001年5月在*Scientific American*上发表文章，通过描述Agent如何在语义网环境中进行智能型信息获取，展示了实现语义网后的美好前景：在相关技术的支持下，网络信息空间将成为一个巨大的知识网络，机器可以自动理解信息内容并进行知识推理，为人们提供高质量、自动化的多元信息服务[1]。它的核心是：通过给全球信息网上的文档添加能够被计算机所理解的语义，从而使整个因特网成为一个通用的信息交换媒介，通过使用标准、置标语言和相关的处理工具来扩展全球信息网的能力，从而能够进行语义查询，以及数据整合，提供了互联网上实现语义互操作的技术平台。

“语义网”是计算机和互联网界在描述下一阶段网络发展时所使用的术语，语义网的作用是连接知识，由本体、语义查询、人工智能、智能代理、知识结点、语义知识管理等构成。目前语义网的应用系统主要是使用已建立

[1] Berners-Lee, T. J. Hendler, O. Lassila. The Semantic Web[EB/OL].[2012-11-25].http://www.scientificamerican.com/article.cfm?articleID=00048144-10D2-1C70-84A9809EC588EF21&catID=2.2001

的本体或元数据，针对特定领域的网络资源数据进行语义标注；用户对语义网应用系统进行询问，系统结合本体推理对有关的询问作相应的处理，并把结果呈现给用户[1]。由此可见，对图书馆尤其是对数字图书馆产生直接影响的是语义网中的元数据和本体技术。随着语义万维网的发展，网络资源的细粒度化、语义化和更广泛的开放链接呈现出加速发展的趋势，作为数字资源揭示和利用的一项重要技术，元数据正向实现机器自动处理的方向发展：语义的自动提取、映射的自动生成、内容的自动发现、服务的自动协同等，成为计算机科学、网络信息组织和数字图书馆的研发热点。

目前，网络信息空间中的数据主要以非结构化和半结构化形式存在，网络信息资源仅实现词法层面的管理，缺乏语义描述，网络信息的语义理解一直是智能导航研究的瓶颈问题，语义网技术可以引导人们进行语义层次上的信息分类、信息标引、信息索引、信息整合等方式的信息组织，实现一个有序的信息空间[2]，泛在信息环境中，可以使用语义网技术对信息资源中的知识对象、知识内容及其逻辑关系进行系统、深入和动态的描述，将信息的表现形式、数据结构和内容分离，构建一个基于数据语义来进行连接的网络，从而使网络能按照用户的要求自动搜寻和检索网页，实现语义搜索，将不同类型的语义空间通过语义映像和语义互联转换和整合到同一的语义空间，实现语义互联和语义互操作。此外，能对用户需求进行语义分析和语义描述，准确表达用户的信息需求，增强信息对用户的感知力。一方面可将用户需求与信息资源集进行语义匹配，实现它们之间的互理解；另一方面，语义网可以对用户的任务进行更为有效的理解，为用户构建一个适用的“语境”。

世界领先的语义技术解决方案提供商PureDiscovery公司（http://www.purediscovery.com）近日宣布将和LexisNexis公司的法律发现平台（LexisNexis LAW PreDiscovery）合作整合其语义搜索技术。LexisNexis的法律发现平台是首屈一指的电子发现和图像处理解决方案。整合了PureDiscovery的法律诉讼产品（LegalSuite）和LexisNexis的法律发现平台（LAW PreDiscovery）

---

[1] 马张华,黄智生.网络信息资源组织[M].北京:北京大学出版社,2007.

[2] 王翠波,张玉峰,艾丹祥,金燕.基于语义网的信息组织与智能导航研究[J].中国图书馆学报,2006,(3):32-36.

之后，法律发现专业人员将能以更快的速度发现最相关的文档。PureDiscovery的语义技术利用了该公司在机器学习领域的创新来产生高度相关的语义匹配[1]。

PureDiscovery的语义技术为LAW PreDiscovery带来了4方面的功能：

①透明度：对每个查询都进行了智能增强，并将其显示在一个可视化的Web界面上，有助于用户完全理解其查询意图并有效地参与查询。用户看到的不仅是最终的数据集合，还得到各个数据所用的查询词，这样整个搜索过程就更加透明化。

②控制能力：语义搜索允许用户使用一个叫作“查询云”的可视化查询界面的添加、删除、增加或减少每个查询词重要度的功能来控制整个搜索过程。

③更广泛的搜索：除了搜索整个LAW PreDiscovery的法律数据库，PureDiscovery的语义搜索平台还能在任何索引上进行语义搜索，无论是内联网、外联网、ECM（企业内容管理）系统或是电子邮件档案。

④可扩展性：与其他受限于少量的样本文档集的语义技术不同，PureDiscovery LegalSuite平台能从无数的文档中进行学习，并快速扩展其覆盖的案件范围。

（4）语义网格

人们发现在E-Science计划研究中，利用网格技术并不能解决E-Science计划中所预想的一些问题，它们之间存在不少差距，如果要达到E-Science所要求的易用性和无缝自动化，就必须要增强机器对信息的可理解性与可处理性，提高集成和数据计算能力，尽量减少人类的介入，这却和语义Web的目标有一些相似，于是David De Roure等学者在2001年最先提出了语义网格的构想，语义网格就是“对当前网格的一个扩展，其中对信息和服务进行了很好的定义，可以更好地让计算机和人们协同工作”[2]，为了更深入的研究，

---

❶ 语义搜索在信息发现中的应用[EB/OL].[2012-10-09].http://www.infotech.ac.cn/CN/item/showItemDetail.do?id=306.

❷ David De Roure,Nicholas Jennings,Nigel Shadbolt.Research Agenda for the Semantic Grid : A Future e－Science Infrastructure[EB/OL].[2010-12-11].http://www.semanticgrid.org/v1.9/semgrid.pdf.

2002年在全球网格论坛GGF成立了语义网格研究组（Global Grid Forum Semantic Grid Research Group，SEM-GRD）。他们提出的语义网格构想主要是希望用一种机器可理解、可处理的方式对所有的信息资源与服务进行描述，从而实现语义的互操作性，其实质就是通过形式化描述网格上的信息来解决语义问题，使计算机尽可能替代人在网格上进行信息处理。语义网格使用元数据来描述网格中的信息。将信息转化为一些更有意义的东西，而不只是一个数据集合，这意味着要正确理解数据的内容、格式和重要性❶。

目前开展语义网格方面的研究，主要是通过采用新的计算模式和新的资源管理和组织的模型，可有效地辅助用户进行资源获取、管理、共享、协同工作和决策等，为人们提供更智能、更全面、更深层的服务。重点解决三个科学问题：资源的规范组织、语义互联和智能聚合。规范组织：提出资源空间模型和资源的规范化组织和管理的理论、方法、技术和工具，使各种无序资源（信息、知识和服务）规范组织，使用户和服务能够有效、正确地根据语义操作各种资源，以提高资源的使用效率；语义互联：通过多层语义互联和单一语义映像，使分布在全球的各种网络资源在语义层上互联，消除资源孤岛，主要通过类型化的语义链网络来使资源的语义能被机器所理解；智能聚合：解决如何使资源能够互相理解，根据用户的需求有效、动态、智能地聚合各种资源❷。

语义网格是目前最大的、以知识（信息的语义）为操纵、管理对象和目的的研究计划，与图书馆学研究的核心领域最接近，注重的是信息资源共享的能力，即信息系统的语义互操作的能力，这超越了计算机仅仅作为工具的资源共享，而直取计算机作为其存在目的的共享——信息的语义。解决信息语义的异构，正是数字图书馆追求的目标，很大程度上网格架构的环境与数字图书馆的信息环境是存在一致，都是分布式的广域网环境，只是数字图书馆在承认环境无序的前提下寻找一种跨语义的解决方案，而语义网格所提出的方案是在Web环境中再构建一个中间的环境，使得符合这个环境的信息体

❶ Martin Brown.什么是语义网格？[EB/OL].[2010-01-05].http://www.ibm.com/developerworks/cn/grid/gr-semgrid/ .

❷诸葛海.语义网格的基础理论、模型与方法研究进展[J]. 中国基础科学，2007(6).

都具有语义互操作功能。两者的目的是一致的，途径不一样，数字图书馆很有借鉴语义网格、向后者寻求方法论支持的必要。从解决问题的方案本质来看，形式化地描述信息，使其负载的语义能够为机器所解析和认识，从而利用人工智能数十年的研究成果操纵广域网信息，是语义网格和数字图书馆的共同目标。语义网格甚至可以看成是数字图书馆语义互操作方案的一种特例[1]。

（5）知识地图

知识地图最早是由英国情报学家布鲁克斯（B. C. Brooks）提出的。他提出的知识地图主要是指人类的客观知识，认为人类的知识结构可以通过绘制成各个单元概念为节点的学科认识图，以体现知识之间的获取途径与联系，从而帮助用户知道在何地方能够找到知识的知识管理工具[2]。现代的观点则主要有“知识指南与目录说”“知识管理工具说”“知识导航系统说”“知识分布图说”“关系说”等。实际上知识地图知识所起的作用主要是知识共享、揭示知识间关系、揭示隐性知识等[3]。

在泛在信息环境中，可使用知识地图可视化地显示知识对象及其各种关联关系（等级关系、因果关系、逻辑关系、相关关系、评价关系等），通过知识地图可把网络中的“知识孤岛”有机连接起来，形成一个深入的、广泛的、动态的知识网络；使用知识地图为用户在泛在网络中提供隐性与显性知识导航，一方面根据不同的专家、学者（知识背景、研究成果、专业领域、联系方式）构建隐性知识地图，为信息用户提供隐性知识的线索（隐性知识的拥有者、隐性知识的范围、隐性知识的状态等），加速隐性知识与显性知识之间的转换，促进用户对隐性与显性知识的利用和管理，另一方面则按照不同学科领域、项目情况或工作流程构建个性化的显性知识地图，使其能够根据知识地图所揭示的知识间的关联关系而快速方便的找到所需的知识资源，通过分析用户的 行为模式，智能化地引导检索者找到目标信息；使用知

❶刘炜.学习“语义网格”[EB/OL].[2010-01-23].http://www.kevenlw.name/archives/508.

❷陈立娜.知识管理中企业知识地图的绘制[J]. 图书情报工作, 2003(8).

❸司莉，陈欢欢.国内外知识地图研究进展[J]. 图书馆杂志, 2008(8).

识地图利用泛在网络的开放机制与链接、检索、合并工具等，帮助用户共享、获取他人个性化的知识表示与隐含的隐性知识，促使不同背景、不同专业的用户在各个具体环境中和层面上进行有效的协作与交流，促进泛在信息环境下知识共享和知识创新。

7.3 泛在信息环境中的信息组织技术

7.3.1 信息组织的基本技术

周宁教授在《信息组织》一书中认为计算机技术、通信技术、控制技术和传感技术是信息组织的四大基本技术❶。信息技术的日新月异和互联网的“无处不在”，对人们社会生活的方方面面产生了深刻影响。计算机技术、通信技术、网络技术、控制技术和传感技术正从根本上改变信息组织的观念、思维、方法和技术。尽管技术只是传递内容的手段，不是解决所有问题的万能钥匙，但它为泛在信息环境的产生和快速发展提供了坚实的物质技术条件，并为数字图书馆的未来发展创造了前所未有的机遇。

（1）计算机技术

在过去的40年中，计算机处理信息的数量大、速度快，其智能化的水平远远超出了人们的预料。计算机微处理器得到了巨大发展，摩尔定律（Moore's Law）准确预测了芯片工艺技术呈指数级飞速增长的发展规律，且见证了摩尔定律所演绎的传奇，集成电路芯片中所集成的晶体管数间隔期限不断被新的纪录刷新。据Intel公司公布的统计结果，单个芯片上的晶体管数目，从1971年4004处理器上的2300个，增长到1997年Pentium Ⅱ处理器上的750万个，26年内增加了3200倍；芯片工艺从20世纪90年代的微米工艺，到2000年的亚微米（0.18μm），到现在的纳米（22nm）工艺，最小工艺尺寸5—6年缩小一半，根据最近透露的Intel工艺路线图，2013年芯片工艺达到14nm，2015年进入到10nm，2017年工艺技术达到7nm。业界普遍认为这种

❶周宁,吴佳鑫. 信息组织[M]. 武汉: 武汉大学出版社, 2010: 13.

状况会持续到2020年，且在这期间，芯片的成本将以每年约30%的速度下降。我们已经进入了“周围环境中嵌入许许多多的电脑装置提供服务给每个人”的“后个人电脑时代（Post-PC Era）”，每一台个人电脑将有上百个微处理器嵌入人们所在环境的各种物品中。在今后的五到十年里，这个比率还会飞速上升。技术的提高使得像手机、iPad等各种移动终端不断发展，且性能不断得到增强，富士通CTO约瑟夫·瑞格尔（Joseph Reger）表示，平板电脑很可能在未来五年内取代PC。瑞格尔预计，iPad等平板电脑将侵蚀PC销量，并在2016年成为统治性设备。

CMOS（Complementary Metal Oxide Semiconductor）技术在未来的十年内仍将在数字化世界中占主导地位。它与各种新兴技术，如量子器件、纳米技术、分子排列和生物系统等相结合，功能将变得更为强大。不久的将来，设计的新的系统具有能够自我检测和纠错的体系结构，整合的程度也将越来越高，从而导致功能更为强大的系统芯片（Systems-on-Chip，SoC）的产生。建立在芯片上的微型网络也被看作是最有发展前途的设计议案之一。系统芯片技术能够把处理能力嵌入到任何电子芯片中，也因此能将处理能力捆绑在各种设备和物品上，大大增加了简单和便利程度。

数据存储设备在近几年中也获得了显著发展，数据存储容量不断地创造出新的纪录，海量数据存储已不再惊奇，成本每年以35%—40%的速度下降，而存储能力迅速增强。随着分布式处理（Distributed Computing）、并行处理（Parallel Computing）和网格计算（Grid Computing）的发展，通过集群应用、网格技术或分布式文件系统等功能，将网络中大量各种不同类型的存储设备通过应用软件集合起来协同工作，共同对外提供数据存储和业务访问功能的云存储将在未来的数据存储中发挥重要作用，用户可以通过PC、手机、移动多媒体等多种设备，实现数据、文档、图片和视音频等内容的集中存储和资料共享。

（2）通信技术

通信技术实际上是指计算机技术与通信技术相结合实现资源（硬件、软件、信息）共享的系统，它把分布在各地的具有独立处理功能的多个计算机系统，通过电信线路和相应设备直连接起来，在网络协议控制下实现信息传输。通信技术主要包含传输接入、网络交换、移动通讯、无线通讯、光通讯、卫星通讯、支撑管理、专网通信等技术。现代通信技术发展，主要表现在数字程控交换技术、光纤通信、卫星通讯、智能终端等方面，而覆盖全球的个人通讯则是通信技术的发展方向。在20世纪通信技术得到了发展，21世纪的通信技术发展将向着宽带化、智能化、个人化的综合业务数字网技术的方向发展。

我国近十五年的通信技术得到了飞速发展，第三代移动通信技术已广泛应用到人们的生活、工作中，第四代移动通信技术也已研发成功并开始进入组网阶段，超大容量光纤通信产品形成规模生产与工程应用，下一代网络（NGN）关键技术如IPv6、QoS、信息安全等开始实用化，三网融合推进了网络间的互联互通。未来光通信技术的发展方向是数字化、宽带化、高速率、大容量干线全光网，接入网向FTTH发展。一种能自动完成网络联接的新型网络概念即“智能光网络（ION）”正在兴起。

信息网络的发展非常迅速，从单机到局域网、广域网到因特网已成为种趋势，网络无所不在，在任何时间（Anytime）、任何地点（Anywhere）、任何人（Anyone）、任何物（Anything）都能顺畅地通信。移动设备的成本将继续下降，通过Internet互联，功能变得更为强大，无缝性和协作性也更好，这推动了“后个人电脑”时代泛在计算的繁荣。未来移动设备拥有更为强大的处理能力、动态存储和多媒体存储能力，从而使人们拥有更为丰富的体验。

（3）控制技术

控制论是研究生物（包括人类）和机器中的控制以及信息传递的一般规律的科学。实现控制目标的有关硬件设备（如控制器）、软件（控制程序）、系统的一整套技术称为控制技术。计算机控制技术、通信控制技术、信息处理控制等技术是泛在信息环境中重要控制技术，计算机控制技术发展极为迅猛：芯片的集成度越来越高；半导体存储器的容量越来越大；控制和计算机性能，提高数量级的频率加快。另外，大量新型接口和专用芯片不断涌现、软件的日益完善和丰富，大大扩大了微型计算机的功能，目前，计算机控制技术正向智能化、网络化和集成化的方向发展。

计算机网络技术、无线技术以及智能传感器技术的结合，产生了“基于无线技术的网络化智能传感器”的全新概念。这种基于无线技术的网络化智能传感器使得工业现场的数据能够通过无线链路直接在网络上传输、发布和共享。无线局域网技术能够在工厂环境下，为各种智能现场设备、移动机器人以及各种自动化设备之间的通信提供高带宽的无线数据链路和灵活的网络拓扑结构，在一些特殊环境下有效地弥补了有线网络的不足，进一步完善了工业控制网络的通信性能。

(4) 传感技术

传感技术（Sensing Technique）是各类传感器、系统设备和通信、控制系统的设计、建立与使用的一整套技术。传感器是能够感受规定的被测量并按一定规律转换成可用输出信号的器件或装置的总称。

计算机和相关的设备正在变得无处不在，“智能”也将随之融入到人们的日常生活环境中。众多传感器组成传感器网络，传感器网络节点通常散布于待监测地域，网络中的各个节点具有数据收集和将数据路由到接收器的功能，在这一过程中，传感器发挥着重要作用。它把光、温度、速度、压力、力量、运动、位置、距离、加速等模拟信号转化为数字信号进行存储或处理，成为沟通物质世界和数字化世界的桥梁。在传感器网络中，节点通过各种方式大量部署在被感知对象内部或者附近。这些节点通过自组织方式构成无线网络，以协作的方式感知、采集和处理网络覆盖区域中特定的信息，可以实现对任意地点信息在任意时间的采集，处理和分析，智能传感器还具备自我校准、自我适应和自我诊断的能力。其中，MEMS技术发挥了关键作用，并且研制出一些基于MEMS技术的产品原型，被称为“智能灰尘”(Smart Dust)。它将自动传感、计算和通信系统集成在仅3立方毫米的微粒中。例如欧洲五所高校合作发起的“智能信息技术”（Smart-Its）研究项目。它将智能传感器植入各种物品，从而使之能够识别周围的环境并且与环境中的其它物品共享它们的观测结果。

泛在智能应当是不易察觉的、无形的。信息通信技术设备和计算机退居幕后，人们往往察觉不到它们的存在。环境具备灵敏的“洞察力”，能够识别人的存在、人的状态的变化、需求的变化以及环境的变化，并且通过一种无缝的、隐蔽的、常常是不可见的方式做出响应。

7.3.2 泛在信息环境下信息技术在信息组织中的主要应用

新信息技术是信息组织强有力的技术支撑，在信息组织中，高新技术得到了广泛的应用，例如，元数据技术、数据挖掘、知识发现、多通道交互与智能技术、代理技术和语义网。这些新技术在数字图书馆等系统中得到广泛应用。

（1）元数据技术

元数据是数字化知识资源的描述工具。它是用来描述、组织和发现网络中的信息与知识资源的专门工具。它的研究目标是解决网络资源的无序状态，在网络中发现和利用知识资源。

元数据是信息组织的基本单元，它在信息组织的过程中所起的作用主要有[1]：第一，描述信息资源内容和本质特征，存贮相应的检索路径。通过它可以在网络中准确地识别、定位和访问网络信息并挖掘网络信息资源。第二，帮助用户查询所需的信息资源。比如，它可以按照不同的地理区间、指定的语言以及具体的时间段来查找空间信息资源，以提高信息资源的查准率和查全率。第三，提供数据之间的联系，建立空间信息的数据目录和数据交换中心。通过数据目录和数据交换中心等提供的元数据内容、相关数据的地址和存取方法，共享网络信息。第四，对网络中的信息资源进行分类，有效选择我们感兴趣的信息和知识。第五，对一些缺少文本的数据（如声音、图像等）进行文字说明，以对对象进行完全的描述。

元数据的内容主要包括对数据集的描述，对数据集中各数据项、数据来源、数据所有者及数据生产历史等的说明；对数据质量的描述，如数据精度、数据的逻辑一致性、数据完整性、分辨率、源数据的比例尺等；对数据处理信息的说明，如数据转换方法的描述；对数据库的新、集成方法

[1] 陈洪澜.知识分类与知识资源认识论[M]. 北京：人民出版社, 2008: 370.

等的说明。

经过十余年的研究，元数据已能较好地解决数字化系统资源的发现、控制和管理问题，并在数字图书馆的管理与运用中发挥了重要的作用。在新的信息环境下元数据技术依然是图书馆信息组织领域的主要组织技术之一，元数据的特殊性在于它能对数据进行描述和管理，作为一种专门用于描述数据的描述性数据信息，它可以多方面反映数据集自身的特征规律，以便于用户对数据集的准确、高效与充分的开发与利用。

（2） 数据挖掘与知识发现

数据挖掘，在人工智能领域，习惯上又称为数据库中知识发现（Knowledge Discovery in Database，KDD），信息挖掘在信息、知识发现中得到了广泛应用。

随着云时代的来临，大数据（Big data）也吸引了越来越多的关注，面临着相同的挑战，如何从其所有可用数据中抽取价值，服务于客户、预测趋势和改进流程，如何挖掘出有价值的信息已成为关注的焦点，数据挖掘就是从大量的数据中提取隐含在其中的信息与知识，它是知识发现的主要方式之一。随着读者对知识需求的转变，知识服务正在朝个性化、智慧化的方向发展。个性化服务是基于读者对信息使用行为习惯及对信息的特定需求，是一种在分析预测用户个体信息需求基础上向用户主动提供其可能需求但又无法获取的信息资源的服务方式，是解决海量信息困惑问题的重要方法，可对用户信息行为与信息需求等进行挖掘，动态地为建立用户个性化的信息与知识检索模型，从而提高用户信息检索与知识获取的准确性与高效性，而且，信息系统能够根据用户需求特征和行为模式为用户构建成一定的“语境”，及时并有针对性地主动为用户推送最新的相关信息和知识，智能化地实现知识的推送。信息系统也可以通过数据挖掘来调整和优化自身在泛在知识环境中解决相关问题的能力，提高信息系统在复杂信息环境中的适应性。此外，通过数据挖掘对知识对象、结构、关系等进行多维度的分析与发现，使相关知识之间建立起关联，对相关知识进行重组或重用，在此基础上并建立相应的“信息源知识库”，使用户能从任意一个知识点通过知识之间关联关系而通达到相关的其他知识点上。

知识发现（Knowledge Discovery in Database， KDD），是所谓“数据挖掘”的一种更广义的说法，即从各种媒体表示的信息中，根据不同的需求获得知识。知识发现的目的是向使用者屏蔽原始数据的繁琐细节，从原始数据中提炼出有意义的、简洁的知识，直接向使用者报告。知识发现是将低层数据转换为高层知识的整个过程，数据挖掘可认为是观察数据中模式或模型的抽取，数据挖掘仅仅是整个知识发现过程的一个步骤。知识发现是对信息资源发现服务的提升，是图书馆的发展方向。

（3）智能搜索

面对日益增长的数字资源，面对着用户对信息资源可发现性要求的提高，帮助用户“找到他们研究所需信息”已成为图书馆更具竞争力的回报，根据用户的请求，从可以获得的信息资源中检索出对用户最有价值的信息。

智能搜索是结合了人工智能技术的新一代搜索引擎。它除了能提供传统的快速检索、相关度排序等功能，还能提供用户角色登记、用户兴趣自动识别、内容的语义理解、智能信息化过滤和推送等功能。具有信息服务的智能化、人性化特征，允许用户采用自然语言进行信息的检索，为他们提供更方便、更确切的搜索服务。

目前，情境检索成为信息发展趋势，谷歌近期提出的“情境发现”（contextual discovery）❶，“情境发现”将通过用户的浏览记录和用户的位置记录，将用户需要的信息自动推送给用户——即便用户根本没在搜索框里输入内容，腾讯搜搜提出了“情境搜索”计划❷，强调“以人（Who）为本”，也就是以用户为中心，根据其搜索行为的时间（When）、地点（Where）、输入（What）、需求（Want）、习惯（How）、背景（Why）等因素，由情境计算得到最适合的搜索结果，再将这一结果通过用户的搜索情境直接呈现。“情境发现”“情境搜索”与图书馆界所期望的以用户为中心，提高用户的个性化

❶ 谷歌梅耶尔:下一步“情境发现”[EB/OL].[2012-01-15].http://tech.hexun.com/2010-12-09/126091618.html.

❷ 腾讯搜搜李海翔：情境搜索将与空间 微博打通 推广新商业模式 [EB/OL].[2012-5-8].http://www.techweb.com.cn/people/2011-01-21/781284.shtml.

需求与体验如出一辙。

智能搜索能通过深入挖掘用户“情境”需求，根据用户的行为习惯、学科、专业背景、知识领域及当时检索情景为用户自动地提供合适的检索环境，同时，在用户搜索的过程中通过更多的交互式交流来预测、计算用户新的信息需求，通过对用户意图的深入理解，提高检索结果的相关性，帮助用户找到所需信息，使用户获得更加完美的结果信息集，为用户提供个性化、跨语种、多语言文档快速查的检索服务，能根据用户所使用的当前情景，快速地反映用户需求随着不同情景的实时变化，由情境计算得到最适合的搜索结果，通过对用户意图的深入理解基于情境搜索的搜索会比以往各种搜索都更贴近用户需求，在用户使用互联网服务的各种场景下提供给用户的最贴切的搜索服务，情境搜索是智能个性化搜索的升级，情景检索是对图书馆以用户为中心的具体实践，为用户构建一个更好的、智能化的学术检索环境。

（4）多通道交互与智能技术

计算技术的发展和计算模式的变迁深刻的影响了人类社会的发展，在网络和便携设备盛行的今天和将来，桌面计算模式已经不再能够适应计算机的发展所导致的人机关系的变化和用户使用计算机方法的变化。这种全新的计算模式强调把计算机嵌入到人们日常生活和工作环境中，形成一个“无时不在、无处不在而又不可见”的计算环境。在这样的计算环境中，用户可以通过手持设备、可穿戴设备或者其他常规、非常规的计算设备无障碍的使用计算服务和信息资源。从桌面计算模式到普适计算模式的变迁可以看出，自然和谐的人机交互是实现普适计算的一项重要指标。

多通道交互将是人们日常交流的一个主要部分，说话、移动、作手势、转移视线等常常出现在一个有效的交流过程中，基于视线跟踪、语音识别、手势输入、感觉反馈等新的交互技术，允许用户利用自身的内在感觉和认知技能，使用多个交互通道，以并行、非精确方式与计算机系统进行交互，旨在提高人机交互的自然性和高效性。多通道用户界面（Multimodal User Interface，MMI）将这些日常行为引入到人机交互（HCI）中，它允许用户通过各种不同的感知通道来和计算机交互，与传统的图形界面相比，具备潜在的自然性、高效性和以用户为中心的特点[1]。多通道用户界面主要关注用户向计算机输入信息以及计算机对用户意图理解的问题，它基于视线跟踪、语音识别、手势输入、感觉反馈等新技术，使用多个交互通道以并行、非精确方式与计算机系统进行交互，旨在提高人机交互的自然性和高效性。

多通道交互模式已被诸多研究证明是提高交互效率和自然性的有效途径，比传统窗口界面适用于更多领域的应用程序以及更广泛的用户群，多种交互设备的同时使用和来自多个交互通道的信息的融合。它允许用户通过各种自然的交互手段，如语音、手写等，与计算机系统进行交互，从而克服了传统交互工具缺失引起的问题。同时，多通道交互能够有效地扩大信息交换的带宽，从而达到提高交互效率的目的，并可发挥人机之间彼此不同的认知潜力，降低用户的认知负荷。用户通过不同的交互通道以及它们之间的相互组合和协作来完成交互任务，这正好弥补了单一交互模式给用户带来的限制和负担，使用户真正享受到“看不到的”计算服务。美国加洲大学伯克利分校的研究指出：通过多通道方式访问Internet是普适计算中的关键问题之一[2]。

在不远的将来，多通道的界面将在很大程度上使人们以更为简单自然和个性化的方式对环境和各种媒体进行控制，与之交互。多通道交互包括通过声音、触觉、指示、手势、眼睛的转动以及面部表情等来暗示的人们的需求和需要。计算机可以识别人们的需求，它通过人的行为自学习，判断出人的意图并做出合适的反馈，甚至能够表达情绪。人们也不需要经过特别的学习和训练，就能够轻松愉快地与之交流互动。

新的信息环境中，信息、技术、环境和用户共同构成了一个动态系统。因此，该环境中的“居民”并不是置身该环境之外，而是位于它的中心，这些技术能够对他们的各种需求做出相应的反应。在这样的环境中，对传感器数据的分析和对用户偏好和行为的跟踪与分析，不会干扰人们的正常生活，相反会通过自我调整当前环境状态和提供资源与服务来帮助他们完成各项工

---

❶ Z. Obrenovic,D. Starcevic.Modeling Multimodal Human-Computer Interaction[J]. In: Computer,2004, 37(9):65-72.

❷ R.5.Jason，J.L.Hill.A Compassable Framework for Secure Multi-modal Access to Internet Services from Post-PC Devices[J].Mobile Networks and Applications,2002,7(5):389-406.

作任务。同时，搜集、存储和重新使用用户环境和偏好需要建立稳定的信任关系。安全、保险和隐私问题已经渗透了每个人的日常生活，并且成为个人和公共领域都普遍存在的问题。

（5）代理技术和海量语义技术

智能代理（Intelligent Agent 或 Smart Agent）是一个不断发展的概念，它是人工智能的研究热点，代表了信息技术前沿发展方向之一。美国斯坦福大学的Hayers Roth认为“智能代理持续地执行3项功能：感知环境中的动态条件；执行动作影响环境；进行推理以解释感知信息，求解问题，产生推理和决定动作”，它最为重要的作用体现在能够有效促进协作学习。当前，对智能代理的研究和应用有很多，例如，北京师范大学开发的基于WebCL（Web-based Cooperative Learning）平台的e-tutor系统，以及JNB（National Body of Japan）系统等。代理技术领域发展迅速，目前已出现“跨领域的、完全开放的和可拓展的多代理系统”。

泛在信息环境中所产生和组织的是海量的、多语种的信息资源，人们所需要的是在有限时间能发现所需要及所能用的资源，传统的组织技术与方法难以满足用户的需求，语义技术（Semantic Technology）正在成为现代信息系统的主要技术之一，而海量语义数据处理是未来信息组织的核心。基于海量数据的分布式、不完全搜索已成为迎对未来的挑战，为应对这一挑战，欧盟第七框架重大语义技术项目LarKC所开发的海量语义处理平台及其应用，通过扩充现有基于逻辑的语义万维网推理方法，使用受认知科学启发的方法与技术，构建分布式推理平台，期望突破语义万维网（Semantic Web）推理系统目前面临的知识处理规模瓶颈[1]。

飞速发展的互联网，已经渗透到了人们社会生活的方方面面。语义网是当前互联网的延伸，语义网中的各种资源不再只是各种相连的信息，还包括其信息的真正含义，使得Internet“知道”它所传送的内容，促进人与计算机更好的合作。语义网及相关技术的发展，使得软件代理能够“理解”信息并

---

[1] 大规模知识加速器(LarKC: The Large Knowledge Collider)[EB/OL].[2012-05-08].http://www.wici-lab.org/wici/larkc/.

对信息进行推理，实现了对网络信息资源的自动解释和重复使用，促进人们对网络资源的有效访问和检索，提升互联网海量信息资源的服务与利用效率，有助于解决网上“信息海啸”和“信息孤岛”问题，最终实现全球信息整合的目标。

本章小结

信息组织的内涵随着新信息环境的发展而适应性地加以改变，信息组织的对象随着用户的知识化需求而层次加深，从原来以显性的原始数据、信息为主发展到以抽象的知识、隐性的智慧为主；信息组织的范围扩大到人类的整个知识体系。

在实践中适应性地引入更多新的组织方法与理念对信息组织加以指导，突破传统的思维方式，应用新的信息组织技术与工具，从语义与概念上对信息和知识加以组织与建立关联，对所有人类知识进行归类，为用户对信息和知识的普遍、无缝访问提供便利。

第八章

泛在信息环境下图书馆信息资源组织架构

多样化的信息技术与实践促使了信息组织多样化架构的出现，为了满足用户不同的信息需求，需要在不同情况、不同“语境”中使用不同的技术和组件为不同的目的而构建出不同框架，建立在不同的论断中，执行不同的功能。泛在信息环境下的图书馆信息组织是以用户为中心，能适应用户所在空间位置与环境的变化，面对的是任何用户对图书馆信息资源的泛在访问与获取，因此其架构具有很强的空间环境适应性，为用户构建一个泛在知识“场”；同时，泛在信息环境中信息资源、信息用户、信息环境处于复杂的涌动中，具有高度的动态自组织性，以适应信息资源本身的快速变化与增长、用户“场景”的高速运动，而且，随着泛在信息技术的广泛使用及用户交互的改善而使之成为可能。

8.1 泛在信息环境下的数字图书馆

随着信息技术的发展，网络和通信技术成为推动社会发展的重要力量。信息技术、网络和通信技术的进一步发展使得“无所不在性”、透明性和智能性的“泛在智能”成为可能。泛在信息环境中嵌入了多种感知和计算设备，能根据当前所处的环境来辨别人的身体姿势、手势、语音等，进而判断出人的意图，并做出相应反应且具有适应性的数字环境；它通过内部互连的智能系统和服务制造出理想的氛围和执行理想的功能，因而具有“无所不在性”、透明性和智能性等特征。泛在智能的产生与发展，进一步从根本上转变了社会的信息和知识环境，也将变革信息的产生机制、传播手段和利用机制，信息资源的泛在访问与共享将完全融入人们的日常生活，成为其不可分割的重要组成部分。

泛在信息环境下，各种数字化信息资源变得日益丰富，但大量信息仍然是无序的、缺乏合理的组织和管理。人们生产和搜集信息的能力已经超过了组织、管理和有效地利用它们的能力，从而加重了利用信息的负担。为了有效地解决信息过载问题，促进人们对信息资源的开发与利用，要求促进信息资源创建、使用和发现的交互式环境“走出”传统的实验室，广泛地应用于人们的日常生活。在新信息环境的需求下，泛在信息环境下的图书馆需要设计和构建具备新的功能和能力的工具和系统来为人们的信息资源查询、展示和交流系统提供支持，这些系统是“透明”的，它们能够有效支持人们理解和利用知识而不易被人们所察觉，并且这些系统构成一个灵活动态的基础设施，使得人们能够通过无缝的、简便的操作来满足各种信息需求，促进知识的理解和利用。从信息技术上看，泛在知识环境则是实现以人为中心的计算能力[1]，它的基础是个性化、客户化和以人为中心的信息；实现这一目标依赖于信息检索、存储和通讯系统技术的长期进步，以及人工智能方法和机制（包括知识发现、语言理解、认知加工和机器学习）的人机交互的运用。因此，美国科学基金会设定的泛在知识环境总体目标为[2]：个人知识的泛在存取；从非结构化信息中抽取信息（信息自组织和知识生成）；信息的自然交流（知识社会化）；用询问式学习方式改革教育；知识生命周期；扩大知识基础结构；知识的个人组织。

从泛在信息环境的内涵和目标可以看出，数据、信息和知识在构建泛在

---

❶ Chatham.M.A. Knowledge Lost in Information[R]. [2012-01-05].http://www.sis.pitt.edu/~dlwkshop/JISC/NSFreport.pdf#search=%22Knowledge%20Lost%20in%20Information%22.

❷ 曾民族.知识技术及其应用[M]. 北京：科学技术文献出版社，2006: 300.

信息环境中发挥着基础核心作用，因而实现这一目标也首先要从信息本身开始着手——更好地理解、组织、管理、发布和保存信息。而数字图书馆早在十年之前就被认为是网络化知识环境的取向，对它进行研究的目的就在于发展和普遍配置开放的、所有人都可获取的知识环境。它较为直接、有效地解决了信息相关的问题和提供相应的服务，并且在新的环境中它所提供的信息服务将向着知识服务转移，进一步成为“捕获和转换人类知识的机构”。此外，当数字图书馆能够无缝地提供这些服务，在满足用户需求、使用户获得前所未有的体验而不被用户察觉其存在时，则表示其服务达到了最佳。因此，数字图书馆要无缝地为用户提供无所不在的知识服务，进一步融入人们的生活从而有效地为知识共享和终身学习提供支持，为了实现这一目标，它的未来发展重点在于：进一步扩大资源范围，使其能够处理、组织和利用各种类型、更大规模的信息资源；将“语境”融入图书馆的信息服务之中，实现信息的个性化、定制化，并提供有针对性和个性化的服务；坚持以人为中心，将信息融入日常生活之中，形成交互式的知识创新、使用和发现环境；使信息转变成为知识，并支持新的学术交流模式；以及使信息成为生产力等。可见，泛在信息环境下的数字图书馆发展是要协同其它的信息服务机构，协同以“先进信息基础设施”、E-Science 等为代表的知识基础设施，共同致力于提供泛在信息环境，成为普遍访问全人类知识的工具，就如同无所不在的以太（以太是古希腊哲学家亚里士多德所设想的一种物质，是物理学史上一种假想的物质观念，它带有一种神秘色彩）一样，成为未来学术、研究和教育的须臾不可或缺的公共设施。

泛在信息环境的提出，是适应环境变化的必然选择和发展趋势，而数字图书馆已经成为国家知识基础设施的重要组成部分，因此它将成为创建泛在信息环境的生力军。同时，从泛在信息环境的广义上去理解数字图书馆的内涵、指导数字图书馆的研究与实践，有利于从更远、更高、更广的目光去审视数字图书馆的未来发展，使其能够适应新的信息环境，在国家经济建设和科研活动中发挥更大的作用。

知识环境的产生，是提取知识，将其具体化，并使之融入共享信息集合的结果。泛在信息环境中，人们可以无缝地、简便快捷地获取各种个性化的信息资源与服务、信息共享和信息创造，从而使数字图书馆真正地融入到人们的日常生活，使其成为不可分割的一部分。泛在信息环境下数字图书馆发展要定位于实现创建泛在知识环境，促进人们对知识的理解、共享和利用，为教育和科研活动提供有力支持，从而在知识创造和创新中发挥重要作用。

在泛在信息环境中，任何人无论何时何地都能够通过某种设备访问所需要的信息或获取所需要的服务；人们对图书馆的使用将成为一种无意识的行为，就如同使用学习工具、仪器设备等，成为其日常生活必不可少的组成部分。数字图书馆在为用户提供“透明”的知识服务，用户可以轻松愉快地获取所需要的信息，促进对知识的理解和利用，而不需要掌握高深的技术或实施各种繁杂的操作，也不会因为场所的转移或使用设备的改变而影响工作、学习的连续性。

泛在信息环境下的数字图书馆是由知识资源、信息技术和设备、环境、组织和用户共同构成的一个有机的动态系统，而“人”则位于此环境的中心，各种系统、功能和服务都是由人的需求驱动的和设计的，能够对他们的偏好和行为进行跟踪和分析，对各种需求做出相应的反映，帮助他们完成各项工作。因而，提供的服务也具有个性化、集成化、智能化、专业化、知识化等特点，尤其注重增强用户体验和用户之间的交互，促进用户的参与。泛在信息环境中的数字图书馆系统本质上是全球分布式的、动态的且内部充分互联，具备良好的互操作性和重复使用性，并且以统一的平台集成资源与服务，展示和提供给用户，实现资源和服务的全球交换和共享。重视信息和知识的“语境”，对知识、知识元之间的关系及其语境进行描述，关注知识创建、获取、传播、组织和利用的整个生命周期，最大限度地实现知识和信息的重复使用。

8.2 泛在信息环境中的数字图书馆功能需求分析

泛在信息环境下的数字图书馆将以用户为中心，为用户创建一个高效的信息空间，为用户的终身学习和知识创造提供支持，因此，需对用户的信息需求进行分析，从用户需求出发进行构建。

泛在信息环境下的数字图书馆系统之间不是相互孤立而是相互联系的，数字图书馆系统之间可以无缝地集成其他数字图书馆的信息资源和服务，同时也能够被其他数字图书馆系统所集成，从而形成一个灵活、动态、开放的数字图书馆集成知识网络。泛在信息环境下的数字图书馆建设需借鉴图书馆在长期实践活动中所积累的收集、组织、揭示、传播和利用文献的完整体系和理论方法，充分利用先进技术和数字信息与知识的全面可解析性，结合用户需求和信息资源的应用环境，建立有效的机制来统筹各类信息资源，建设数字化、集成化的信息空间和知识网络。致力于建设一个包含了人类所有知识的、内部信息和知识充分互连的泛在图书馆，使用户无论何时何地，采取何种方法，都可以获取他们所需要的信息和服务，为其提供无所不在的服务。

泛在信息环境下的数字图书馆将整合人类创造的所有信息资源与知识资源，包括本地的及可广泛获取和使用的一切网络信息资源，互联网的无所不在源源不断地的海量数字信息资源将是重要的组成部分，开放获取和机构知识库（Institutional Repository）是组织和机构内部知识保存与利用的两种比较典型的方式。在泛在信息环境中，通过对这些不同来源、类型、格式、内容层次、广度和深度的信息进行搜集、析取、保存和管理，为人们创建一个开放、有序、动态和高效的信息存取、交流和共享空间。支持用户个性化服务和信息协作与共享，使得用户通过注释、评论、个性化标签等方式创造知识。数字图书馆充分利用“用户的智慧”，从而自身成为一个不断发展的知识库。

在分布式的信息环境中，需结合具体数字资源的特点和应用环境，对信息资源对象进行整个生命周期的整体性、深层次揭示，实现信息资源间的互操作和可重复使用，方便用户对资源的获取。不仅对信息资源的各种属性进行描述，并揭示其来源、社会教育环境、文化环境、用户使用模式、偏好、权威性等“语境”信息，并结合语义技术，构建信息关联和知识关联，使得该资源库中的每一本书、每一份文献甚至于每一个词都不再是“孤岛”，它们的内容不再相互隔离，而是根据知识内容、知识的应用环境和知识间的语义关系，成为由一系列相互链接的概念所构成的灵活的流动的组织——“每一本书中的每一个词都被互相耦合、串接、引用、摘录、排序、分析、注释、混合、重组，并且被融汇到比以往更深的文化中”；“每个比特都影响着它的伙伴，每个页面都读懂了其他的页面”，从而形成一种全新的“互动参与型文化”❶。

用户不受时空限制，借助固定的或移动的工具或设备，获取他们所需要的信息或服务。数字图书馆应当确保用户无论任何时间、任何地点，在动态环境中无缝地使用信息，并能“识别”用户所处的具体环境，根据用户需求和环境特点提供个性化的信息，从而与信息资源进行有意义的、基于“环境认知”的交互。用户能够借助个人电脑、笔记本、PDA、移动电话等与互联网相连，为用户提供集成检索和智能检索系统与工具，实现对分布异构资源进行实时查询和检索，汇集分布式环境中多个系统的检索结果，以统一的界面展示和提供给用户；同时，允许用户以自然语言的形式表达检索需求，在对检索要求进行分析的基础上，形成检索策略进行搜索，帮助用户快速准确地发现已知的对象、明确模糊的检索需求和提供未知的知识对象，使用户从繁琐的检索规则中解放出来。

❶周详译. 扫描这本书：数字图书馆和搜索技术的版权困境[EB/OL].[2012-04-25].http://www.donews.com/Content/200605/891ce04f1fbe4df8b895bab3c33e1a4e.shtm.

在泛在信息环境中，数字图书馆进一步融入用户工作、学习和日常生活，提供更为先进的信息技术和便利高效的知识管理平台，帮助用户对信息资源进行有效的组织与管理，提高其工作、学习和生活质量。同时，提供的工具和服务完全融入用户环境，使其很难从用户的日常生活环境中剥离出来，成为其日常生活、学习与工作不可或缺的组成部分。

在泛在信息环境下，信息创造、传播和利用的方式将发生根本性的改变，更加强调用户的参与和人机互动，呈现出方便、简单、自由、开放、个性化等特征，“以用户为中心”的价值取向也将得以充分体现，并把这一理念贯穿于提供信息服务的全过程，采用智能化、网络化技术提供人性化的信息服务，促进用户的体验和人机交互，营造一个宽松、高效、智能、友好的虚拟知识环境。以用户需求为导向，开发个性化服务原形系统，根据用户直接提出的信息需求或通过跟踪用户的行为和属性特征来学习用户的兴趣，推荐和提供与用户兴趣相关的信息资源，提供个性化的信息服务，更大程度地重视用户参与和用户体验。

提供面向需求、适应变化和灵活深入的知识发现机制。关注知识的应用环境和应用群体，充分运用知识组织、数据挖掘、数据融合、知识发现、智能搜索等多种技术和工具，形成面向需求、适应变化、快速反应的灵活深入的知识发现机制。

8.3 泛在信息环境中的数字图书馆组成

泛在信息环境下的图书馆的构成是其信息组织的基础，信息组织活动过程在图书馆的构成中得以反映出来，是信息组织系统的主要构成部分。随着信息技术及网络基础设施的飞速发展，使图书馆的信息环境发生了深刻的变革，在泛在信息环境中，图书馆的创造、组织、传播和保存知识的方式也将会发生根本性的改变，图书馆作为一个有生命力的主体，会随环境的改变而适应这种变化，为任何用户提供一个随时、随地都能进行获取信息的服务，从而创建预示未来发展的“泛在图书馆”，泛在图书馆的出现也将成为发展的必然，并将实现由理论探讨向实际应用的全面转变。

泛在图书馆（Ubiquitous library）是新理念图书馆的代表之一，是借助于信息技术的发展而得以实现，泛在图书馆充分利用高速的网络为用户提供信息资源与信息服务，并通过学科的专业化来增强知识资源的共享，为用户提升在线学习和终生学习的体验，泛在图书馆对信息资源和用户来说是一种单一窗口的开放式知识资源获取系统，通过泛在信息技术为用户构建一个多维的信息通道，使用户能通过泛在网络随时、随地获取图书馆的信息资源[1]。泛在信息环境中的图书馆是一个由多个功能模块组合而成的复杂的协作体系结构，泛在信息环境下复杂系统的层次结构可看作为具有自适应性的时间和空间上的层次结构，以适应用户的随时、随地信息服务要求，层次结构随着信息技术的发展而动态地自我调整，以更好满足与适用于用户的需求。

泛在信息环境下的图书馆打破了人们对传统物理图书馆的固有认识，泛在图书馆更多地以用户为中心，真正从用户的信息需求出发，满足于用户信息需求的变化，将图书馆的服务嵌入用户工作、生活，通过GPS、智能卡、RFID、传感器、高速网络等构成泛在信息环境，为用户提供一种到身边、到桌面、随时随地的服务。泛在信息环境下图书馆的构成是泛在图书馆建设的基础，泛在图书馆是以网络为基础，提供全天候、开放式的信息服务，为用户提供复合的内容[2]，并为用户建立一个移动的、语义的、多语言、多媒体的数字图书馆知识网来检索人类知识。根据马来西亚通讯与多媒体委员会

❶ Datuk Dr. Halim Shafie. Ubiquitous – Rationale[EB/OL].[2011-9-2]. http://kik.pnm.my/c/portal/layout?p_l_id=PUB.1154.23&p_p_id=20&p_p_action=1&p_p_state=exclusive&p_p_col_id=null&p_p_col_pos=0&p_p_col_count=0&_20_struts_action=% 2Fdocument_library% 2Fget_file&_20_folderId=37&_20_name=RATIONAL.ppt.

❷ LiLi Li.Building the Ubiquitous Library in the 21st Century[R].[2011-11-18].WORLD LIBRARY AND INFORMATION CONGRESS: 72ND IFLA GENERAL CONFERENCE AND COUNCIL 20-24 August 2006, Seoul, Korea,http://archive.ifla.org/IV/ifla72/.

（MCMC）主席、马来西亚泛在图书馆项目的主要领导者之一Datuk Dr. Halim Shafie博士2008年在马来西亚数字图书馆研讨会中所提出的泛在图书馆的构成框架[1]，认为泛在图书馆是由多个模块构成的分布式图书馆，泛在图书馆的概念框架是由各种硬件基础层、内容管理与功能层、信息服务层与用户交互层四个主要的层次构成（见图8-1）。

泛在图书馆的组成			
基础设施（硬件设施层）	信息构架（内容与功能层）	信息传递（服务层）	服务对象（交互层）
高速网络	泛在图书馆系统	信息供应商	科研用户
RFID	联合目录	快递	公众用户
智能卡	标准与政策	一卡通	在校学生

图8-1 泛在信息环境下的图书馆组成框架

其中底层部分的基础设施（Infrastructure）由高速网络、RFID、智能卡、各种存储等硬件与相应的软件系统组成，构成了泛在信息环境下图书馆的硬件基础层，各部分之间通过高速的无线网络联结，形成互通、互联的整体；构建于基础设施之上的信息构架（Infostructure）由复合内容（Hybrid Content）、泛在图书馆系统、联合目录、各种标准与政策构成，是泛在信息环境下图书馆信息组织系统的核心，复合内容包含了图书馆的各种异质信息资源，包括文本、PDF、图像、幻灯片、音频和视频等，还包括各种聚合的

---

[1] Datuk Dr. Halim Shafie. Ubiquitous - Rationale[EB/OL].[2011-09-02]. http://kik.pnm.my/c/portal/layout?p_l_id=PUB.1154.23&p_p_id=20&p_p_action=1&p_p_state=exclusive&p_p_col_id=null&p_p_col_pos=0&p_p_col_count=0&_20_struts_action=% 2Fdocument_library% 2Fget_file&_20_folderId=37&_20_name=RATIONAL.ppt.

信息、关联的知识，通过相应的信息组织系统实现对这些信息资源的组织与管理；再上层则是文献传递与传播机制，主要由图书馆、信息服务供应商（数据库商）、物流（虚拟的、实体的）快递、一卡通组成，从而实现信息资源的传递与传播。最上层则是直接面对服务的目标对象，如图书馆普通读者、在校学生、企业人员、高级研究人员等，泛在信息环境下的图书馆服务目标对象已扩展到整个互联网，面向不同国别、不同语种，真正实现任何用户能随时、随地从图书馆获取信息资源。

由此可见，泛在信息环境中的图书馆是一个由多个功能部件组合而成的复杂体系结构，通过各个组成模块协同运作而实现泛在网络环境中用户对图书馆信息资源的随时、随地的存储与访问，每一个组成模块都是一个由许多平行发生作用的“作用者”组成的网络。每个作用者都处于一个有自己和其他作用者相互作用而形成的一个系统环境。每一个组成模块都具有多层次组织，每一个层次的作用者对更高层次的作用者来说都起着铺垫作用。复杂的组成模块总是会有很多小生境（microhabitat），每一个这样的小生境都可以被一个能够使自己适应在其间发展的作用者所利用[1]。泛在信息环境下图书馆的信息资源将主要由数字化信息资源组成，但物理信息资源依然还是重要的组成部分，虚拟的、实体的信息资源在各功能模块中流动，通过他们进行交互，通过泛在信息技术为用户构建了一个多维的信息通道，使用户能通过泛在网络随时、随地获取图书馆的信息资源（见图8-2）。总体上来说，泛在信息环境下复杂系统的层次结构可看作为具有自适应性的时间和空间上的层次结构，以适应用户的随时、随地信息服务要求，层次结构随着信息技术的发展而动态地自我调整，以更好满足与适用于用户的需求。

泛在信息环境下的图书馆打破了人们对传统物理图书馆的认识，以用户为中心，真正从用户的信息需求出发，满足于用户信息需求的变化，将图书馆的服务嵌入用户工作、生活，通过GPS、智能卡、RFID、传感器、高速网

❶ 米歇尔·沃尔德罗，陈玲译. 复杂:诞生于秩序与混沌边缘的科学[M]. 北京: 生活·读书·新知三联书店, 1997: 198-200.

络等构成泛在信息环境，为用户提供泛在的信息服务，为用户提供一种到身边、到桌面、随时随地的服务❶。

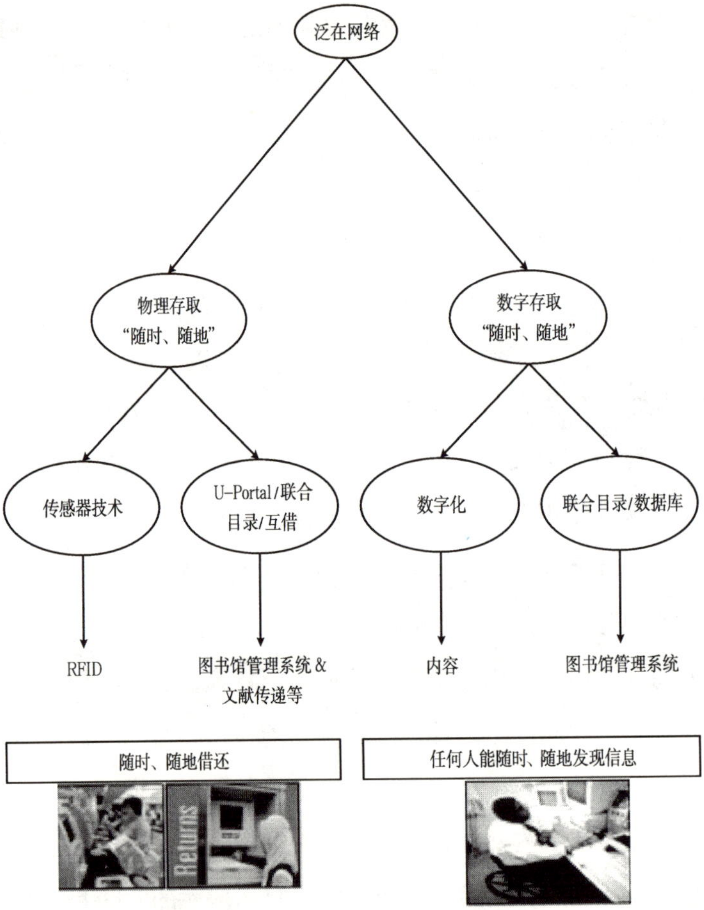

图8-2 泛在图书馆的信息访问

Datuk Dr. Halim Shafie博士根据马来西亚的实际情况与信息环境提出了更为详细的适合马来西亚需求的泛在图书馆模型，该模型由七个部分构成（图

❶ 初景利，吴冬曼.论图书馆服务的泛在化——以用户为中心重构图书馆服务模式[J]. 图书馆建设，2008(4).

见8-3）[1]，模型中的泛在图书馆门户、图书馆信息资源、图书馆管理系统、RFID系统、信息投递服务及电子支付网关基础设施等通过起枢纽作用的高速宽带网络进行连接，并通过其为网络中开放的知识资源提供物理的访问与服务，市民能够通过马来西亚的POS特快专递机制在任何时间、任何地点享受到参与图书馆的信息服务，用户通过装备有RFID的多用途小型终端自助服务机完成一系列的借还服务。

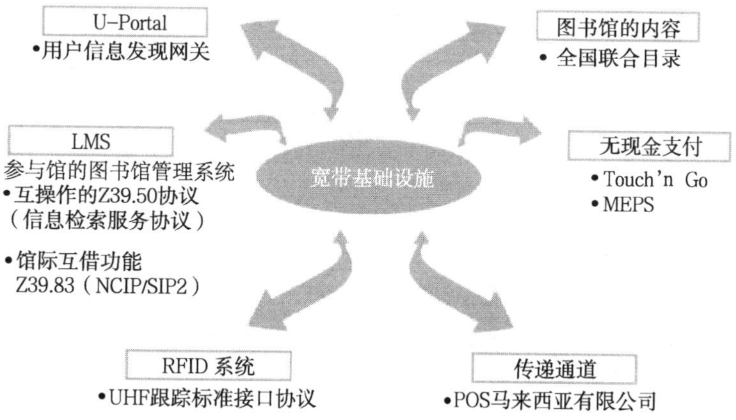

图8-3 马来西亚泛在图书馆模型

马来西亚泛在图书馆建设是一个具有开创性的项目，它紧密地结合马来西亚的实际需要，具有扎实的理论基础支持，具有比较明确的建设目标，通过强大的泛在网络技术、人工智能技术、移动通讯技术等泛在信息技术以及社会信息化创新理念构建了一个内容丰富、服务多样的泛在图书馆，为泛在图书馆的实践建设起到开创性的作用，具有非凡的现实意义。

[1] Datuk Dr. Halim Shafie. Ubiquitous－Rationale[EB/OL]. [2011-09-21]. http://kik.pnm.my/c/portal/layout?p_l_id=PUB.1154.23&p_p_id=20&p_p_action=1&p_p_state=exclusive&p_p_col_id=null&p_p_col_pos=0&p_p_col_count=0&_20_struts_action=% 2Fdocument_library% 2Fget_file&_20_folderId=37&_20_name=RATIONAL.ppt.

马来西亚泛在图书馆的建设是在马来西亚逐步转化为一个包容性的知识型社会、开启利用信息传递服务进行知识资源创新的背景下进行的，通过使用泛在信息技术为任何用户在任何时间、任何地点树立终身学习的体验，增强用户的工作和生活质量，使任何人在任何时间、任何地点都可以获取海量的信息资源[1]。

马来西亚泛在图书馆项目的构想来自于马来西亚通讯及多媒体委员会（Malaysian Communications and Multimedia Commission，MCMC）为信息专业人员和信息产业机构所组织的一系列讲座。2008年6月23日，第一次举行的讲座是由新加坡国家图书馆管理局所作的“泛在图书馆：价值创新服务”，接下来的另一次讲座是在2008年8月18日，由著名咨询顾问所作的“宽带所带来的机遇与挑战”[2]。通过一系列的讲座，泛在图书馆理念在马来西亚相关机构和人员中得到了广泛的宣传，普遍认为泛在图书馆作为一种先进理念适合马来西亚国家发展的实际需要，泛在图书馆的建设被逐步提到日程安排上来。2008年在马来西亚通讯及多媒体委员会（SKMM/MCMC）的年度报告中进一步指出，马来西亚泛在图书馆的主要使命是主动提供存储在知识资源库中的数字资源，赋予丰富的本地内容及网络内容，使信息资源与信息服务能及时、准确且不受时间、地理位置和用户限制地被获取[3]。马来西亚泛在图书馆是知识型社会建设的重要组成部分，马来西亚首相署经济策划组（the Economic Planning Unit of the Prime Minister' s Department，EPU）认为图书馆在知识访问方面发挥着重要作用，因此，批准把图书馆作为“缩小数字鸿沟计划（Bridging Digital Divide Programme，BDD）”组成的一部分，支持把七个图书馆作为网络基础设施和信息基础结构发展的试点，建成无所不在的图书馆，简称泛在图书馆。首相署经济策划组在资金上也给予了大力支持，2009年7月16日获得了国家信息通信与文化部（KPKK）的信息和通信技术

---

❶ The Official Portal of U-Pustaka - Background[EB/OL].[2011-06-08].http://www.u-library.gov.my/portal/web/guest/background.

❷ Industry Performance Report[R/OL].[2012-5-29].http://www.skmm.gov.my/link_file/what_we_do/Research/pdf/IPR08.pdf.

❸ 2008 Suruhanjaya Komunikasi dan Multimedia Malaysia annual report[R/OL].[2011-01-08]. http://www.skmm.gov.my/link_file/about_us/pdf/Web%20Update%20Annual%20Report/AR_2008.pdf.

委员会（JPICT）的审批[1]。

马来西亚泛在图书馆也是2010年马来西亚通讯及多媒体委员会（MC-MC）所提出的“泛在马来西亚和互联网事物”（Ubiquitous Malaysia & the Internet of Things，UMIT）计划中重要的组成部分[2]。马来西亚泛在图书馆项目实施的宗旨是“让图书馆进入每个家庭”，其主要目标就是创建一个协作的图书馆网络系统，通过互借与虚拟访问促进图书馆之间的合作，为所有用户提供随时、随地地图书馆服务，通过知识的创建、共享与知识的交换形成一个联盟，在学习型社会中能充分利用高速的网络服务和RFID技术加速信息资源的获取[3]。

根据制定的马来西亚泛在图书馆战略文件，2008年7月18日成立了泛在图书馆指导委员会（Ubiquitous Library Steering Committee，ULSC）和泛在图书馆技术委员会（Ubiquitous Library Technical Committee，ULTC），ULTC是由参与的图书馆、传感技术国家中心、POS芬欧汇川集团、马来西亚邮政有限公司、国家注册处及Touch n' Go公司组成，并一直积极参与每月的会议和不定期的研讨会，积极评估泛在图书馆的发展及图书馆政策，要求为泛在图书馆系统和泛在图书馆试行进行分析。他们的角色是通过ULTC对实施的U-Library试点项目进行建议、监督，审批和对有关的建议作出决定。

ULSC把由7个通过高速网络相互连接的图书馆组成联盟，这个联盟由马来西亚国家图书馆、雪兰莪（Selangor）州立图书馆、彭亨（Pahang）州立图书馆、吉隆坡图书馆、森美兰（Negeri Sembilan）州立图书馆，沙捞越（Pustaka Negeri Sarawak）和位于武吉加拉（Bukit Kiara）的INTAN图书馆组成，他们是试点项目中试运行的图书馆，联盟中的图书馆都安装了相应的图书馆管理系统，并通过NISO Z39.50无缝连接到马来西亚的全国联合目录。

---

[1] 2009 annual report:Broadband towards Malaysia [R/OL].[2011-06-15].http://www.skmm.gov.my/link_file/about_us/pdf/Web%20Update%20Annual%20Report/SKMM_Annual_Report_2009.pdf.

[2] Ubiquitous Malaysia & the Internet of things-public consultation on UMIT plan 2011-2015[R/OL].[2011-03-19].http://www.skmm.gov.my/link_file/notices/UMIT%20Plan%20for%20PC.pdf.

[3] Country Report for the 17th Conference of Directors of National Libraries in Asia and Oceania 2009 - Revised[R/OL].[2011-05-21].http://www.ndl.go.jp/en/cdnlao/meetings/pdf/CR2009_Malaysia.pdf.

在马来西亚泛在图书馆项目中U-Pustaka门户是其重要组成部分❶，它是马来西亚泛在图书馆信息资源与信息服务的门户，U-Pustaka通过高速网络为联盟中的成员提供马来语及英语两种语言对信息资源和信息服务进行高效的、整合的、无缝的、任何时间、任何地点的访问，U-Pustaka门户为其成员和在线会员提供Web发布、协作、内容管理和互借服务模块，为联盟成员提供一个终生学习的体验。

U-Pustaka门户作为马来西亚泛在图书馆的核心部分，它为用户提供广泛的信息服务，不但考虑到不同的年龄层次，还同时专为残障人士提供特别的信息服务，对象延伸到整个互联网络，通过各种智能终端、移动设备提供信息服务，真正做到使知识融入人们的工作生活中，为用户创造一个知识型的环境。

2008年9月2日至9日对七个参与的图书馆进行了评估，评估的侧重点是管理的关注度、标准的互操作性、普通会员制、泛在图书馆联盟内部异构设置的RFID与LMS整合的一致性，2008年9月23日举行的第三次内容开发整合特别工作组（The Integrated Content Development Taskforce，ICON）大会上讨论了评估的结果，Datuk Dr. Halim Shafie博士强调，在泛在图书馆施行过程中应重点关注普通会员、泛在图书馆联盟、国家联合目录、投递服务系统、各参加图书馆之间的宽带速度和连通性五个方面的因素，使之成为一个整体。

2009年1月30日，泛在图书馆开始试运行，ULTC和ULSC的协作努力为泛在图书馆实施征求建议书的编写提供了保障，2009年四季度顺利完成原计划所安排的任务，从泛在图书馆的实施经验中为下一个马来西亚的第十个大马计划的开展提供了宝贵的经验。

8.4 空间环境的图书馆信息组织架构

目前，已有多个国家或组织实施了与泛在知识环境相关的计划和研究，

❶ U- Pustaka Services[EB/OL].[2011- 05- 02].http://www.u- library.gov.my/portal/web/guest/u- library_services.

如美国科学基金会的Cyberinfrastructure、英国的E-Science、欧盟的E-Infrasturcture，它们基本上都是创建和整合以协同和共享资源为主要特征的国家知识基础设施和泛在知识环境，为教育和科研活动提供有力支持，为用户创建一个泛在的知识环境。

泛在信息环境强调信息空间与物理空间的融合，数字信息资源与物理实体、服务的绑定，作业任务与信息之间的“透明”“动态”交互，以用户为中心，为用户构建一个嵌入式（Embedded）、语境感知（Context aware）、个性化（Personalized）、适应性（Adaptive）、可预知性（Anticipatory）等特征的信息空间环境。在泛在网络社会中，网络空间、信息空间和物理空间实现无缝连接，软件、硬件、系统、终端、内容、应用实现高度整合，为用户构建一个立体的信息空间环境，用户不再局限在有限地点、有限时间对图书馆信息资源的使用，图书馆的功能不再局限于提供满足用户特定需求的信息资源，而是要为人们创造无所不在的立体知识空间和知识环境，用户获取的信息资源不再受时空的限制，能动态的、无缝的获取各种异质信息资源。

随着新的信息环境的发展，更多的信息资源组织与管理构架被不断提出，对泛在信息环境下的信息组织架构的建立起到借鉴作用。1998年，国家科学基金会正式启动NSDL计划，旨在建立一个联机环境，通过互联网向用户提供高质量的教育资料，推动资源标引、信息智能检索和联机帮助等服务，以提供对高质量资源和工具的有组织存取，支持科技、工程、数学和技术教育教学过程的创新[1]。

NSDL最初的发展模式是建立在传统图书馆服务模式和功能的基础之上的，并采用一个元数据存储库（Metadata Repository，MR）作为数字图书馆的体系结构。然而，经过几年的研究和实践暴露出不少问题，2005年Carl Lagoze、Dean Krafft等在基于NSDL项目的基础上提出了information network

[1] about NSDL[EB/OL]. [2012-3-25].http://nsdl.org/about/.

overlay（INO）的信息模型，以帮助用户发现、选择和使用信息[1]，并提出了建立协作式数字图书馆基础结构，总的说来，以协作式数字图书馆基础结构为基础的NSDL体现出来以下几种设计思想和特征。

（1）“超越检索和获取”（Beyond Search and Access）

随着功能强大的搜索引擎的发展，网络信息搜索逐渐受到用户的青睐，使得数字图书馆面临激烈的竞争环境。NSDL意识到在这种情况下，不能过多地夸大Google模式，搜索引擎并不能解决数字图书馆领域存在的所有问题。数字图书馆必须提供“超越”简单的信息检索和获取的服务，除了基本的功能外，还要促进协作和知识环境的创建，才有可能在激烈的竞争中脱颖而出。

（2）重视用户参与

协作式数字图书馆基础结构为基础的NSDL所蕴含的数字图书馆“哲学”与Web2.0哲学在某种程度上存在很大程度上的相似，尤其是它所倡导的“参与的文化”。这突出表现在，NSDL是协作式的，它支持用户通过注释、评论等主动方式或通过对资源的使用模式来创造信息和信息环境，从而为图书馆创造知识。从这个意义上讲，数字图书馆的核心是一个不断发展的信息知识仓库，它把专业的查询和“群众的智慧”有机结合到一起。

（3）重视信息的“语境”

协作式NSDL引入信息“语境”的概念[2]，认为信息的语境反映了数字图书馆的服务对象的范围以及用户使用和管理信息所表现出来的不同特征。它把传统数字图书馆中资源和结构化元数据的观念与服务为导向的体系结构和语义网络技术相联系，对各种结构化、非结构化和半结构化信息及其之间的丰富的联系进行动态全面的揭示。

此外，协作式NSDL运用了Information Network Overlay（INO）信息模型，它的关键部分为基于Fedora中间件的NSDL Data Repository（NDR），并

---

[1] Carl Lagozei, Dean B. Kraffti, Sandy Payettei, Susan Jesuroga.What Is a Digital Library Anymore, Anyway?Beyond Search and Access in the NSDL[EB/OL].[2010- 02- 23].http://www.dlib.org/dlib/november05/lagoze/11lagoze.html.

[2] Lagoze.C.Representing Contextualized Information in the NSDL[EB/OL].[2010-11-25].http://arxiv.org/pdf/cs/0603024.

加强对社会性软件和工具的开发和利用，在此基础上研制和提供一系列工具和服务来帮助用户发现、选择和使用信息和信息的语境。协作式NSDL的基础结构和提供的各种工具和服务不仅支持用户访问和获取资源，还帮助用户发现和创建与科学资源相关的信息，促进用户的理解和对图书馆的参与，从而有助于进一步实现NSDL“共享和构建知识的实验室”的发展愿景。

欧盟的DELOS数字图书馆项目经过近十年的研究，推动了欧盟在数字图书馆方面研究的发展，2001年，在欧盟第五框架计划（FP5）的资助下，DELOS Network of Excellence for Digital Libraries组织了第一次研讨会，提出了“数字图书馆未来10年发展的大图景”（a 10-year Grand Vision for DL）——任何公民在任何时间、任何地点，通过使用各种连接互联网的设备，克服距离、语言和文化障碍，以友好、多形态、快速、有效的方式，访问人类所有知识[1]。2004年，DELOS Network of Excellence for Digital Libraries在欧盟第六框架计划（FP6）的资助下，邀请数字图书馆研究领域25位著名专家，举办了DELOS第三次头脑风暴研讨会，进一步探讨数字图书馆的未来发展方向和发展战略，并产生了《数字图书馆未来研究方向》（*Future Research Directions*）报告。该报告在前两份报告的研究成果基础上，进一步指出，过去数字图书馆建设的发展受到传统观念的影响，呈现出以内容为中心、以存储为中心、基于特定环境的系统、重复建设、孤立的系统等特征[2]。2007年提出了DELOS的三层框架模型（见图8-4）[3]。

欧盟资助的另一个DILIGENT项目，则利用网格技术来动态创建和管理虚拟数字图书馆，实现了资源的动态分配、支持跨组织资源共享，构建了一个基于SOA架构的信息资源组织与管理模型[4]。DILIGENT项目的主要目

---

❶ Technology-Enhanced Learning and Access to Cultural[EB/OL].[2012-02-06].http://www.delos.info/files/pdf/workprogramme/ta_1_2_summary.pdf.

❷ Alberto Del Bimbo. Future Research Directions:3rd DELOS Brainstorming Workshop Report[R].[2012-05-02].http://www.delos.info/files/pdf/events/2004_Jul_8_10/D8.pdf.

❸ The DELOS Digital Library Reference Model - Foundations for Digital Libraries. Version 0.98[EB/OL].[2010-01-29].http://www.delos.info/files/pdf/ReferenceModel/DELOS_DLReferenceModel_0.98.pdf.

❹ GCube Architecture[EB/OL].[2010-02-25].http://www.gcube-system.org/index.php?option=com_content&view=category&layout=blog&id=47&Itemid=55.

标是实现基于网格的数字图书馆试验，目标是将数字图书馆建立在网格基础之上，以使E-Science动态虚拟组织的成员能够自由存取共享的知识，并以安全、协调、动态、低成本和高效益的方式进行合作。DILIGENT体系结构是由一组服务组成，包括一系列数字图书馆的功能，如搜索、评注、个性化、文档的可视化等，用户可以利用DILIGENT的这些服务对第三方资源进行配置、筛选和集成，根据自己的需求创建和使用自己需要的虚拟数字图书馆。

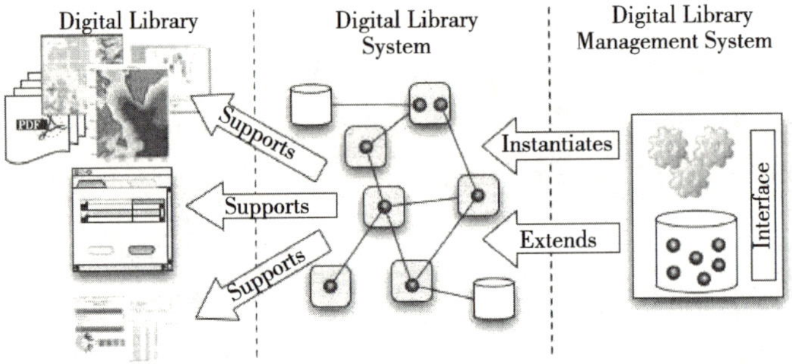

图8-4　DL，DLS与DLMS: 三层框架模型

DILIGENT服务的逻辑结构由三层组成: 第一层是集成层（Collective Layer），集成层增强了已有网格服务的集成能力，能够支持数字图书馆层复杂的服务请求。集成层不包含任何特殊资源的服务，它只包含全局资源的服务；第二层是数字图书馆层（Digital Library Layer），它用于选择、集成数字图书馆的服务，从而提高它们的服务质量，满足E-Knowledge领域的需求，数字图书馆层的功能主要有提交、索引和发现多媒体对象（文档、视频、图像、环境资料等），通过注释、合成、协作编辑等对这些对象进行管理和处理，同时，还支持动态的创建和访问即时的数字图书馆；第三层是具体应用层（Application Specific Layer），此层包含应用的具体服务，第三方提供者可以

将它们的数据或者功能组件转移到DILIGENT框架中[1]。

Digital Library Grid是由Old Dominion大学DL研究组在其原有的OAI（Open Archives Initiative）系统（即ARC系统）研究和实践基础上所提出的项目，得到了美国Andrew W. Mellon基金会的资助，Digital Library GRID提出了其信息资源管理模型，使用Globus项目组开发的网格系统工具平台，构建了一个基于网格的高性能OAI系统[2]。

8.5 空间环境信息组织的框架

泛在信息环境是一个分布、异构的信息空间，以无所不在的分布式网络与云计算环境为支撑，泛在信息环境下的信息组织系统具有复杂的物理与逻辑层次结构，在信息组织的过程中信息存储、信息描述与表达、信息展示与交互由多个不同层次的异构系统所组成，信息资源呈异构分布，在各种信息环境中各自具有其各自功能、特性、资源集合、各种形态和不同来源的数字对象，系统间通过协作实现信息资源的调度与传递，采用多种信息组织模式，通过统一元数据标准达到系统之间的相互理解和信任，以用户的泛在服务为中心，实现信息资源的自由流动。人们通过对数据进行系统组织、整理和分析，使其产生相关性，给予信息以某种"语义"及"语境"并与特定用户行动相关联，从而将"语境"融入图书馆的信息组织之中，"数字环境中凡是能导致对信息意义产生影响的各种因素，可以统称为——语境"[3]，而"语境环境"包含信息组织系统、用户、信息系统中的大社会系统及用户操作[4]，随着泛在信息环境中的影响因素的增多，信息的语境将变得更为复杂。"语境"不但反映了泛在信息环境下图书馆的服务对

---

❶ Enabling Grids for E-science[EB/OL].[2012-02-03].http://www.eu-egee.org.

❷ Digital Library Research Group[EB/OL].[2012-05-25].http://dlib.cs.odu.edu/grid.html.

❸曹锦丹.多视角信息组织模式研究[D]. 吉林: 吉林大学, 2006.

❹ Joseph T. Tennis. Function, Purpose, Predication, and Context of Information Organization Frameworks [R/OL].[2012-02-03].In Knowledge Organization for a Global Learning Society: Proceedings of the 9th International Conference for Knowledge Organization. International Society for Knowledge Organization 9th International Conference. (Vienna, Austria. Jul, 2006). Advances in Knowledge Organization vol 10. Ergon. Würzburg, pp.303-310.

象所涉及的范围，同时，也反映了管理信息与用户使用过程中所表现出来的不同特征。它强调对信息的教育环境、信息的使用模式、偏好、用户能力等各种语境信息和复杂的社会网络关系的搜集、描述和利用，为用户提供有针对性和个性化的信息服务。

泛在信息环境中图书馆信息组织的重点是对异质、异构信息资源的组织并采用泛在信息技术对信息资源进行重组、聚合、挖掘、关联，为用户提供泛在信息服务。以泛在图书馆的组成框架为中心，在泛在信息环境下图书馆信息资源组织的基本特性基础上，借鉴国外数字图书馆网格项目的经验与框架模型，构建了泛在信息环境下图书馆信息资源组织的抽象模型。泛在信息环境下空间环境的信息组织框架主要由五大部分组成：基础设施、信息资源内容、信息资源描述与表达、信息资源调度与传递、用户交互与信息展示等，整个构架如下图（见图8-5）。

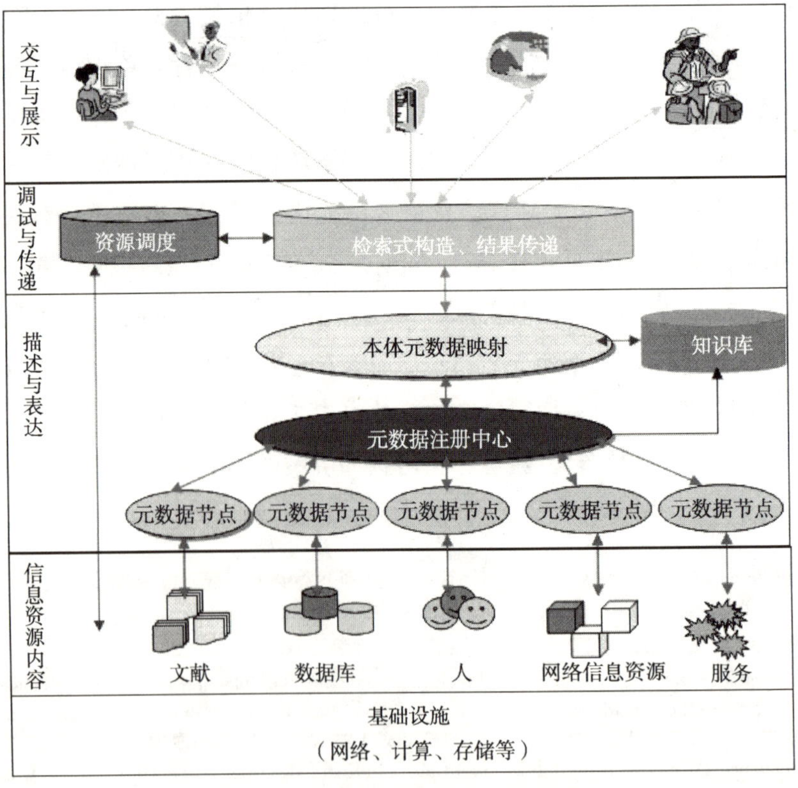

图8-5 空间环境信息资源组织的框架

8.5.1 基础设施

泛在信息技术的突飞猛进为空间环境的信息组织框架奠定了坚实的基础，尤其是随着泛在计算技术的快速发展，3G技术的日渐成熟，网格技术的发展，云数据存储技术的更新从根本上改变了现状。随着高清视频的发展及海量数据剧增，人们对网络带宽的需求也越来越高，研究人员也在不断研发出新的技术，速率达1Gbps的互联网连接已成为现实，谷歌于2010年2月份公布了“谷歌光纤”项目，计划向1个或多个社区的5万至50万居民提供速率达1Gbps的互联网连接，目的是培育新应用市场、试验部署光纤网络的新方式、建立网络中立原则下的开放网络访问模式[1]。另外，来自美国、中国、巴基斯坦和以色列的科学家团队，成功研制出一套利用扭曲光束的数据传输系统，传输速度最高能达到2.5TB/s[2]，它也指明了未来网络通讯技术的方向。

随着高速的光纤网络的建立，网络瓶颈，以服务器为中心采用磁盘阵列技术的存储架构已经受到扩充能力、存储资源共享、响应速度等问题的严重挑战，新的数据存储技术应运而生，目前数字图书馆广泛采用的存储方案主要有DAS（Direct Attached Storage，直接附加存储）、NAS（Network Attached Storage，网络附加存储）、SAN（Storage Area Network，存储区域网络）和ISCSI（Internet Small Computer System Interface，互联网小型计算机系统接口），网格是最近兴起的技术领域中的一个分类，它在实现资源集成、协同应用方面的强大优势和与生俱来的跨越异构系统的能力，在实现数字图书馆互操作应用方面有着不可比拟的优越性，随着网格技术研究的不断深入发展，网格技术的应用领域也逐渐扩大，运用网格思路和技术的存储网格的出现将存储从外围设备变成了一种共享的IT资源，并带来了全新的效率、可扩展性和可用性[3]。

---

❶ 谷歌拟明年初测试超高速网络速率达1Gbps[EB/OL].[2012-07-05].http://finance.qq.com/a/20101022/002964.htm.

❷ 科学家研究多种高速网络网速2.5TB/s[EB/OL].[2012-07-05].http://tech.163.com/digi/12/0702/14/85DRCF9A001618J1.html.

❸ 余玲.基于网格的数字图书馆资源存储研究[D].上海：华中师范大学，2007.

网格最早是以集成异构计算平台为目标出现，接着跨入分布式海量数据处理领域，最终将在信息集成应用中获得广泛的、长足的发展。网格技术在数字图书馆中能实现以下目标：

①异地信息资源的透明访问。对于网格内的可用资源进行整合，明确信息源的具体位置，然后建立统一的、逻辑的资源统一视图，使用户像访问本地数据库一样访问异地的数据资源。

②异构信息资源的透明访问。为用户屏蔽不同格式的数字图书馆资源之间的差异，提供标准数据访问接口，实现异构资源的透明访问。

③实现基于语义的信息共享模式。在建立领域本体的基础上，对网格内的信息资源进行语义注册，借助公共的领域本体论实现数据资源本地模型的语义化描述，而后通过语义浏览服务，为用户提供基于语义的信息查询。

④提供高效的信息目录服务。建立有效的元数据目录服务，提高资源检索与利用效率。在动态变化的网格资源环境下，提供元数据目录的生成和更新，以及目录存储与服务的有效方法。

⑤安全控制机制。采用可靠的信息安全控制机制，保证资源的合法利用和用户的正当权益不受侵害，维护信息共享服务的正常秩序。

随着分布式处理（Distributed Computing）、并行处理（Parallel Computing）和网格计算（Grid Computing）的发展，云计算（Cloud Computing）成为继1980年代大型计算机到客户端-服务器的大转变之后的又一种巨变，云计算是网格计算、分布式计算（Distributed Computing）、并行处理、效用计算（Utility Computing）、网络存储（Network Storage Technologies）、虚拟化（Virtualization）、负载均衡（Load Balance）等传统计算机和网络技术发展融合的产物。云存储是在云计算概念上延伸和发展出来的一个新的概念，是指通过集群应用、网格技术或分布式文件系统等功能，将网络中大量各种不同类型的存储设备通过应用软件集合起来协同工作，共同对外提供数据存储和业务访问功能的一个系统。它是一个多存储设备、多应用、多服务协同工作的集合体，通过将软件、硬件、数据等计算资源从本地迁移至云端，用户随时随地通过成本较低的客户端连接到处于云端的功能强大的软件、硬件和数据资源。云存储具有虚拟性、敏捷性、高效率性、高安全性、高可靠性和经济性等特点，具有松散耦合、大规模协同和实时同步特征。

计算机体系结构在数据存储方面要求具备庞人的水平扩展性，随着超人规模存储及高并发用户的访问，传统关系型数据库已难以满足对数据库高并发读写、海量数据的高效率存储和访问、数据库的高可扩展性和高可用性等的需求，Hadoop等NOSQL新技术的出现使得分布式集群运算和存储变得更为现实，用户可以在不了解分布式底层细节的情况下，开发分布式程序。NoSQL及以Hadoop基础的HBase是非关系型的数据库，可以处理超大量的数据，可以运行在便宜的PC服务器集群上，它们击碎了性能瓶颈，具有大数据量、高性能及高可用性，在架构的层面上带来了可扩展的能力。Hadoop实现了一个分布式文件系统（Hadoop Distributed File System，简称HDFS），HDFS有着高容错性的特点，并且设计用来部署在低廉的（low-cost）硬件上。而且它提供高传输率（high throughput）来访问应用程序的数据，适合那些有着超大数据集（large data set）的应用程序，Hadoop主要有以下几个优点：

①高可靠性。Hadoop按位存储和处理数据的能力值得人们信赖。

②高扩展性。Hadoop是在可用的计算机集簇间分配数据并完成计算任务的，这些集簇可以方便地扩展到数以千计的节点中。

③高效性。Hadoop能够在节点之间动态地移动数据，并保证各个节点的动态平衡，因此处理速度非常快。

④高容错性。Hadoop能够自动保存数据的多个副本，并且能够自动将失败的任务重新分配。

分布式存储和计算软件平台已经成熟，Hadoop、GoogleFS、JVM、XCode、ARC等技术已可以在廉价的普通硬件上实现可扩展的分布式文件系统（见图8-6），用于大型的、分布式的、对大量数据进行访问的应用。在该模型中，当用户提交请求后，首先将根据一定的规则，通过负载均衡，然后到达相应的主节点，通过DNS负载均衡，合理地把该请求送到相对“空闲”

的主节点服务器，主节点服务器则再向下一级从属节点发出请求，从属节点则实际处理请求的缓存服务进程，并相应分布式计算及获取存储的内容，再对结果进行合并返回。泛在网络环境及泛在信息技术为信息资源的分布存储和计算提供了物理条件及技术支持，数据信息存取收藏于网络中的多个节点上，与应用程序和硬件间的必然联系将不受限制，数据信息可以达到随选所需的运作环境，达到快速提供服务的目的，各数据信息接点成为共享中心。

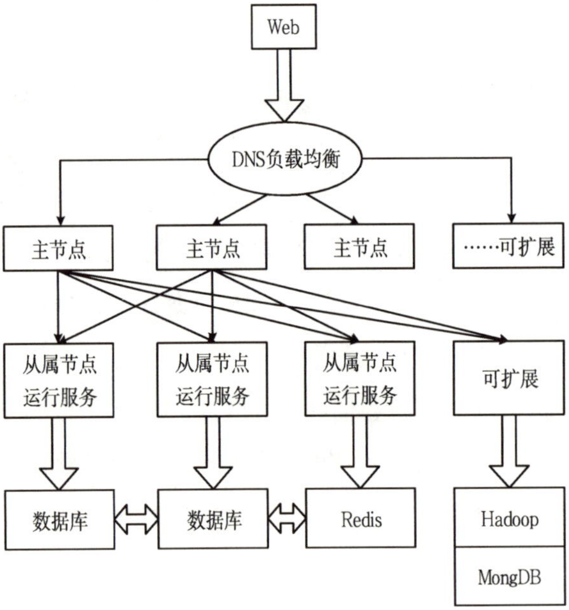

图8-6 分布式存储和计算框架模式[1]

随着OCLC宣布推出“基于云的服务”，图书馆的IT应用也进入了“云”的时代，为图书馆提供存储空间、网络设施、带宽等，将“资源”网络化、虚拟化[2]，云计算的特点是把所有的IT资源均当成服务来提供，包括应用程序、存储空间、计算能力、编程与运行环境、网络通信设施、协作工具平台

[1] http://www.cnblogs.com/ccdev/archive/2012/12/28/2836599.html.

[2] 刘炜.图书馆需要一朵怎样的“云”?[J]. 大学图书馆学报, 2009(4): 2–6.

等，从底层硬件、网络设施、带宽、软件一直到数据资源的共享将是泛在信息环境下的一种趋势。

8.5.2 信息资源内容

主要的资源或原始资料库位于底层框架之上，信息资源存储层的信息资源主要由文献、各种数据库、数字图书馆、各种人类知识、信息资源的集成与聚合、动态的网络信息资源及服务组成。数据、信息和知识在构建泛在知识环境中发挥着基础核心作用，因而实现这一目标也首先要从信息本身开始着手——更好地理解、组织、管理、发布和保存信息。

传统的文献信息依旧是重要组成部分，馆藏文献数据库是开发信息资源的基础数据库，是对馆藏文献进行揭示，便于用户检索和利用图书馆的信息资源，而在馆藏文献的基础上所建立起来的联合书目数据库有利于地区间的协作采购和文献资源保障体系的建立，是实现馆际互借、资源共享的前提条件。馆藏文献中的特色文献数据库是图书馆等信息机构根据其文献资源状况与用户的信息需求，选择馆藏中富有特色的文献资源所建立的专门化数据库，特色文献数据库可分为特色文献书目数据库和特色文献全文数据库两个类型，特色文献数据库有利于深层次地揭示和利用文献信息资源，是图书馆等信息机构提高信息资源服务水平和开展信息资源共享的重要途径。

泛在信息环境下图书馆信息资源建设的主体呈现多样化，各数据库商的广泛参与丰富了图书馆信息资源，使数据库产品的类型多种多样，如光盘数据库、单机版数据库、联机数据库、书目数据库、全文数据库、事实数据库等。图书馆通过购买商业性数据库产品有利于提高图书馆信息资源建设和共享的成本效益，是目前图书馆信息资源建设的一种重要而又卓有成效的手段。商业性数据库经历了单机形式、局域网形式、互联网形式等，一直发展到云模式，在数字化的信息环境中商业性数据库在图书馆的资源体系中显得越来越重要，在图书馆的使用率中已远超过传统的纸质文献，数字化的资源也迎合了泛在信息服务的开展，适用于用户随时、随地的访问。

用户是图书馆的灵魂，用户是图书馆信息服务的主体，图书馆的信息资源建设、组织、管理及服务是以用户为中心；同时，用户也是图书馆的积极参与者，根据马斯洛的理论，用户利用图书馆资源不仅仅出于求知需要，也希望在此过程中满足社交需求、获得尊重和自我实现。他们通过对信息资源的分享、与馆员及其他用户的互动等方式参与社交，满足其社交需求；通过撰写书评、推荐资源、合作创建知识、解答读者疑问等方式展示自己，获得他人认可、鼓励和赞扬，满足其获得尊重和自我实现的需求。图书馆应创造条件鼓励用户参与信息组织，既满足用户求知需求，也使用户在此过程中获得精神上的满足和参与图书馆工作的良好体验，进一步提升图书馆的吸引力和用户忠诚度[1]。

在新的信息环境下用户越来越多地参与到信息的创建、发布与传播的过程中，用户参与信息组织，形成以图书馆专业人员为主导、用户参与的信息组织模式。用户参与是协作、交互环境下图书馆信息组织的变革方向，重视用户体验、重视群众的智慧是随着信息技术的发展而形成的新理念，用户越来越多地参与到信息的创建、发布与传播的过程中，以博客、微博等为代表的微内容蔚然兴起，用户的群体智慧得到展现，隐藏在用户当中的隐性知识通过各种交互式平台得以展示，使得用户隐性知识转化为显性知识，各种用户参与式所形成的知识也极大地丰富了图书馆的知识资源，各种开放获取和利用，用户将各种数字资源捐赠给图书馆，促进信息共享、共有和自由存取。随着信息公平理念的加强，实现泛在信息社会用户可以随时随地获取任何资源的理念，避免信息歧视，以解决资源获取障碍，一种新型的共享模式——开放存取（Open Access，简称OA）资源快速增长，大量的灰色文献、实验数据、会议记录、经验总结等，实现科研成果的免费共享，这些文献具有非常重要的科研价值，对科学的进步具有重要意义。让更多的人享受到免费的信息资源，促进交流学术信息，推进传播科学信息，充分利用科学研究成果，长期保存研究成果。

随着计算机技术、网络技术、通讯技术的飞速发展，图书馆所处的信息环境发生了巨大变化。据IDC研究报告，未来10年全球数据量将以40%的速

---

[1] 司莉，邢文明. Web2.0环境下用户参与的图书馆信息组织模式及其影响研究[J]. 图书馆论坛，2011(12): 199-206.

度增长，2020年全球数据量将达到35ZB，为2009年的44倍。在开放式信息环境下信息资源的融合已是大势所趋，网络信息资源的迅速增加给图书馆信息资源建设带来了崭新的机遇。网络信息资源是由数字化技术、信息存诸技术、数据库技术、网络通讯技术与超文本、超媒体技术所支撑的信息资源。它使图书馆的资源基础突破了传统的馆藏文献资源的局限，成为重要的虚拟馆藏，使图书馆提供的信息资源更加丰富多彩。网络信息资源最大的优势就是信息资源丰富。但因特网上的信息具有在地理上分散、组织上松散、数据类型多\随机变化大等特点，使得网上信息的查询、组织和管理，成为人们最关心的问题。作为网络信息资源化图书馆，同样存在这个问题，即如何为读者提供更加便利的网上信息服务。因而，未来网络化图书馆的和建设，不能忽视网络信息资源的查询、组织管理和利用。

在图书馆的信息服务的过程中，图书馆员与用户进行频繁的交互，在用户交互的过程中所产生的各种数据对图书馆来所具有不少价值，一方面其中不少信息是图书馆知识库的重要组成部分，比如馆员与图书馆用户信息咨询的过程中所产生的信息将成为图书馆FAQ的一部分，有的甚至成为专家知识库的重要组成部分，对图书馆的智能化服务具有不可替代的作用；另一方面与用户交互的信息对用户个性化信息服务的提高具有显著作用，通过对用户交互信息的挖掘可提高用户个性化服务的针对性，通过更多的交互式交流来预测、计算用户新的信息需求，帮助用户找到所需信息，使用户获得更加完美的结果信息集，为用户提供个性化的检索服务，能根据用户所使用的当前情景，快速地反映用户需求随着不同情景的实时变化。

信息资源内容由分散在广域网上的数字图书馆组成，数字图书馆被封装成为网络节点，称为信息节点。信息节点是最基本的数据资源提供者，在千差万别的内部结构的基础上，通过网络管理中间件进行封装后加入到网络环境中，其主要作用是利用通用数据接口和标准协议，向服务节点提供数据资源。网络上另外一些节点负责对网络资源进行统一管理、提供资源和数据信息服务、对用户行为和数据传送进行安全控制等网络管理任务，各数字资源组成一种松散、耦合联合体，对外透明地提供服务。

8.5.3 信息资源描述与表达

信息资源描述与表达是对存储的信息资源提供元数据描述及语义表达，因此，信息资源描述与表达具有双层意义，一是对存储的信息资源进行形式和特征等的描述。图书馆信息资源的建设、组织、管理过程是信息资源可发现性的起点与基础，信息资源揭示发现揭示了信息资源的特征和资源之间的各种关联，为其他方式的信息资源发现奠定了条件，使信息资源在图书馆及网络的各个环节中可见成为可能，在用户面前展示资源的吸引力，信息资源揭示发现模式的核心就是怎样让其他的服务发现图书馆的独有信息资源；二是对信息资源内容进语义上的表达，在元数据登记中心统一注册，为用户构建一个单一语义映像和多层语义互联，实现跨系统的语义互联和语义互操作。

信息资源描述与表达见图8-7，在资源描述与表达结构图中，在元数据中心注册的信息资源元素通过Unicode来编码，由同一标识符对经过编码所形成的信息对象进行识别，信息单元的内容、结构等元数据由XML等进行描述、标记和组织，然后对由下而上的第一、二两层所形成的信息资源进行描述的基本方式及描述所采用的基本语义元素和语义规则元素，则由RDF和RDFS进行规定，利用XML/RDF/RDFS对实际元数据集进行规范描述，从而建立Networked Knowledge Organization Systems（NKOS），对信息内容的语义关系网络及推理规则进行规范描述，建立计算机可理解的概念集，从而为不同种类的元数据集建立本体的元数据映射，将特定领域内不同结构的元数据进行转换，使领域内的元数据实现互操作，同时实现基于语义检索。

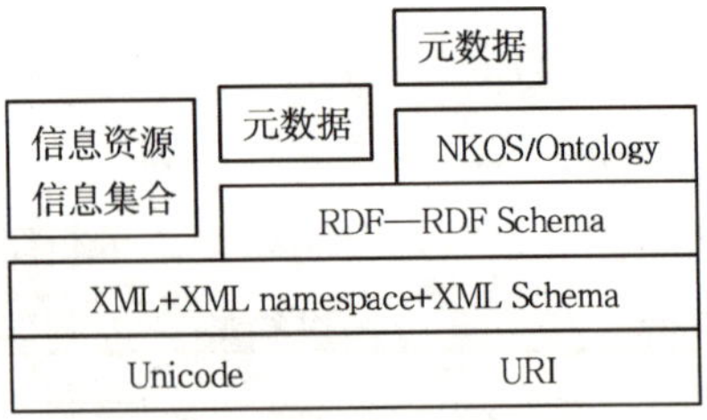

图8-7 信息资源描述与表达结构

信息资源的索引、元数据、关联数据等是信息资源揭示发现的基础，元数据是基础，用于描述信息资源在特定情形下的微观结构。元数据是描述信息资源的基本单元，它不仅是实现资源发现的关键，也是有效利用资源和实现互操作的基础。元数据一般区分为语法元数据和语义元数据。语法元数据描述有关文档内容的非上下文信息（如语言和格式等），不提供文档内容的语义。语义元数据描述的是关于文档内容的具体领域信息，通常借助于本体提供其上下文解释。规范、合理的标识是信息资源发现与揭示的最基本条件，通过元数据的描述传递信息资源必要的上下文信息，使用重要性的描述元素去传递有用的信息，使资源发现点包含统一的检索数据串，诸如URI或已建立的控制词汇以增加信息的揭示，以增加被用户辨识、认知相关信息资源，促进用户对信息的有效获取和利用。通过以目录组织方法、主题菜单栏目组织方法、元数据组织方法及Folksonomy组织方法等进行组织，用户能够根据信息结点之间的关联，循链进行相关结点的非线性浏览。在信息揭示方面关联数据是信息资源揭示的一种较理想的表达形式，关联数据利用URI命名数据实体，负责标识（命名）和定位对象，来发布和部署实例数据和类数据，从而可以通过HTTP协议揭示并获取这些数据，强调数据的相互关联、相互联系以及有益于人机理解的语境信息。

而Tag、Folksonomy等则提供了一种新信息资源揭示方式，为信息资源提供了新的检索途径，大众化参与形式反映了用户对信息资源本身的理解，是对信息资源内容显性的解析，也是对信息资源的分析与提炼，更便于用户对相关信息资源进行揭示与获取，同时可以通过云标签进行信息资源的聚合揭示。目前，基于元数据基础上的信息资源揭示发现应用不断涌现，Google Scholar、WorldCat、OAIster等通用的元数据聚合，HathiTrust、Wikipedia、Flickr Commons等通用数据对象聚合及EarthPrints、ArXiv等多学科聚合，通过这些信息资源揭示应用增强了相关信息资源的可发现性。

知识与内容描述揭示已成为新的发展趋势，XML、RDF、主题图及本体等成为知识描述与揭示的主要工具，基于本体的图书馆信息资源描述与揭示极大地促进信息资源揭示发现。2009年，美国康奈尔大学和六家机构筹建了一个Facebook风格的专业社交网络——VIVO网，其宗旨是建立一个连接开发数据的语义Web，VIVO通过形式的基于语义Web的Ontology和描述技术，把许多大学的科研集体联系起来，科学家通过VIVO网可以看到网络中的研究人员正在进行的其它科学研究，更便于快捷地找到同行并建立联系，实现参考文献和科研数据共享，由此将导致新的发现和创新。

信息资源的描述与表达标准化程度得到提高，同时，各种信息资源描述与表示具有高度的一致性。在空间环境信息组织的框架中，元数据节点负责将分布式存放的大量信息资源的主要特征数据（元数据）提取出来，以充分提高信息检索的效率。为保证元数据服务的健壮性和稳定性，元数据的采集和存储都是由多个网络节点参与完成的，并且多副本存放，元数据的采集计划、更新频率、任务分配由元数据采集调度服务器协调完成。在现有元数据标准的基础上，各元数据在元数据登记中心统一注册，生成元数据索引和目录信息树，向高层网络应用提供元数据检索服务，在元数据索引和目录信息树的基础上采用XSLT语言，将领域内不同结构的元数据进行转换，使领域内的元数据实现互操作，为用户构建基于语义层面上的一体化空间元数据管理与服务的框架，通过描述不同元数据方案在微观结构上的差异以及信息资源之间的复杂关系来实现元数据的语义互操作，从而为分散信息资源的整合与管理提供模型与方法❶。

在这个框架中，元数据主要是在微观层面上规范化组织信息资源，元数据提供了数字图书馆的语义基础，使资源有了基本的微观结构，利用元数据机制，可以更加精确地描述Web资源的语义，从而使得Web数据从机器可读转化为机器可理解❷。本体主要用于资源之间的宏观联系，尤其在一些涉及信息的互操作、知识理解等方面，由于元数据无法解决其与生俱来的对资源描述的特殊性与一般性的矛盾，并且不能完全解决信息系统的语义异构问题，本体很好的弥补其不足。空间元数据管理是基于分布式协作和语义的，

❶ 刘炜,李大玲,夏翠娟.基于本体的元数据应用[EB/OL].[2012-02-10].http://eprints.rclis.org/bitstream/10760/6074/1/ontology_basedMedadata2.pdf.

❷ 花开明,陈家训,杨洪山.基于本体与元数据的语义检索[J]. 计算机工程, 2007(24): 220-222.

通过元素映射与结构映射，通过基于本体元数据的转换，在各元数据库的基础上为用户构造一个虚拟的同构环境，每个信息资源存储节点都对应着各个本体系统的概念的元数据信息，这些信息通过本体进行描述，各个空间信息存储节点自动发布关于本节点空间信息资源的本体元数据，元数据经过本体语义转换变为通用的集成本体描述的形式后，注册到用通用本体概念描述的空间元数据库中[1]。信息资源描述与表达层追求的最终目标是基于语义网格的空间元数据管理，并把网络上的不同信息存储节点上的元数据在语义层连接起来，在操作系统、体系结构、元数据模式、数据库管理系统等多个方面异构的环境中实现基于语义的集成与调度，提高资源发现、调度、传递的效率。

信息资源描述与表达是空间环境信息组织框架的关键，是实现信息资源语义共享与服务的重要一个环节。信息资源调度与传递层能够在空间元数据的语义层透明地对所有空间元数据实现基于语义的访问与调度，对信息资源库中知识内容、知识对象及其逻辑关系进行深入、系统和动态的语义描述，通过单一语义映像和多层语义互联，将不同类型的语义空间转换和整合到同一的语义空间，实现跨专业、跨系统的语义互联和语义互操作。

Quertle[2]使用基于语义语言学自动提取、分析每个文档的语言片段，并进行标识含义和上下文关联性分析，与后台元数据库进行对比，实现生物医学与化学科学中，本体与所有变体术语中的任何一个或几个之间的自动直航。如输入“Aspirin”（阿司匹林），结果除了发现该语言片段与“Clopidogrel”（氯吡格雷）互相关联，还能提供其类目指向“Cardiovascular”（心血管）、“Platelet”（血小板）、“Hemorrhage”（出血）等相关信息。这就是由于Quertle使用Power Terms语义驱动技术，实现整个类相关概念的自动识别，并为读者提供紧密相关的文献资源和非常直观的学术探索方式。

8.5.4 信息资源发现、调度与传递

[1] 李德仁.空间信息语义网格[J]. 武汉大学学报(信息科学版), 2004(7).

[2] http://www.quertle.info/

信息资源发现、调度与传递层就是为用户提供透明且无缝的使用图书馆中的信息资源，信息资源发现、调度机制为上层的用户应用提供了透明的全局资源视图。接受用户的信息请求，并将用户的信息请求描述转述成本体，在中心元数据库中对相关信息进行检索调度，然后将相关结果传递给上层的用户。信息资源发现、调度与传递层是由多个针对不同的访问方式所提供的各种接口等所组成，比如使用无线网络的API接口、使用智能卡的API接口等，它们直接为上层的专用访问设备提供服务，为专用访问设备与信息资源系统之间信息交互的中续者，为适应用户所持的前端设备而对相应格式、样式的信息资源进行调度。

信息资源发现分为主动发现信息资源和被动发现信息资源。主动发现信息资源是信息资源请求者和信息资源之间进行联系必不可少的环节，如果没有主动发现机制，网络环境下数字图书馆的信息资源数量巨大，信息资源请求者就不能确定自己可以使用哪些信息资源，也就满足不了请求者获得信息资源的需求。在主动信息资源发现的过程中用户通过借助于图书馆提供信息资源浏览与导航、检索与发现工具和推送服务等以实现对信息资源的主动发现，借助于工具对内在发现元素进行检索，是信息资源与用户之间联系的纽带。面对庞大、异构的数字资源，多年来图书馆一直在努力致力于用户信息资源发现这一挑战，在过去近二十年中试图通过多种检索手段与方式跨越大范围的电子资源库，为用户提供一个更加一体化的信息资源搜索体验，并尝试为用户提供多种搜索工具，试图为用户提供一种更优的信息资源发现服务，提供的访问、发现信息资源的方法与工具从最初的A-Z杂志列表导航、联邦检索、异构数据库统一检索到一站式资源发现与获取系统等，同时，图书馆也提供了新的信息资源推送服务与咨询服务，图书馆的检索工具和服务与信息资源本身的表征结合极大地提高了数字图书馆信息资源的可发现性，提高了信息资源的利用率，也极大满足了用户的信息资源发现的需求。

而被动信息资源发现则主要依靠信息资源请求者通过信息资源本身元数据及语义信息的直接识别来获得信息资源，对用户来说更多是一种隐性的方式，是一种间接、非接触性的资源发现。被动信息资源发现是通过对信息外在特征和内容特征的表征和排序，形成信息资源的著录、索引、元数据、本体等，以实现机器的可读与易识别，采用类聚性、系统性、动态性、多重性等手段对信息资源进行多视角、多维度的描述，使信息资源之间形成立体的网状结构，增加被用户辨识、认知相关信息资源，促进用户对信息的有效获取和利用。通过与各信息资源提供商签订相关协议获取元数据，或使用数据挖掘技术获取元数据的方法，形成一个相对集中的元数据存储库，通过一个具有全面、开放和可持续的合作、聚集、整合的资源发现和传递框架，以实现各种信息资源的一站式资源发现与获取，或通过关联数据将内容编织在一起创建一个有意义的“网上数据”。

当用户对需求进行准确表达，用户向跨库检索节点提出检索请求，跨库检索节点提供用户检索接口，并把用户需求有效地传递到统一的元数据空间，同时完成对用户的需求进行语义分析和语义描述与计算，然后将用户需求与信息资源集进行语义匹配，实现它们之间的互理解，形成具有相同或相似的结果集，检索结果集由调度服务进行排序执行，将匹配的信息资源返回给用户。

当用户对相关资源进行浏览时，用户向相邻的资源调度中心发出资源请求，根据用户资源请求寻找匹配资源，相关信息资源元数据由资源调度中心进行调度，同时，调度中心调用平台中的相关服务，对统一资源空间的资源进行调度，资源调度中心为资源请求寻找一个能满足需要且与用户距离最短的物理资源，找到则完成资源的定位，调度中心将资源发现的结果返回给用户。用户在某个数字图书馆节点提出使用请求后，并不需要考虑从哪里获取所需资源，而是由所在节点的服务提供者主动接驳到全局语义网格中的统一语义空间，由语义空间对用户的需求进行语义理解，并将理解的需求发送到统一的资源空间进行查找与调度。

8.5.5 用户交互与信息展示

用户交互与信息展示层直接面向用户，用户通过应用接口与信息系统或其他用户进行交互并为用户展示信息。用户交互与信息展示是对信息组织结果的获取与展现，用户交互及信息展示方式对用户的信息理解与获取产生非常大的影响，简洁及方便的交互方式给用户信息的获取带来便利，有效、科学的展现方式能使用户易于对信息的理解。

用户交互主要有用户—设备交互、用户—界面交互，而信息展示主要在用户—界面交互层（见图8-8）。泛在信息环境中的Wi-Fi、3G、传感器、电子标签、无线射频等为用户构成了“无处不在网络”，实现了人与人、人与计算机、计算机与计算机，人与物、物与物之间信息交流的泛在网络基础架构[1]，泛在网络基础架构将动态、个性化、能够提供给多种设备类型的用户交互层与一组完整的面向用户的服务结合在一起，这些服务经过微调，能够进行高效的通信和协作。

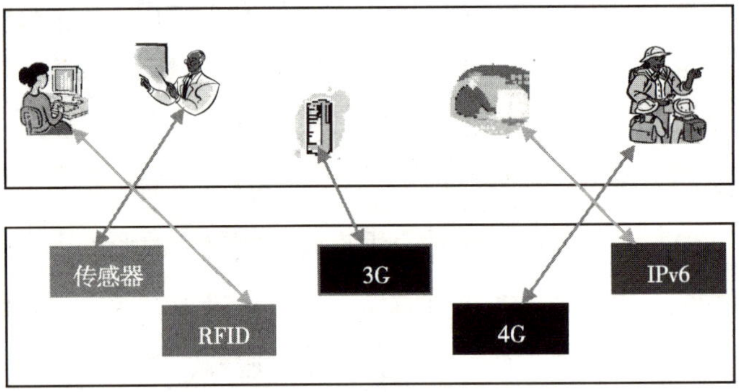

图8-8 用户交互与信息展示

泛在信息环境下用户交互与信息展示呈现多样化，泛在信息环境下可使用空间地图（如Google Map、GPS等）对信息资源的定位、分布等进行组织和展示。泛在信息社会中，随着4G时代的到来，泛在网络和4G环境为图书馆的移动信息服务提供强有力的技术支撑，包括超带宽无线网络、云计算、网格技术、流媒体技术、射频身份识别（RFID）、蓝牙、P2P、SOA、人工智

[1] 杨广庆. 泛在网络应用高于技术[EB/OL]. [2010-01-22]. http://www.cena.cn/blog/yangqingguang/2008-08-05/121792831412254.shtml.

能、WiMax、WiBro、IPv6等。采用多种技术方式满足公众的较高信息需求，实现对图书馆实体的物理结构和功能展示，利用音频和视频来展示更为直观的动态信息，对于使用宽带网络或4G手机的受众则可用在线观看三维展示，移动定位与移动微博客，移动定位的导航功能，帮助陌生读者查找可用的最近图书馆位置，还可以应用于公共安全定位服务。移动微博客是在微博客、智能手机与移动网络三者相结合的基础上产生的，可以为学科馆员与广大用户提供交互的个性化交流平台[1]。

信息展示的视觉效果能对用户的信息注意力产生影响，视觉冲击力强的展示方式对用户具有更强吸引力。信息的推送和展现具有明确的目的性，就是在恰当的时候，使用户用最少的精力看到最多最希望看到的信息，信息的呈现方式对用户的学习具有影响[2]，面对日益膨胀的信息数量，海量的信息如何有效呈现成了一个关键的问题，信息呈现方式的可用性设计也是重要一个环节。在传统信息环境下信息的推送与展现主要有文本阐述形式、图片表现形式和动画视频演播形式等，文本阐述形式主要从横向和纵向排版方式进行分类和分析，往往会考虑去给信息设置分组（分类），试图来展示用户感兴趣的信息，在大篇幅文字的分隔处间隙清晰，指向明确，方便读者找寻，同时还不能忽略信息的可用性问题，利于用户阅读和寻找是较为重要的考虑要素。

可视化图片表现形式能直接影响着用户对信息的第一印象，并以直观的形式展现在用户面前，数据可视化与数据图像化已成为发展趋势。一个典型的例子是展示美国的几个城市在不同月份的平均降水量[3]，一开始大家就会想到用一张表格，（见图8-9），横轴是一月到十二月，纵轴是城市名称，分别是旧金山（San Francisco）、西雅图（Seattle）、芝加哥（Chicago）、纽约（New York）、迈阿密（Miami），表格中每个元素就是某城市在那个月的平均降水量，单位是“英寸每月”。

---

❶ 刘小景. 泛在图书馆理念下的图书馆移动信息服务研究[J]. 图书与情报, 2011(4): 72-74.

❷ 陈彦垒.信息呈现环境和方式对不同场认知风格大学生学习效果的影响[D]. 江西师范大学, 2007.

❸信息展现的设计[EB/OL].[2012-06-08].http://iamsujie.com/2000/2014/.

AVERAGE RAINFALL（INCHES/MONTH）												
	JAN	FEB	MAR	APR	MAY	JUN	JUL	AUG	SEP	OCT	NOV	DEC
San Fran	4.35	3.17	3.06	1.37	0.19	0.11	0.03	0.05	0.20	1.22	2.86	3.09
Seattle	5.35	4.03	3.77	2.51	1.84	1.59	0.85	1.22	1.94	3.25	5.65	6.00
Chicago	1.53	1.36	2.69	3.64	3.32	3.78	3.66	4.22	3.82	2.41	2.92	2.47
New York	3.17	3.02	3.59	3.90	3.80	3.65	3.80	3.41	3.30	2.88	3.65	3.42
Miami	2.01	2.08	2.39	2.85	6.21	9.33	5.70	7.58	7.63	5.64	2.66	1.83

图8-9 平均降水量表格图1

上图已经把所有的信息都展示出来了，但重点不够突出，各种信息都用一样的字体让人不知道一开始看哪里，而下图（见图8-10）就优化了很多。首先各种文字用了不一样的字体，图表的标题最明显，让人一眼就知道这个图表是说什么的，月份与城市信息稍微弱化以突出数据内容，特别值得一提的是这里用了不同深浅的颜色来突出数据，让人很容易解读出某个城市全年整体的降水情况，降水季节分布等信息。

Average Rainfall (inches/month)												
	Jan	Feb	Mar	Apr	May	June	July	Aug	Sep	Oct	Nov	Dec
San Francisco	4.35	3.17	3.06	1.37	0.19	0.11	0.03	0.05	0.20	1.22	2.86	3.09
Seattle	5.35	4.03	3.77	2.51	1.84	1.59	0.85	1.22	1.94	3.25	5.65	6.00
Chicago	1.53	1.36	2.69	3.64	3.32	3.78	3.66	4.22	3.82	2.41	2.92	2.47
New York	3.17	3.02	3.59	3.90	3.80	3.65	3.80	3.41	3.30	2.88	3.65	3.42
Miami	2.01	2.08	2.39	2.85	6.21	9.33	5.70	7.58	7.63	5.64	2.66	1.83

图8-10 平均降水量表格图2

要传递的并不是具体的数字，而是每个城市在全年的降水量整体情况与分布，数据只是给极少数做科学研究的人，在需要的时候可以查到就可以了，在表现形式上，可以处理成鼠标悬停在某个水滴上的时候，就展现出相应的数字。于是，可以进一步优化出下图（见图8-11），用很符合读者心智模型的水滴大小、颜色深浅来表示不同的降水量区间。现在更加一目了然了，旧金山（San Francisco）最干燥，冬天稍微好一些；而纽约（New York）全年降水很平均。

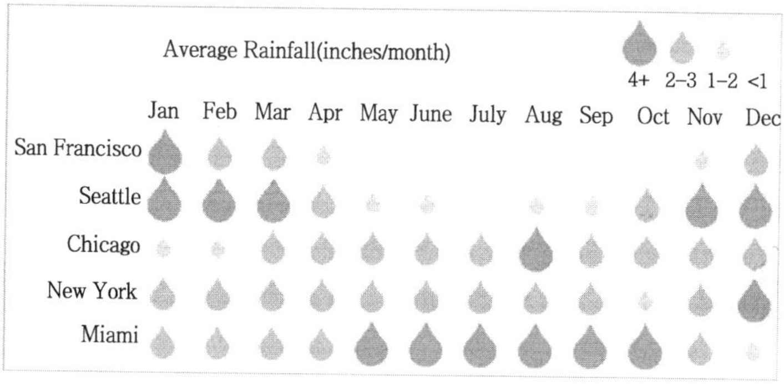

图8-11　平均降水量表格图3

利用动画直观的表现信息已经成了最受欢迎的表现形式。动画视频演播是动态的表现形式，穿插在页面中，也是网站主题类别动态信息的展现，让用户能够一目了然，增加理解并加深印象。视频可以短时间内承载更多的信息内容和价值，而且其通过故事化的脚本贯穿始终，以诙谐幽默或者感人励志的情节作为吸引关注的手段，使它相比一般的图文表现更容易呈现信息，塑造信息价值，让阅读枯燥的内容变成一种享受。

随着网络的开放性、交互性、虚拟化增强，建立在网络与数字化技术基础上的交互体验和虚拟平台的应用也层出不穷，而影响交互体验的重要因素之一就是用户界面的设计，随着3D用户界面更加符合人们的自然认知、增加了用户交互的带宽，以及能够实现以人为主、人机和谐和自然、高效的交互体验，3D用户界面正逐渐成为发展趋势。3D用户界面中提供的信息，包括总览信息（overview）、缩放信息（zoom）、过滤信息（filter）、详细查看信息（details—on—demand）、关联信息（relate）等。3D用户界面的真正能力不仅在于模仿和适应真实世界上的优势，更在于利用魔力交互（magic interaction）技术创造出“更好的”现实；同时，3D情境也增强了用户处理信息的综合能力——认知、感知、学习、记忆❶。

泛在信息环境下的信息展示将借助于新信息技术得以充分的发挥，使用可视化及虚拟现实技术使得信息的展现更为直观，提供知识地图，可视化地显示知识和知识对象及其各种关联关系（等级关系、相关关系、因果关系、逻辑关系、评价关系等等），把可能存在的“知识孤岛”有机连接起来，形成一个广泛、深入、动态的知识网络；为用户提供隐性知识和显性知识导航，一方面按照不同学科领域、工作流程或项目情况构建个性化的显性知识地图，使其根据知识地图揭示知识间的关联并快速方便的找到相关信息，另一方面则根据不同的专家（知识背景、专业领域、研究成果、联系方式）构建隐性知识地图，为用户提供隐性知识的线索（隐性知识的拥有者、隐性知识的状态、隐性知识的范围等），从而加速隐性知识和显性知识的转换，促进用户对隐性知识和显性知识的管理和利用。结合语义技术来展示更符合用户的理解力，更能反映出信息与知识之间的关联，从而为人们提供一副直观的“认知地图”，促使不同的用户在各个层面上进行有效的交流与知识的理解。

信息可视化作为一种关键服务理念与技术手段，在处理复杂异构的图书馆大数据方面有很大的优势，能为用户提供一个方便易用的知识环境。如从检索过程、检索结果以及结果之间关系的角度实现主题可视化，到数据库分布可视化、时间分布可视化和作者合著关系可视化，也可将信息可视化技术与科学计量学方法等相结合，生成具有各种属性的科学地图，表达学科、领域、专业、文献、著者之间的关系，解释知识领域的结构、映射知识领域的

---

❶ 孙炜,樊玲玲,侯文君.社会化网络3维用户界面设计分析与研究[J].北京邮电大学学报(社会科学版), 2011, 13(3): 6–11.

发展趋势，促进信息获取，使知识结构更加明显，将数据集中看不见的抽象数据和数据之间的语义关系以一种可视化的方式呈现在用户场景中，让用户充分发掘信息资源中潜在的价值资源，帮助用户更好地组织、分析与利用信息。信息可视化作为将信息有效组织、分析、揭示的一种新技术，为大数据提供了一种新的服务模式。

信息可视化是一个跨学科领域，研究大规模信息的视觉呈现，利用图形图像的技术方法，帮助人们理解和分析数据和信息，信息可视化是利用图形功能使抽象信息形象化，通过人的感知和联想功能，并借助计算机技术来帮助人们检索、理解、甄别和利用信息，提高信息检索与利用效率，信息可视化增加用户对资源的认知，能减少用户检索，提高识别，容易表现资源之间的关联。近几年，基于Web的信息可视化技术正在步入规模化应用，基于文本的检索已经广泛应用，国内外专家正在对不同形式的检索技术进行着相关的实验（例如通过图像、颜色、声音检索）。同时，通过高速网络、无线网络等泛在信息技术的使用，交互不再局限于空间与时间的限制，为不同的人群随时、随地提供各自适用的交互工具与环境。

自然高效的人机交互是泛在图书馆实现的关键。相对泛在信息环境而言，目前人机交互的模式还停留在桌面计算范式下，繁琐而低效的交互过程严重增加了用户的认知负担，影响用户工作效率，影响用户对网络信息服务系统的整体评价。泛在信息环境中用户面临的是一个极端多样化的信息交互，新信息环境的变革使交互性增强，交互方式变得多样化，而且交互的渠道也越来越多，用户能够使用不同的设备从不同使用环境与语境的多个信息渠道、信息源中获取信息，每一个不同的信息渠道、信息源具有严格的输入条件选项，同时也具有不同的输出功能[1]，允许用户通过各种自然的交互手段，如语音手写等与计算机系统进行交互，从而克服传统交互工具缺失引起的问题，发挥人机之间彼此不同的认知潜力，降低用户的认知负荷。

[1] Daniel M. Russell，Mark Weiser.The future of integrated design of ubiquitous computing in combined real & virtual worlds[C].in ACM Special Interest Group on Computer-Human Interaction ,eds.，Conference on Human Factors in Computing Systems：CHI 98 conference summary on Human factors in computing systems，New York:ACM New York, NY, USA,1998:275 – 276.

泛在信息环境下计算机系统将能自动地对上下文、上下文变化以及上下文历史进行感知和应用，根据上下文感知计算调整自身的行为。泛在计算中最珍贵的资源不是计算机技术，而是人的认知资源。只有当计算机系统支持上下文、多通道交互时，我们才能扔掉键盘与鼠标，使我们的注意力集中在当前正在进行的任务而不是计算系统，甚至完全忽略计算系统的存在，这时计算机才算真正融入到我们的生活工作中。

8.6 空间环境信息组织框架的特征

空间环境信息组织的框架结合泛在信息环境下的实际需求，在充分采用泛在信息技术与理念的基础上以用户为中心进行构建，为用户应用提供了一个透明的全局资源视图，加强了对图书馆信息资源的组织。在底层的信息组织中使用元数据对相关资源进行有效的描述与标注，在元数据登记中心统一注册，并将传统的元数据方法与本体技术相结合，使用本体与元数据的转换而实现对各元数据的发现、调度等，实现对图书馆相关资源进行有效的调度。该框架为用户与信息资源之间建立了访问的无缝连接，也具有高度的灵活性，能为用户提供随时、随地地提供访问、获取图书馆的信息资源，同时，通过新的可视化、信息聚合、信息挖掘等技术，为用户提供直观的、易理解的、深层次的知识服务。

本章小结

泛在信息环境下的图书馆信息组织是以用户为中心，其架构具有很强的空间环境适应性，能适应用户所在空间位置与环境的变化，此外，也具有高度的动态自组织性，包括系统的及人为的。

本章对泛在信息环境中的图书馆的组成进行了详细的分析，在此基础上以泛在图书馆的组成框架为中心，并结合泛在信息环境下图书馆信息资源组织的基本特性的分析，提出了基于空间环境的图书馆信息组织架构，并构建了泛在信息环境下图书馆信息资源组织的抽象模型。

泛在信息环境中的信息组织系统在宏观层面上具有一定的稳定性，信息组织系统不仅具有一定的运行规律，同时还能随用户的时空转换而动态地自动适应调整，使信息流达到一个相对稳定的状态，因此系统本身就起到了对信息序化的功能。由于交互性的增强，人对信息组织的影响是不可忽视的，用户将更多地参与到图书馆的信息建设与组织中来。

后 记

（1）本书的主要工作

信息技术的飞速发展，造就了无处不在的网络环境，加速了资源的复杂化、信息生态的复杂性，使传播通道、学术交流平台无处不在。泛在信息环境的出现使读者“在任何时间、任何地点”获取信息资源成为可能，但也给图书馆的信息资源组织带来了挑战，随着新理念图书馆的出现、新信息环境下用户信息行为的改变，传统的图书馆信息资源组织已难以满足新形势的需要，图书馆信息资源组织的形式和内容在泛在信息环境下都发生了根本性改变，要求以更好的信息资源组织框架及模式的出现，以适应泛在信息环境下图书馆对信息资源组织的需求与发展，适应新信息环境的变革，为图书馆的信息资源更有效、科学的组织带来了机遇。

泛在信息环境下图书馆信息资源组织是传统图书馆信息资源组织的发展与延伸，是新信息环境发展的必然过程，与传统图书馆信息资源比较，信息资源组织范畴、信息资源组织的对象、图书馆信息资源组织的主体等得到了发展与延伸。面对日益复杂的泛在信息环境，图书馆需要进一步扩大其信息资源组织与服务的范畴，使其能够处理、组织、管理、传播和利用各种不同类型的、更庞大的信息资源，注重从语义与概念上对信息和知识加以组织与建立关联，对所有人类知识进行归类，为用户对信息的普遍、无缝访问提供便利。泛在信息环境下的图书馆信息资源组织的重心逐步从物理载体向数字化、网络化、协作化过渡，随着所组织的信息资源本身的变化、信息资源组织方法的发展、信息资源组织理念的变革，信息资源组织的内涵也在不断地深化。泛在信息环境下的图书馆将改变传统信息资源以内容及存储为中心、基于特定环境的系统、重复建设的信息资源、孤立互不相通的系统等特征，体现在泛在信息环境下以用户为中心、基于普适环境的系统、有效的信息资源重用、具有高度协作性的分布式系统等，以建立一个多层次、多媒体、多语种、语义关联的、泛在的数字图书馆知识网，服务范围向知识服务转化，以前所未有的规模和速度来推动知识进步为目标。

信息资源组织的方法基础主要是由逻辑学、语言学、知识分类等组成，传统的信息资源组织是通过语言符号所建立起来的符号系统对信息的外部特征与内容按一定的逻辑次序对信息进行归类组织，传统的信息资源组织方法推进了图书馆信息资源组织的发展，但以语法为主的信息资源组织方法已难以适应新信息环境，泛在信息环境下的信息资源组织更侧重于对知识的组织，侧重概念、语义上的组织，强调知识之间的关联与融合，实现从孤立的文献揭示到基于知识对象之间跨界融合，为用户构建一个泛在知识环境，同时强调机器对知识具有较好的理解性，增加机器智能化进行归类与管理的能力。

由于信息资源组织的内涵及外部因素的复杂性、多样性的存在，信息资源组织单一模式已经不能满足泛在信息环境下图书馆的需求，根据适应不同组织环境、不同用户的多模式信息需求，需要从不同角度来分析、考察泛在信息环境下的信息资源组织，从而对其有一个总体的认识。泛在信息环境下的信息资源组织不仅包括使数字资源从无序向有序的传统信息资源组织模式，而且也出现了以适应环境为基础的、开放的、协同的、根据实际应用场景而“个性化”的、动态的新型信息资源组织模式，从而形成了满足不同方面、不同层次用户需求的信息资源组织模式，按信息资源的空间环境进行信息资源组织架构与动态自组织架构等，适应复杂的泛在信息环境的发展趋势。在泛在信息环境下应增强图书馆信息资源组织的适应性和有效性，从而在整个用户信息过程中灵活组织信息来全面支持用户的各方面、各层次需要，同时也是复杂泛在信息环境所要求的。泛在信息环境对图书馆的信息资源组织影响是巨大的，使泛在信息环境下的图书馆构成发生深刻的变革，促使新的泛在图书馆的信息访问模式的出现，泛在信息环境下的图书馆信息资源组织是以用户为中心，形成以用户为中心的信息资源组织体系，其架构具有很强的空间环境适应性，能适应用户所在空间位置与环境的变化；同时，泛在信息环境下的图书馆信息资源组织也具有高度的动态自组织性，包括系统的自组织特性及人为的自组织特性。泛在信息环境中图书馆信息资源组织的重点是对异质、异构信息资源的组织并采用泛在信息技术对信息资源进行重组、聚合、挖掘、关联，为用户提供泛在信息服务。

在泛在信息环境下图书馆信息资源组织的基本特性基础上，从泛在信息环境中的图书馆构成出发，以泛在图书馆的组成框架为中心，可构建一个泛在信息环境下图书馆空间环境信息资源组织框架的模型，泛在信息环境下空间环境的信息资源组织框架可由四大部分组成：信息资源存储、信息资源描述与表达、信息资源调度与传递、信息展示与交互。空间环境信息资源组织的框架结合泛在信息环境下的图书馆实际需求，在充分采用泛在信息技术与理念的基础上以用户为中心进行构建，为用户应用提供了一个透明的全局资源视图，加强了对图书馆信息资源的组织。在底层的信息资源组织中使用元数据对相关资源进行有效的描述与标注，在元数据登记中心统一注册，并将传统的元数据方法与本体技术相结合，使用本体与元数据的转换而实现对各元数据的发现、调度，实现对图书馆相关资源进行有效的调度。该框架为用户与信息资源之间建立了访问的无缝连接，具有高度的灵活性，能为用户提供随时、随地地访问、获取图书馆的信息资源，同时，通过新的可视化、信息聚合、信息挖掘等技术，为用户提供直观的、易理解的、深层次的知识服务。该框架模型具有以人为中心的信息动态自组织特性、具有信息资源社会化动态组织特性、具有开放性的信息资源组织特性等。

泛在信息环境中的信息资源组织系统在宏观层面上具有一定的稳定性，信息资源组织系统不仅具有一定的运行规律，同时还能随用户的时空转换而动态地自动适应调整，使信息流达到一个相对稳定的状态，因此系统本身就起到了对信息序化的功能。

论文工作的创新点及主要成果：针对越来越复杂多样化的泛在信息环

境，在图书馆信息组织的研究中提出适应性优化问题，引入相关领域的理论，促进泛在信息环境信息组织理论的发展具有一定的理论意义。本文从多角度、多层次来重新审视信息资源组织的需要，从整个复杂的泛在信息环境及用户信息的信息行为的角度来分析图书馆信息资源组织的过程，阐述并分析了泛在信息环境下图书馆信息资源组织的基本特性，这对把握泛在信息环境下图书馆信息资源组织的发展定位、特点和功能体系等具有重要借鉴意义，此外，本文构建了泛在信息环境下图书馆信息资源组织的架构及体系，并提出了几种比较可以预见的信息组织架构，对未来的信息资源组织具有一定的现实意义。

（2）存在的不足点

①泛在信息环境下图书馆信息资源组织的研究是一个全新的、较前沿的课题，泛在信息环境下的信息资源组织目前还处在初级探索阶段，因此对其认识还不够成熟，本文更多地是对泛在信息环境下图书馆信息组织的发展情况及其特点等的研究和阐述及相关的理论分析，在实践方面不足，缺乏相关的实例。

②研究本课题的过程中大量采用相关领域的研究成果来深化、拓展研究视角，从不同层次、不同角度对泛在信息环境下的信息资源组织进行了研究，并探讨泛在信息环境下信息组织的相关体系与构架，但泛在信息环境下图书馆信息组织是复杂的前沿研究领域，所涉及的相关学科领域十分广泛，内容也较复杂；而信息技术持续快速发展，将对图书馆的信息组织发展产生何种影响还难以预测。本文仅就其对图书馆未来信息组织的发展进行了初步的分析和探讨，对泛在信息环境下图书馆信息组织的相关体系与构架的未来发展的分析较为肤浅，对泛在信息环境下数图书馆信息组织的构架不够周全，相关体系建设问题的认识还有待实践验证。

（3）进一步需要研究的工作

泛在信息环境下的图书馆信息组织是一项复杂的研究，不仅涵盖信息组织过程中的技术和管理，还包含一系列相关的领域，如信息用户、信息环境等。本研究虽然引入相关领域的理论基础并分析了泛在信息环境下图书馆信息组织的一些基本特性，在此基础上提出了相关的组织构架，对泛在信息环境信息组织的认识具有一定的促进作用。

但泛在信息环境下的信息组织还是新生事物，缺乏一定的理论框架，同时，由于泛在技术环境、用户需求、信息环境等内外环境的发展变迁，泛在信息环境下的信息组织将是一个随着时代和技术的革新而不断变化发展的课题，人们对它的理解也是不断加深的。在本研究基础上可继续展开的一些研究。

①理论框架的完善与扩充。泛在信息环境中的信息组织研究属于跨学科性质的综合研究，一方面需要各种前沿的泛在信息技术，同时涉及认知科学、系统科学、复杂科学、社会科学等一系列研究理论和研究方法以及应用领域。

②应用新理论、新技术，建立深层揭示和组织复杂泛在信息环境下信息组织的模式。

③泛在信息环境下图书馆对已有的信息资源进行整合、集成、迁移研究，以适应新信息环境的需求。

本人几年来一直跟踪和关注关于信息组织相关的研究现状，并对新网络环境下的信息组织相关领域进行了分析和研究，同时通过本书对泛在信息环境下图书馆的信息组织进行了初步的、不完备的研究尝试，由于泛在信息环境下的信息组织的复杂性，同时，本人深感到各方面学识有限、力有不逮，希望能抛砖引玉，在本领域引发出更深刻、更有价值的研究。

本书的出版得到广西民族大学青年出版基金资助，深表感谢。